千古人物

李志国 著

齐高帝萧道成

中国书籍出版社
China Book Press

图书在版编目（CIP）数据

齐高帝萧道成 / 李志国著. -- 北京：中国书籍出版社，2023.8
ISBN 978-7-5068-9536-1

Ⅰ.①齐… Ⅱ.①李… Ⅲ.①萧道成（427—482）—传记 Ⅳ.①K827=391

中国国家版本馆CIP数据核字（2023）第156468号

齐高帝萧道成

李志国　著

责任编辑	王志刚
责任印制	孙马飞　马　芝
封面设计	东方美迪
出版发行	中国书籍出版社
地　　址	北京市丰台区三路居路97号（邮编：100073）
电　　话	（010）52257143（总编室）（010）52257153（发行部）
电子邮箱	chinabp@vip.sina.com
经　　销	全国新华书店
印　　刷	北京睿和名扬印刷有限公司
开　　本	710毫米×1000毫米　1/16
字　　数	238千字
印　　张	16.25
版　　次	2023年8月第1版　2023年8月第1次印刷
书　　号	ISBN 978-7-5068-9536-1
定　　价	52.00元

版权所有　翻印必究

前　言

本书以萧道成的事迹为主线，展现这位南齐开国皇帝波澜壮阔的一生。

萧道成的帝王之路是独特的。他能够代宋自立，其实与刘宋皇室的自相残杀有很大的关系。由武帝刘裕开创的刘宋政权，自公元420年立国，共经历五代八个皇帝，国运60年，到了中后期，皇室里并非没有人才，而是没有容人的气量，尤其没有容纳自己人的气量，先是宋文帝为太子刘劭所弑，随后便是孝武帝大肆屠戮兄弟。当时的百姓为之作歌讥讽："遥望建康城，小江逆流萦。前见子杀父，后见弟杀兄。"到了宋明帝、宋废帝在位的时候，皇室成员之间相残之烈，更为前朝所罕见，不仅削弱了皇权，也加剧了政局动荡。

在几代宋室皇帝全力屠剿王室宗亲之际，萧道成趁机坐大。他先于宋元徽二年（474年）率兵平定了桂阳王刘休范的叛乱，晋爵为公；又于宋昇明元年（477年）杀掉宋废帝立宋顺帝。不久，荆州刺史沈攸之反于江陵（今湖北省荆州市），司徒袁粲、尚书令刘秉反于石头（今江苏省南京市清凉山），皆被萧道成悉数平定。萧道成挟震主之功，进位齐王，至齐建元元年（479年）四月，终迫顺帝禅位，遂建齐称帝。

纵观南齐代宋的历史，正是宋室帝王持续不断的自斫本根，以致枝胤孤弱，才有后来的"天厌宋道，鼎运将离，贻厥不昌，终覆宗社"。（《宋书》第12卷）本自同根生，相煎何太急，内讧误事误国！否则，大位何至为萧氏所夺！

其实，这一点萧道成自己也意识到了。他临终前特意叮嘱太子萧赜："刘宋皇室若是没有骨血相残，他人岂能乘其衰敝夺取天下？你必然要引以为戒。"

这个见解是正确而深刻的,"天下未有自残骨肉,而尚能庇其身世者也。"(《南北史演义》第23回)当皇帝的若是酷虐亲族,对天下黎民又能好到哪里去?

当然,作为一位开国皇帝,萧道成肯定不止识见超卓,他必然有着迥异常人的胆略与智慧,否则就不能创出迥异常人的功业。

本书便是依据《资治通鉴》《南史》《南齐书》等史学典籍,描写了萧道成栉风沐雨以建功立业的历程。限于笔者水平,书中难免存有疏漏讹误,请读者不吝指正。

2021年3月于聊城

目　录

前　言 ·· 1
第一章　豫章潜龙 ·· 1
第二章　长驱入京 ·· 12
第三章　建康风云 ·· 29
第四章　元嘉北伐 ·· 42
第五章　豫章追逃 ·· 56
第六章　元凶弑逆 ·· 67
第七章　斩关夺门 ·· 83
第八章　风雨归程 ·· 95
第九章　山中藤甲 ·· 106
第十章　三千阴兵 ·· 120
第十一章　出镇淮阴 ·· 131
第十二章　两淮建勋 ·· 145
第十三章　新亭克敌 ·· 157
第十四章　京口告捷 ·· 167
第十五章　雨夜弑君 ·· 178
第十六章　皇城政变 ·· 191
第十七章　出兵平乱 ·· 203
第十八章　剪除政敌 ·· 215
第十九章　夜袭京口 ·· 225
第二十章　君临江南 ·· 241

第一章　豫章潜龙

于道士坐在一边，想起他方才夺刀的手法，心中一惊，自忖不是对手，倒也不敢轻举妄动，便问道："阁下与晋陵萧家是什么关系？"青衣汉子将刀子放在一边，顺手端起酒碗"咕嘟嘟"灌下半碗酒，这才咧嘴一笑，道："不敢，在下萧道成，右卫萧将军便是家父。"

元嘉二十六年（449年）三月。正值暮春时节，这天清晨，云霞在朝阳掩映下变幻出美丽多姿的色彩，将高大的豫章城融进一片玫瑰色里。

豫章（约今江西南昌市）始建于汉代，西临赣水，东接淮南，南有鄱阳湖，襟江扼淮，恢宏雄壮，盘桓在钟灵毓秀的山水之间。城周有观敌台十二座，与登城马道相连。豫章城的南门又称松阳门，上有雉堞如齿，还插着几竿威风赫奕的龙虎旗。两扇沉重的城门，其厚逾尺，上面密布碗口大小的铜钉，被几个士兵齐力推着，正缓缓开启。

几十个百姓模样的人挤在门前，一见城门打开，便争先恐后地涌进门洞里。他们或老或少，面孔黝黑，多来自附近的十里八乡，穿着带补丁的粗布衣衫，扎着裤腿，肩膀上扛着袋子，里面全是自家园里摘下的新鲜蔬果，准备到城里换几个活钱贴补家用。一个三十多岁的瘦削汉子，灰色衣服上布满了细细的路尘，像是远道而来，混杂在众人中间，却也并不显眼。他面无表情，微低着头，背着一个蓝皮的包袱，随着众人过了松阳门，匆匆进了城。

豫章城内还算繁华，一条十余丈宽的长街上铺着平整的青石板，贯通整座城市的南北。街道两侧店肆林立，各种叫卖声此起彼伏，路上的行人络绎不绝。灰衣汉子不急不缓地走着，偶尔停下来，操着一口外地口音向行人问路，最后来到豫章刺史府门前。

刺史府临着长街，占地数十亩，外面一溜三丈多高的虎皮墙。高厚的墙顶上铺着方砖，十分平整，足容两、三人并行。四角还建有望楼，楼上时刻有哨兵瞭望。两扇黑漆大门关得严严实实。门前的军士手执长矛左右站立。每个人都知道，这座宏伟壮丽的府第里，软禁着曾经权倾天下的彭城王。

彭城王刘义康是宋武帝刘裕的第四个儿子。刘裕一生功业彪炳，号称"灭五国、诛六帝"，育有七子，长子刘义符、次子刘义真、三子刘义隆、四子便是刘义康。刘裕建宋称帝后不久就驾崩了，遗命尚书仆射徐羡之、中领军谢晦、尚书令傅亮三人辅佐太子刘义符。徐羡之等人杀了刘义符和刘义真，迎荆州刺史、宜都王刘义隆入京承接大统。刘义隆即为宋文帝，相继诛除徐羡之、傅亮和谢晦。当时的彭城王刘义康仅十八岁，性聪察，善吏事，以帝弟之尊，总理朝政，一连威风了十余年，后因过于揽权，为文帝所忌，遂被贬谪到豫章刺史任上。刘义康虽是名义上的刺史，但州事全由右卫将军萧承之料理。这座富丽堂皇的刺史府，对彭城王来说，不过是一座豪华的监狱。

刺史府门两侧植着几株高大的樟树，枝叶扶疏，垂荫数亩。灿烂的阳光，透过层层叠叠的樟树叶子，落在刺史府的翘角飞檐之上，空气中弥漫着樟树特有的清香。灰衣汉子目不斜视，疾步走过府门前，直到远离了士兵们警惕的眼光，才放慢了步伐，又七折八拐地行了里许之地，来到一个小巷附近。

一人多高的围墙挡在小巷的两边，墙面上长着斑斑驳驳的苔痕，还挂着一串串苍翠欲滴的藤萝。石板铺成的巷道弯弯，逼仄又绵长。巷口仅容两辆车马并行，附近开着家酒馆。酒馆只有两间门脸，门上用一根细细的竹竿挑起个青布酒旗。酒馆旁边不远处摆着一张旧木桌，桌子约有半人多高，四根摇摇晃晃的桌腿上布满了划痕。一块白布挂在桌子前方，上题几个碗口大小的墨字："代为祈禳。"有点代为占卜吉凶之意。桌后坐着个道士，年过三旬，黄里透青的一张面皮，枯焦焦、干巴巴的，颌下略有髭须，身形瘦削，披着件陈旧的道袍，袖口磨的发亮，正在那闭目养神。

一个十七八岁的小伙计，穿得还算利落，从酒馆里探出头来，向外瞧了瞧，随手将一盆刷锅水泼在门外。"哗"的一声，水花溅起无数泥星，飞落在道士身前，还在他那双破蓝布鞋上溅了不少泥斑。道士无端遭人戏弄，却恍若未觉，眼皮都不撩一下，仍是稳稳当当地坐着。

小伙计见对方不理会自己的恶作剧，便不依不饶地揶揄道："喂，于老道，你又在这里骗人啦？"

于道士无法再装聋作哑，只得抬起头，一脸尴尬地道："小哥，话不能这么说。贫道自幼出家，习学道法多年，不敢说将动天地、策役神将，但能禳解一切天灾人祸，可替人祷告神明，为其祈嗣、祈寿、祈福、祈禄，使之息灾免祸、福庆延长。你怎么能扯到骗上去……"

小伙计不等他把话说完，冷哼了一声，转身回了酒馆。于道士讨了个没趣，却并不生气，继续眯缝着眼睛养神。

小巷的两旁，鳞次栉比地排列着许多竹木结构的老屋，路上来来往往的行人不少。灰衣汉子躲在不远处的一棵樟树后面，把这一幕全看在眼里，又瞧了瞧四周，见无人注意，便大踏步地穿过街道，来到了摊位前。

天色湛蓝，阳光正好，微醺的春风迎面拂过，樟树枝叶在风中轻轻地摇摆。道士见来了生意，赶忙起身招呼，又从旁边搬过一把竹凳，客客气气地请汉子坐下，然后道："这位朋友，是要祈家宅平安还是问前程？"

汉子摆了摆手，一语不发地从怀里掏出块晶莹的玉佩，摆在他的面前。这是一块龙形玉佩，呈淡绿色，背有扉棱，装饰着细密的蟠螭纹，雕刻刀法锋利健劲，线条自然流畅。

于道士一看，脸上顿然泯去了谨小慎微的模样，换了一副阴鸷的表情，伸出枯瘦的右手，敏捷地抄起这块玉佩，反复看了看，又抬眼望向对方，低声道："朋友可是京城来的？"

汉子点了点头，道："正是。"

于道士将玉佩揣进怀里，望了望街上如织的行人，道："这里人多眼杂，不便久谈，请到酒馆里坐坐，小酌三杯，也算是为阁下接风。"说着，二人起身，撤了摊子，一前一后地进了旁边的小酒馆。

酒馆内有三间屋子大小，四面是斑驳的墙壁，几扇陈旧的镂空窗子全都敞开着，东边是一张半人多高的柜台。柜台上酒迹斑驳，摆着算盘、账本等杂物，旁边放着一个半人高的大酒缸。小伙计背对着门，手持一把铜酒勺，立在酒缸旁边，正将满满一勺老酒舀到酒壶里。

虽是到了中午饭口，但酒馆的生意不怎么景气。大堂里摆着十几张桌子，只有一位客人靠窗坐着。这客人二十出头的年纪，瘦长的刀条脸，微微有些络腮胡子，宽宽的肩膀、细细的腰身，就算是坐在那里，也可见其身材高大，穿着一套半新不旧的青布衣裤。他大概已喝了不少酒，面带酡颜，身前的桌子上还剩着半盘熟牛肉。

于道士引着灰衣汉子进了店，小眼睛"叽里咕噜"的四下一转，便在门边的一张桌子前坐下。二人坐在这里，不仅可以将店内的动静尽收眼底，还能观察到店外的情况。于道士坐定之后，向小伙计招呼道："小二哥，有生意啦。"

小伙计闻声回过头来，见是于道士，倒有些惊讶，暗想：这老东西素日里爱财如命，在这里一年多了，向来是一毛不拔，怎么今天请人下馆子？这可真是太阳打西边出来了！想到这里，放下手里的酒壶和铜勺，绕过柜台，走过来道："哎，老道，今日骗了几个？发财了不成？"说着，扯下肩上的一条毛巾，笑嘻嘻地揩抹着桌案。

于道士不接他的话茬，只道："小哥，打二斤莲花白，烫得温温的，再来四个菜。"说着，用两个手指头从怀里拈出一小块碎银子。

伙计接过银子，在手里掂了掂，似应不应的"嗯"了一声，自去后厨安排。不一会儿，酒菜上齐。

于道士给这汉子倒了杯酒，道："还没请教贵姓大名？"这汉子道："在下姓韩名通。您就是于道严先生了？"于道士点了点头，道："不错，正是贫道。"

阳光斜斜地照进店里，映的黄泥地面上一片光影斑驳。二人正寒暄着，就听旁边"哐当"一声，都吓了一跳，急忙循声望去。原来青衣人已喝得大醉，身子在椅子里晃了两下，一头趴在桌上，不小心将桌上的酒壶推落在地。

小伙计正在柜台里忙活，见此情形，忙赶了过去，捡起酒壶，俯下身去，在青衣人耳边嚷道："这位爷，喝得差不多了吧，要不然小的扶您回家？"青衣汉子却似已沉醉，嘴里哼哼了两声，仍是一动不动地伏在桌上。小伙计无奈地直起腰来，摇了摇头，拿着摔瘪的酒壶走了。

于道士和韩通见这人如同醉猫似的，都觉得好笑，却也放下心来。韩通抄起酒杯，浅浅地抿了一口，又将酒杯放回桌上，低声道："于道爷，那位让我来问问，这些日子你可都打听清楚了？"

于道士神色郑重，也压低了声音道："小可来豫章这一年多，每天都从刺史府外过，已打探清楚，彭城王就被囚禁在刺史府的后宅。"

"守卫有多少？"

"右卫将军萧承之麾下有两千精兵，都是随他转战南北的旧部，一半守城，一半轮流在府内外把守。"

韩通略微变了脸色，道："这些人都是百战精锐，若要从他们手里救出彭城王，倒须费一些周折……"

二人交头接耳，叽叽喳喳，正说得入港，就瞥见窗旁桌上的青衣人挺腰坐了起来。他的脸上全然不见酒意，一双眼睛亮如明星，右手重重地在桌子上一拍，震的桌上的杯碟一片乱响，然后喝道："光天化日，乾坤朗朗，居然有人图谋劫囚，这岂不是嫌命长么？"

于、韩二人一听，尽皆骇然。韩通眉头一皱，暗想：这家伙方才竟是装醉，却不知是什么来历？刚才自己与于道士的谈话都被他听了去。想到这里，心里忐忑，冲着于道士使了个眼色，又朝着那人努努嘴，意思是说：事关重大，这人不能留活口。

于道士会意，迅速地稳了稳心神，扭头笑嘻嘻地对青衣人道："这位小友，一个人喝寡酒怪没意思的，我们来陪陪你如何？"说着，也不待对方回答，便与韩通一齐起身，一人执酒壶，一人执酒杯，径自来到青衣人的桌前，拉两把椅子，分别坐下，竟成左右夹击之势。

青衣人眨了眨眼睛，望了望两边的于、韩二人，若无其事地笑道："好啊！咱们也多亲近亲近。请了，请了……。"韩通性情暴躁，又是心狠手辣，明知对方是敌非友，便不耐烦与之废话，悄悄掏出一把短刀趁于道士正斯斯文文地与对方寒暄，便猛地向青衣人的胸口刺去。

青衣汉子并不慌张，微微侧身，右手却闪电般地扣住韩通持刀手腕，手指用力，韩通松手，青衣人左手接刀，整个动作一气呵成。青衣人顺手用刀尖戳起盘子里的一大块牛肉，行若无事地放进嘴里，有滋有味地咀嚼起来。

韩通就觉手腕一麻，还没明白怎么回事，手里的刀就被夺了去，才知道眼前这个年轻人竟是身怀绝技，不禁大为紧张，额头冷汗涔涔而下。于道士坐在一边，想起他方才夺刀的手法，心中一凛，自忖不是对手，倒也不敢轻举妄动，便询道："阁下与晋陵萧家是什么关系？"

青衣汉子将刀放在一边，顺手端起酒碗，"咕嘟嘟"灌下半碗酒，这才咧嘴一笑，道："不敢，在下萧道成，右卫萧将军便是家父。"

于、韩两人听了，霍然起身，一左一右，分头便逃。韩通纵身向旁边的窗口奔去，他一只手按住了窗台，腾身而起，意欲越窗而出。于道士像只受了惊的兔子向着门口奔去。

萧道成长笑一声，左手疾探而出，抓住了韩通的后衣领，将他横拖竖曳地拖将过来，右足陡起，踢飞了身边的一个矮凳。于道士一脚已跨出了酒馆的门槛，心里正自欢喜，忽觉脑后一阵疾风来袭，暗道不好。随后就听"啪"的一声，木凳结结实实地砸在他的脑袋上。于道士哼都没哼一声，一个跟头栽出酒馆之外，倒在大街上，登时晕了过去。

正值中午时分，外面南来北往的人很多，正从酒馆门前经过，忽见眼前倒了个人，不禁一阵大乱。有人撒腿便去报官。

萧道成不慌不忙，稳如泰山地坐在那里，自顾自地继续喝酒吃肉，左脚下踩着韩通。韩通的力气本也不小，趴在那里，只觉背上这只脚重若千钧，几次运劲挣扎，竟是丝毫动弹不得，一张脸憋得通红。

不一会儿，一阵马蹄声由远而近，在酒馆门前戛然而止。几个军兵扯着嗓子大叫道："打架的人在哪里？"随后，靴声橐橐，一名校尉手按腰刀带着几名士卒一阵风似地闯了进来，见了萧道成，不禁一愣，登时收敛了气焰，躬身道："原来是少爷。"

萧道成已将桌上的酒肉吃了个七七八八，见了校尉，便撇下手里的酒杯，把嘴一抹，道："这两个人蓄意劫夺彭城王，将他们带回去问话。"说着，抬起左腿，随随便便地踢在韩通腰间。

韩通的身子也有一百多斤，被这一脚踢起二尺来高，"啪嗒"一声，落在校尉面前。校尉道声："遵命，"说着一挥手。几个军兵闯上来，拿出一根粗麻绳，七手八脚地将韩通捆了起来。

这时，于道士悠悠醒转来，只觉后脑隐隐作痛，也被几个军兵们用麻绳反捆了双臂，披头散发地立在酒馆门前，瞅见韩通垂头丧气的来到身前，双目陡然射出两道凶光，趁周围的军兵不备，猛然跃起，扑到韩通身上，张口咬住了对方的咽喉。韩通发出一声凄厉的惨叫，与之一起滚倒在地上。

众军兵忙把于道士扯起来，见他口里竟是含了一块肉，鲜血顺着嘴角流了下来。韩通喉咙处血淋淋的，被咬开个大洞，躺在地上，手刨脚蹬，痛苦地挣扎了一阵子，便绝气身亡。于道士双目赤红，"扑"的一声，将嘴里的血肉吐在地上，满口的鲜血又滴落到衣襟上，面色狰狞，犹若厉鬼。萧道成惊而且怒，纵身过去，劈面给了他一耳光，随即卸掉了他的下巴，防他继续咬人。

小伙计听到外面一阵大乱，还不知道发生了什么事，匆匆地从后院过来，刚一绕过柜台，正巧目睹了眼前这般惨状，两眼一翻，身子软绵绵地顺着柜台歪倒在地。原来他虽喜欢讨口头便宜，胆子却并不大，竟是被吓晕了过去。

萧道成看了看遍地乱淌的鲜血，摇了摇脑袋，顺手从军兵手里接过一顶斗笠戴在头上，遮住了大半边脸，让几个人抬起韩通的尸体，押上于道严，准备回刺史府。这时的于道严虽不能说话，但嘴里仍是"呜里哇啦"的含糊叫嚷，像只困兽似的不断挣扎。几个军兵，干脆将他的手脚全部捆住，然后将他拖着赶往刺史府。

太阳升上中天，阳光透过薄薄的浮云，照得大街上一片金黄。道上的行人见了他们，一个个闪避不迭，唯恐惹祸上身。没多大工夫，众人进了刺史府，绕过一道照壁，眼前是一个宽敞的院落。院子里五间红墙碧瓦的正房，是为前厅，也是府衙的所在，两边各有七间厢房，分别是库房、账房和刑房等。萧道成命军兵将于道士押至刑房拷问，自己便去前厅见父亲。

阳光透窗而入，洒落一地细碎的光影。厅里摆着半尺多高的木质地坪，地坪后列一道屏风。屏风共八扇，上绘着海水朝日图，前有公案。公案上摆着文房四宝、签筒、惊堂木等物。右卫将军萧承之是宋文帝的亲信，以功晋封为晋兴县男，如今坐镇豫章，负有监管彭城王之责。他今年四十多岁，鬓角的头发略微秃进去一些，眉毛浓黑而整齐，一双眼睛闪闪有神采，身材魁梧，披着件锦袍，正背负着双手，在厅里来回踱着步，双肩只有些微的晃动，见儿子进来了，便停下脚步，用询问的目光望向萧道成。

萧道成摘下斗笠，见过父亲，原原本本地说了今日擒获于道士的经过。

萧承之皱眉道："彭城王虽被贬谪到豫章，但'百足之虫，死而不僵'，他的旧部不时前来滋扰。这些年，咱们也抓了十几人，但都是些小鱼小虾。这姓于的据说来自西阳一带，去年一入城，就被咱们的人盯上，只是为了放长线、钓大鱼，故而没有捕他。如今好不容易等来了他的同伙，却又被他灭口。我看这人如此凶悍，从他嘴里恐怕问不出什么。"说罢，回到公案后坐下。

萧道成立在案前，见父亲烦恼，便道："父亲，何不奏明皇上，将彭城王问斩？如今为他一个人，阖城屯有重兵，糜费粮饷不说，还要整天提防有人劫救，岂不麻烦？"

萧承之瞪了儿子一眼，道："彭城王是皇上的亲弟弟，岂是想杀就杀的？皇上也要顾着天下万民的声音。"说到这里，又向厅外望了望，见无闲杂人等，才低声道："天威难测！皇上留着刘义康，大概也是要引出残余的逆党。"

萧道成点头道："父亲说的是！彭城王虽然倒了多年，但其余党旧部仍不时前来营救。'窥斑见豹'，这彭城王当年想必是十分威风。"

萧承之眯缝着眼睛，望着窗外的日色，缓缓地说："皇上践祚之初，杀了徐羡之和傅亮，又溯流征灭了荆州刺史谢晦，难免大耗心力，竟至卧病不起,屡至危殆,遂命彭城王为司徒、大将军,将朝政托付给他处理,凡其所陈奏,无所不可。彭城王一时势倾远近,朝野辐辏。嘿,不说别的,就说咱们爷们,当年想要见他一面,不知要磕多少头呢。"

萧道成说:"儿子这些年,也从别处听了不少彭城王的事。据说彭城王聪明过人、博闻强记,当初执政时,好招引才略之士,很多朝廷重臣也以倾谄而受宠于他。"

萧承之叹了口气,道:"臣僚们趋炎附势,不过人情之常。但彭城王每日为身边人所吹嘘,终也难以自持。他见皇帝多疾,欲使大业终归于己,遂邀结朋党,伺察宫禁,构陷异己,屡称:'皇上一日晏驾,宜立年长者为君。'又在外公然扬言:'天下艰难,岂是幼主所能驾驭?'"

萧道成暗想:"皇上聪慧英武,威福自出,岂容他这么嚣张?彭城王一定是以为皇上病重难愈,所以才肆无忌惮起来。"

萧承之顿了顿,又说:"岂料人算不如天算。到了元嘉十七年(440年),皇上的病竟然一日好似一日,终至痊愈,渐渐觉察到彭城王的不轨之举,又过了半年,见其逆状已显、将成祸乱,遂于当年十月召彭城王入宫,将其软禁于中书省,又派禁兵捕杀其党羽,先贬彭城王到江州,过了几年,再将其贬至豫章。"说到这里,手捋须髯,默然不语。

萧道成听罢,想起那场惊心动魄的宫廷喋血,不由得暗暗心惊,正想说些什么,忽听厅外传来一阵阵凄厉的惨叫,正是那道士的声音。萧承之一拂袍袖,起身道:"你且随我去看看这人招供了没有?"说着,迈步当先而行。

萧道成随着父亲,出了前厅,走向右侧一间厢房。这里正是刺史府刑房的所在,两侧各有一条回字雕花走廊。刑房里有几个审讯的好手,惯用酷刑。一般的大盗到了他们手里,只能怪爹妈不该把自己生出来。

萧氏父子走进房中,见墙壁上挂着皮鞭、夹棍等刑具。地上燃着个火盆,里面放着烙铁,屋里弥漫着一股皮肉焦煳的气味。于道士被剥掉了道袍,整个人被细麻绳结结实实地绑在梁柱上,丝毫动弹不得。他满脸血污,脑袋低垂着,浑身上下没有一块好肉,明显熬刑不过,已是昏死了过去,只是胸膛还有些微微地起伏。

一个赤膊的打手，手里拎着根烧红的烙铁，满头大汗地上前禀报，称："将军，小人为了撬开他的嘴巴，已抽断了几根鞭子，扯断了两副夹棍，但这人就是不招……"萧承之早有预料，倒也并不奇怪，瞅着一丝两气的于道士，只是冷哼了一声。

旁边又过来一个军士，右手里托着一块龙形玉佩，道："禀将军，卑职方才从他身上搜出这块东西。"

萧承之接过玉佩，只觉触手冰凉，仔细再瞧，见其背面刻着一个细如米粒的"万"字，忙指给儿子看。

萧道成说："江南无人不知，万珍阁是京城一等一的珠宝店。该店所售的珠宝，上面皆有'万'字标记。"

萧承之沉吟着说："从这块玉来看，姓于的莫不是与建康（今江苏省南京市，时为刘宋的都城）的人有些联系？"说着，将玉佩递到儿子手里，又说："道成，你得去京城一趟，就凭这块玉佩，也许能查到些线索。"

萧道成自母亲逝后，一直随在父亲身边，听父亲要遣自己远行，有些放心不下，手里握着玉佩，踌躇道："豫章这边并不太平，常有人潜入城内打算劫走彭城王，儿子还是在这里的好。"

萧承之摇了摇头，道："彭城王在京师经营多年，如今虽然倒了，但他的党羽也许仍隐伏在天子脚下。我受皇命，不得擅离职守，才让你替我去京师。你年纪也不小了，该当去历练一番，到京之后，如能探到消息，或可将逆党连根拔起。否则，咱们在这里时刻提备，捉了一拨，又来一拨，岂非不胜其扰？"

萧道成听父亲说得有理，这才躬身领命，将玉佩藏在腰间，辞了父亲，去收拾行李。

太阳西斜，余晖横照，萧道成沿着一条甬道绕到大堂之后，走不多远，进了一个月亮门，便来到了刺史府的后宅。

后宅分东、西两个跨院。西跨院里住着彭城王刘义康，院门上装着一道铁栅栏。铁栅栏后本有一道砖砌的影壁，也早已被人拆去。守卫站在院外，一眼便能将整个院子看个通透。

第一章　豫章潜龙

铁栅栏门的两侧各站着几名彪悍的铁甲武士，见了萧道成，一齐躬身施礼。萧道成点了点头，抬眼向院里望去。院内非常宽敞，足有半亩余，四角建有岗亭，里面有哨兵昼夜值守。院子中央是个八角小亭，形如鸟翼。四周是花圃，遍植奇花异草。

彭城王刘义康四十多岁年纪，面色有些苍白，颌下三绺长髯，头戴高冠，足蹬短靴，穿着一身宽大又很见华丽的王服，正在亭子旁的小径上踱步，身后随着他的两个年轻的侍妾。他自幽囚以来，虽然衣食无忧，但活动范围被限制在这个庭院里，故而每日多闭户读书，偶在天气晴好的日子，才到院中散步。刘义康走了一会儿，兴许是有些疲倦，便坐在亭里的一张石凳上，一动不动，双眼发直，目光呆滞，神情沮丧。

萧道成望着他落寞的身影，想到这位皇家贵胄落到这般地步，不禁暗自叹了口气，脚下一拐，走进对面的东跨院。东跨院的格局与西跨院差不多，里面有正房五间，配房七间。青条石铺成的台阶下值着几棵森森绿竹，一阵风过，天籁细细。墙边栽着一株粗壮的古槐，还有几棵葳蕤着紫色花朵的长藤。

萧道成来到左首第一间厢房前，见夫人刘智容引着儿子萧赜迎了出来。刘智容头梳着双髻，斜插碧玉龙凤钗，肌肤胜雪，双目犹似一泓清水，顾盼之际，自有一番清雅高华的气质，穿着一袭半袖裙襦，听说丈夫要远行，忙为丈夫打叠行囊。儿子萧赜生得虎头虎脑的，在母亲身边挤来挤去，帮不上什么忙，倒添了不少乱。萧道成倚坐在窗前的一张竹椅上，想着此次入京所负的重任，一时思绪纷飞。

萧道成是西汉丞相萧何的二十四世孙。萧何本居住在沛县（今江苏省徐州市），后居长安，其孙侍中萧彪免官后移居东海郡兰陵县中都乡中都里。东晋初年，衣冠南渡时期，淮阴令萧整率族人渡过长江，来到晋陵郡居住。元嘉四年（427年），萧道成出生于晋陵郡武进县（今江苏省常州市）东城里，八年后迁居建康，师从于羽林大将军雷次宗。雷次宗内掌禁军，还是萧承之多年的好友。不意文帝诏令萧承之南下监管彭城王。萧道成便随着父亲来到豫章，算起来，离开京城已经四年多了。

第二章　长驱入京

萧道成笑道："师妹，我的看法倒是与你不同。这孔熙先风姿秀雅，俊逸倜傥，分明算是当今一等一的人物。"雷娇摇了摇头，轻轻地道："外有余，内必不足"。

第二天清晨，萧道成穿了一身便装，背个不大的包袱，里面是几件换洗衣服和些银两，胁下悬刀，健步出了豫章城，来到城外十余里处的豫章河畔。这条河直入长江，水深而阔，远处山峦叠翠，两岸树木葱茏。

因为此次是秘密入京，所以萧道成没有乘坐豫章郡的官船，而是上了一条普通的大船。船长十余丈，甲板上竖着一根一搂多粗的桅杆，上面张挂着巨大的白色风帆。船老大皮肤黝黑，头缠罗巾，身披皂褂，面无表情地立在船头，一手搭起凉棚，老练地看了看天空和河面，便向船工们发出起航的号令。十几个船工七手八脚地收拾了缆具，然后驾驶着船只，冲风破浪地向前驶去，数日之后，船只转进了长江口。

江面阔达数里，略显浑浊的江水滔滔汩汩，一路向东流去。萧道成在船上二十多日，经九江，历安庆，过芜湖，行有两千余里，这一天终于来到了石头城（今南京市鼓楼区）。石头城是秦淮河与长江的交汇口，因山以为城，因江以为池，地形险固，尤有奇势，过了石头城，再有半天的工夫，便可到建康了。

正值傍晚，一道残阳铺在江上，江中翻起层层叠叠的浪花，不断撞击着船舷。萧道成站在微微晃动的船上，临江而眺。远处是苍茫的石头山，山峦碧绿，青翠欲滴，有丛丛映山红点缀其间，突兀的山峰和变幻的云海连接在一起。两岸巨崖，倒景如墨。

萧道成见江上景致奇丽，不觉襟怀为之一畅，又见旁边不远处停泊着一艘江船。那条船离萧道成不过十余丈，船身狭长，上面的风帆已经落下，甲板打扫得干干净净，船头摆着茶桌。一个白衣书生坐在桌边，手里横着一支七孔玉笛，正呜呜咽咽地吹着。他的双手白皙，竟与玉笛的颜色一般。笛音悠扬，清新圆润，借着江风远远传开。萧道成不觉驻足倾听，只觉笛声甚是悦耳。良久，书生甩了个花腔，笛声戛然而止。

萧道成手扶着船舷，脱口赞道：“好一曲《春江月》，使人如沐幽幽月色，如濯清清江水。”

书生闻言，似是有些讶异，扭头打量了一眼萧道成，随手将玉笛放在一旁的桌上，起身笑道：“兄台果然是位知音，如不嫌简慢，何妨登舟一叙？”

这书生二十出头的年纪，长身玉立，风姿秀雅，仅在船头这么随随便便一站，就有轩昂高举之势。萧道成对其顿生好感，颇有心结纳，便道："如此多有叨扰了。"便下了船，顺着江岸来到书生的船前，又沿着一块颤颤悠悠的踏板，健步登舟，与书生相对作了个揖。

船头茶桌上摆着一套茶具，在落日映照下透出暗红的光泽，竟全是用大块的玛瑙雕琢而成。茶桌旁边是几个锦垫。书生拱手肃客，请萧道成与自己相对而坐，又从茶桌上取过个杯子，斟了杯茶递过来，然后斯斯文文地道：“朋友贵姓台甫？从何处来？”萧道成接过玛瑙杯，心里暗惊这书生的豪奢，道：“在下萧道成，从豫章去京师，路过此地。”书生"哦"了一声，道：“豫章右卫将军也是姓萧。”萧道成躬身道："便是家父。"孔熙先笑道：“原来是将门虎子，失敬失敬。”萧道成喝了口茶，只觉茶水甘冽清香，便将茶杯放在面前茶桌上，动问道：“这位朋友，还未请教尊姓大名？”书生道：“敝人孔熙先，现在朝中任散骑郎。”

萧道成常听父亲说起京师诸贵，知道奉圣亭侯孔隐之有个侄子叫孔熙先。孔熙先出自世家，本人又精于历法天文、文史星算，是京师有名的才子。萧道成在这里与其相遇，肃然起敬道："久仰大名，所幸今日得见。孔兄这是要去哪里？"孔熙先道："我刚在此地会过一个朋友，正要回京，既与萧兄弟同路，何妨共舟而行？一路谈谈说说，颇可慰旅途孤寂。"萧道成喜道："如此甚好，小弟正有此意。"

傍晚时分，凉风习习。夕阳下的江水，金光万道，煞是壮丽。书生派人去邻船取过萧道成的行李，又命人端来个红泥小火炉，上面放锅，准备烹鱼敬客。厨子从舱里出来，将从江中捕捞的新鲜鲥鱼提去舷边开膛，除去内脏和鱼鳞，将鱼肉在江水里冲洗干净，沥干其中的水分，用盐、酒腌制片刻，再将竹笋片、蘑菇片与腌制好的鲥鱼一起放进锅里。过了片刻，厨子又在锅里加入精盐、酒酿和清水，将银锅置于泥炉炭火上，用小火慢慢地炖了起来，待到锅里的汤汁浓稠，汤面冒出小泡，方始出锅。仆役将鱼盛在一个径尺的瓷碟内，摆上桌来。

孔熙先举箸笑道："长江鲥鱼天下驰名。烹制鲥鱼，须用小火慢炖，方是正宗风味。萧兄，请尝尝味道如何？"说着，又命人烫上滚热的封缸酒来。萧道成抄起筷子夹了口鱼肉，放在嘴里咀嚼着，但觉肉质细嫩爽滑，腴而不腻，不禁点头大赞。

二人边吃边谈，颇觉投机，忽见远处来了一支船队，风帆连咽，顺流而下。为首的是一艘楼船，足足长二十多丈，通体漆成黑色，底尖上阔，粗桅宽帆，山形的舷墙长约五丈，双桅之间立起一座四层雕栏彩楼，楼顶上铺着一层层的鱼鳞亮瓦，头西尾东稳稳驶来。甲板上站着几十名吏卒和穿戴甲胄的武士，船头悬挂的旗幡上题有"武陵王"三个大字。浩浩荡荡的船队，径直从孔熙先的船侧经过。江水被激的起伏如沸，过了良久，方始宁定。

萧道成知道武陵王刘骏是文帝的第三个儿子，便询问道："孔兄，你在朝为官，耳目灵通。小弟多嘴问一句，这武陵王是要去何处公干？"孔熙先冷笑一声，道："公干？武陵王是众皇子里最不受宠的一个。皇上早就有意将他打发到江州去做刺史。看这情形，武陵王是去赴任了。"说到这里，灌下一杯酒，叹道："武陵王少年机颖，神明爽发，读书七行俱下，才藻甚美，雄决爱武，长于骑射，却被摒弃于外藩。彭城王礼贤下士，聪识过人，不免失职南陲！嘿嘿，如今朝里这些事啊，也真是一言难尽。"

萧道成听孔熙先肆意讥评，脸色微变，道："小弟愚钝，不清楚武陵王的事。但刘义康广聚党羽，觊觎神器，这才获罪被贬，实是咎由自取。"

孔熙先饮下一杯酒，笑道："然而讲到底，也不过是成王败寇罢了。"随即转了话题，谈论起各地的人情风物。他学识渊博，评点精当，倒也令萧道成听得津津有味。

到了半夜，一轮圆圆的月亮升上了中天，照耀的满江如同琉璃一般。眠鸥宿鹭，阒然无声。孔熙先命船家收拾了碗碟，自己与萧道成倚舷观赏江上的夜景。

第二天一早，江上还笼罩着一层白茫茫的雾气，船夫解缆起航。这艘船直朝京师而去。不到中午，船至建康城外。宽阔的江面上，舰船舳舻相继，林立的桅杆随风摇曳，宛如一片落尽了叶子的杨树林。

萧道成与孔熙先在宣阳门外下了船，岸边已有孔府家人抬着轿子相候。孔熙先来到轿边，道："萧贤弟进京后准备住在什么地方？"萧道成也有些依依不舍，说："小弟要到家师处盘桓几天。兄台的府上在哪里？小弟不日自当到府拜访。"孔熙先道："敝宅就在西直门大街上，京师无人不知。我到府后，恭候贤弟大驾。"说罢，二人相对一拱手。孔熙先坐上轿子，自去了。

萧道成望着孔熙先等人远去，只到看不见了，这才背上包袱，由宣阳门进入建康城。

建康是刘宋王朝的都城，东西南北各四十里，宫墙三重，南拥秦淮，北倚后湖，西临长江，周边还有石头城、西州城、东府城、白下城、南琅琊郡城等围绕拱卫，颇具龙盘虎踞之势。宣阳门是京师北门，至皇城朱雀门是条宽阔笔直的大道。路上铺着整齐的青条石，可容八辆马车并行，两侧遍植垂柳，还错落分布着官署府寺、居民里巷、酒馆茶肆等。

萧道成顾不得观赏街景，只随着络绎不绝的行人前行，走不多远，就见迎面来了一个小乞丐。小乞丐十六七岁的年纪，满脸泥污，穿着件补丁摞补丁的破衫子，上面沾满了黑乎乎的泥水和汗水，蹑着一双草鞋，若有意若无意地在萧道成身上撞了一下，然后与之擦肩而过。萧道成就觉腰间一动，随手一摸，发现那块龙形玉佩竟已不翼而飞，不由得一惊，回头见小乞丐已在数丈之外，料定被他偷了，便随后追了上去。小乞丐扭头见萧道成跟来，像一条鳗鱼似的溜进人群，便想逃之夭夭。

正当中午，路上是熙来攘往的行人，两边有许多小贩在兜售着汤饼、菜羹、烤鱼等小吃，另外还有些卖针头线脑的杂货摊。萧道成奋力分开人群，紧随着小乞丐，生怕跟丢了。二人一前一后，渐渐地远离了闹市区。路上僻静起来，街两旁粗陋的建筑遮住了阳光，街道显得幽暗而狭窄。路面的石板裂开了大大小小的石缝，印着深深的车辙。小乞丐见萧道成越撵越近，有些做贼心虚，干脆撒腿飞奔。萧道成紧追不舍，尾随他穿街过巷，一直来到建康城北，这里已很是荒凉。

前边不远处有一座破庙，庙外杂草丛生，常有野狗出没，不时有几只乌鸦，"啊啊"地鸣叫着，飞过东倒西歪的枯树，在萧道成面前一闪而逝。破庙的两块门扇上黑漆剥落，似合不合。门楣石雕的纹路有些模糊，上悬着一块木匾，依稀可见匾上题着"狱神庙"三个字。庙门左侧种着一棵歪脖儿槐树。

小乞丐麻利地跳上台阶，回头见萧道成撵到，便扯着嗓子道："好小子，有胆子就进来。"说话间，身形一闪，已隐没进庙里。

萧道成奔到狱神庙外，一脚踢飞了半个门扇，不待门板落地，已飞身纵进院里。院中散落着些残砖碎瓦，大殿门前有十几个乞丐，都穿着破破烂烂的旧袍破袄，个个面黄肌瘦，凌乱的长发一直披到领口，正横躺竖卧的在阳光下捉着虱子，一见萧道成，尽皆翻身坐起，眼露凶光地瞪着他。一个二十多岁的蓝衣乞丐，大概是他们的首领，披散着头发，身上裹着件五颜六色的污秽布袍，叉开双腿，大模大样地坐在大殿门槛上。偷东西的小乞丐正立在他的身旁。

萧道成见蓝衣乞丐手里拿的正是那块玉佩，便沉声道："这块玉佩是我的，请奉还。"

蓝衣乞丐打了个哈欠，不经意间透出一派慵懒，侧过黝黑的脸颊，满不在乎地瞥了他一眼，冷笑道："你说是你的，叫它一声它答应吗？到了我的地界上，哪有你撒野的份儿？"说着，朝左右使了个眼色。众乞丐会意，一齐立起，气势汹汹地朝着萧道成扑了过来。对方虽然人多势众，萧道成却也没将他们放在眼里，身形晃动，拳打脚踢，眨眼间便将十几个乞丐放倒在地，还在那个小乞丐的脸上重重搧了一拳，然后纵身欺近蓝衣乞丐。

蓝衣乞丐见兄弟们吃了亏，又惊又怒，霍然起身，厉喝一声，左手斜切向萧道成的脖颈，右手成虎爪，直插其小腹。萧道成侧身闪过，一个拐子腿，踹在他的腿弯上。蓝衣乞丐一个趔趄，摔倒在地，脸颊蹭了不少地上的泥土。萧道成"嗖"的一声拔出腰刀，将锋利的刀刃压在他的后颈，喝道："要死要活？"

蓝衣乞丐虽是伏在地上，却半点儿不尿，梗着脖子道："死便死，我王敬则岂是贪生怕死之人？"众乞丐挨了打，正要四散而逃，见此情形，相互对视了一眼，忽然一齐跪倒，连连磕头，哀告道："这位好汉，请放过我们当家的。"

王敬则斜眼瞥见，不禁大怒，脑门子上的青筋暴起，喝道："全都给我起来，别给老子在这里丢人现眼。"

小乞丐已是鼻青脸肿，向前膝行几步，爬到萧道成身前，磕头如捣蒜，道："都怪张敬儿手贱，偷了您的东西。小的把这只手赔给您，还请放过我们当家的。"说着，左手腕一翻，亮出一把锋利的匕首，一咬牙，朝着自己的右手便剁了下去。

萧道成这才知道他的名字，右手钢刀一晃，"当"的一声，砸飞了他手中的匕首，心里倒是佩服他们的义气，道："我萧道成只取失物，不伤人命。"说着，收起腰刀，拾起玉佩放在怀里，起身出庙，扬长而去。

暖暖的太阳正当头，路边柳丝低垂。萧道成离了狱神庙，回头看看，见并无人跟踪，便原路返回，又转进草帽大街的一条巷子里。这条巷子呈南北走向，约有七八百米长，两边是青砖垒成的院落，一家连着一家。每户的院子都是一样的高矮、大小，排列得整整齐齐，有些院墙上还铺陈着绿油油的爬山虎藤蔓。

雷次宗的府第位于巷子的南头，三间门楼高耸，两扇黑漆大门紧闭，门前的白石台阶打扫得干干净净，左右立有两尊忠义石兽。萧道成早年曾在此学艺，常出常入，今见门庭依旧，便走上台阶，"啪啪"叩打门环。不一会儿，一个五十多岁的老家人开了大门，见是萧道成，忙道："原来是萧少爷回京了。"萧道成认得他叫雷禄，当年自己在这里学艺时，他就是雷府上的总管了，忙道："雷总管，有礼了！我师父在家吗？"

雷禄的头发斑白，一脸的皱纹，青衣罗帽，为人很是和善，自小看着萧道成长大，如今再见他，心里说不出的欢喜，笑着说："好！好！老爷已退朝回府，正在前厅。萧少爷也不是外人，这就随我来吧。"说着，当前引路，进了大门，绕过一道照壁，来到院里。院子很宽敞，中央有个花圃，里面的鲜花正绽出娇嫩的蓓蕾，几个蝴蝶在花圃里翩翩飞舞着。地上打扫得很整洁，连根草刺儿也看不到。

萧道成随着雷总管走过院子，向四周望了望，见院墙边的兵器架子上排着十八般武器，心想："师父这些年做的官是越来越大，一身功夫却从未搁下。"正想着，忽见前厅里走出一位少女。头发乌黑，脸庞清秀，两只明眸透着温润的光泽，肤如凝脂，身形苗条，穿着一身粉红色的裙装，正是雷次宗的女儿雷娇。

雷娇款款走下台阶，如风摆杨柳，抬眼就看到萧道成，虽是几年未见，但还是立刻就认了出来。萧道成见她出落的一副花容月貌，心里一动，大踏步上前道："师妹，几年不见，你好啊！"雷娇雪白的脸上泛起红晕，嘴角微微上扬，脸上泛起了笑意，望了望萧道成，道："师兄好，怎么这次来也不事先派人递个消息？"

雷禄在一旁"呵呵"笑道："你们两个如今倒客气起来了，当初小的时候在一起练武，一言不合就刀枪相向，哭的哭，叫的叫，闹得不可开交。"萧道成八岁拜在雷次宗门下，与雷娇同门学艺之余，还常在一起捉蟋蟀、打陀螺，可谓两小无猜。但二人当时又都是孩子心性，朝夕相处，免不了闹个狗龇牙，常要雷禄前来哄劝。

萧道成和雷娇听了雷禄的话，忆起儿时的情景，心里都觉得一阵温馨。

雷娇秀美的脸庞上绽出灿烂的笑容，道："爹爹在屋里，师兄请进。"说完自己去后院了。

萧道成看着师妹远去，迈步走上台阶，进了客厅。羽林大将军雷次宗今年四十多岁，身形魁梧，长方脸，颔下一部墨髯，退朝归府后，穿着锦缎衣裳，正坐在椅子上有滋有味地喝茶。

早在宋文帝刘义隆还是宜都王的时候，雷次宗就是他的贴身侍卫。后来，刘义符和刘义真先后死于非命。刘义隆自荆州进京继承帝位，当时，雷次宗日夜守护刘义隆所乘舟船，后又随王师讨灭徐羡之、傅亮、谢晦等逆党，屡立殊勋，备受宋文帝的信任，总领羽林军人马。建康城里的浮浪顽少、悍匪大盗，无不深畏其名。

雷次宗方才听到女儿在厅外与人对答，知道爱徒来了，不禁大喜，见萧道成走进来，便道："成儿，是你啊！"萧道成上前跪倒，恭恭敬敬磕了四个头，道："徒儿拜见师父。"雷次宗摆了摆手，道："起来吧！"又指着旁边的一把椅子，道："坐下说话。"萧道成依言起身，坐在一旁。雷禄给萧道成斟了杯茶，知道他们师徒二人有话说，便退出厅外。

萧道成给师父问了安，然后详细讲了豫章的情况。雷次宗一语不发地听他讲完，郑重地说道："你这趟来得正是时候，皇上前天还曾问起彭城王的事。我这就按你所说的写封密奏，明日早朝后递上去。" 说着，取过纸笔写了奏章，将其收好。

萧道成知道师父是皇帝的信臣，有专折奏事之权，待师父将奏章放在一旁，便说明这次进京的来意。雷次宗沉吟道："你父亲这一招，可算是'釜底抽薪'之计。但彭城王垮台之后，其党羽多人被杀，其余旧部尽被贬往蜀地。朝中贵官噤若寒蝉，已纷纷与彭城王撇清关系。我实在想不出谁还有这么大的能力，竟能雇请死士，不远千里去豫章生事。"

萧道成从怀里摸出那块玉佩，摆在桌上，说："师父！这块玉是从姓于的道士身上搜到的。我爹命我从它入手，看看能不能在京师查到什么线索。"雷次宗将玉佩拿在手里，略一搭眼就说："这块玉出自名工之手，断乎不是小作坊里做出来的，从上面这个'万'字来看，莫非是万珍阁的货？"萧道成点头道："师父说得不错，我爹也认为这块玉出自万珍阁。"

雷次宗将玉佩递还给萧道成，呷了口茶，道："万珍阁是京师头等的珠宝铺子，称得上是财源广进，这几年又供应着几家王侯府的玉器，更是兴头的不得了，难道与彭城王逆党有干系？你且在我这里住下，有空不妨去那里看看，一切小心从事。"萧道成郑重地点了点头，道："弟子明日就去。"

师徒商定了这件事，又谈了些别来见闻。雷次宗便摆宴为萧道成接风，又命家人将前院厢房收拾出一间，让萧道成住在里面。

萧道成当晚多饮了几杯，加之连日赶路，难免疲惫，这一觉一直睡到了第二天中午。一缕缕阳光照在厢房的窗户上，庭院里传来阵阵鸦鸣雀噪之声。萧道成披衣起床，简单的洗漱已毕，用了些点心，便出了房门，忽听背后一个清脆的声音道："师兄，你去哪里？"萧道成回过头来，见是雷娇，便道："师妹，我要去万珍阁走走。"

雷娇的一头乌发在头顶挽了个高髻，身披翻领白色长衣，足蹬短靴，看上去飒爽英武，笑盈盈地道："万珍阁前年就搬到了朱雀大街上，临着秦淮河。我正好没事，陪你一起去吧。"萧道成说："那就有劳师妹了，只是师父同意吗？"雷娇道："爹爹入朝去了，大概一会儿就会回来。我们稍等片刻就是了。"二人正说着，听到门外一阵马蹄声响，紧接着，雷次宗穿着一身朝服走进院里来。

萧道成与雷娇迎上前去，陪着雷次宗走进前厅。雷次宗坐在椅子上，萧道成和雷娇侍立左右。雷娇见父亲神色不悦，便道："爹，您这是怎么了？"雷次宗摇了摇头，叹道："皇上一心北伐魏国，我与几位同僚屡谏不从。看这样子，也许不久就会出兵，免不了又是一场生灵涂炭。"北魏控弦百万，威震天下，与刘宋王朝隔江而治，曾趁宋武帝刘裕病逝的机会，夺占了黄河以南的大片土地。宋文帝刘义隆登基后，对此一直耿耿于怀，如今听说北魏与柔然交兵，便想趁机收复失地。

萧道成听师父说起国家大事，自己不便置喙，便请示师父，准备与师妹同去万珍阁。雷次宗点点头，道："今日早朝后，我已将奏章递了上去。大概用不几天，就会有消息。你们且去万珍阁查查，有什么线索最好。"

萧道成与雷娇便辞了雷次宗，出府上马，在长街上并辔而行，蹄声"哒

第二章　长驱入京

哒"，细碎悦耳。萧道成黑衣黑马，英俊潇洒；雷娇白衣白马，俏丽妩媚。路上的行人见了，无不暗中喝一声彩。有人看的目眩神驰，便低声询问身边的伙伴："这位漂亮的姑娘是谁？"伙伴倒也识得，便喊喊喳喳的说："这姑娘是雷府的千金，旁边的那位不知是什么人。"萧道成和雷娇都是习武之人，禀性豪迈，也不把这些议论放在心上。

天上的白云随风舒卷，阳光透过薄薄的云层照耀着大地。清风拂过树梢，路边树上的叶子被吹得哗啦啦响。萧道成策马前行，瞥见王敬则和张敬儿正混在人丛里，一扬马鞭，算是打了个招呼。王敬则和张敬儿袖着双手，也看到了萧道成，似是有些不好意思，也不搭话，扭头就走。萧道成便向雷娇说起与王敬则等人遭遇的经过，引得雷娇咯咯直笑。

萧、雷二人走过长街，来到秦淮河畔。中午的秦淮河上笼罩着一层轻烟，河边是一条南北通衢，宽阔恢宏的路面上覆着一层厚厚的河沙，两侧种着高大挺拔的槐树与榆树，这里是建康最繁华的路段，可谓寸土寸金。万珍阁在大街南侧，足有七间门脸。金漆的门户上挂着青布缎帘，门楣上高高的悬着一块匾额，上题"万珍阁"三个篆字。

萧道成与雷娇在店前跳下马来，将马匹拴在门前的系马桩上。马儿伸出嘴去，啃着路边冒出的几茎青草。一只大黄狗趴在店门口，见萧、雷二人走近，敏捷地蹿向一旁，走不多远又伏下，痴痴地看着天上飞来飞去的燕子。

萧、雷二人并肩走进店内，见里面很是宽敞。地上铺着青色方砖，打扫的一尘不染。迎面是一排货架，上面摆着大大小小的盒子。盒子里面装有古董、玉器、字画、摆饰、印鉴等各种五花八门的贵重物品。货架前是一个长长的柜台。柜台有半人多高，长达数丈，横穿整个店堂，上面放着算盘、纸笔和账本等物。几个衣着整洁的伙计正在柜台里忙活，客客气气地应对着前来购买珠宝的客人。

萧道成与雷娇来到柜台前，还没开口说话，便有一个伙计隔着柜台迎了上来。这伙计二十多岁，泛青的脸上微微有几颗浅白麻子，一眼就看出萧、雷二人非富即贵，暗想："今天说不定能做成一笔大买卖。"想到这里，精神一振，满脸堆笑地问道："两位，要买些什么？"

萧道成从怀里掏出那块玉佩递过去，开门见山道："我们不买东西，只想问问这块玉是不是从你们这里卖出去的？卖给了谁？"这伙计听对方不是来买东西的，心里登时淡了，看也不看玉佩，随口敷衍道："你们且在这里候着，等我闲下来，再去给你查查账本。"说完，微微撇了下嘴角，便懒洋洋地走开，自去招呼其他的客人。

萧道成与雷娇毕竟年轻，对麻脸伙计的话信以为真，便立在柜台外等候，不料这一等就是一个多时辰。这期间，不时有客人进店。店里的伙计们迎来送往，把一件件的珠宝拿给顾客观瞧，热心地向其指出珠宝的成色、水头，却总不见有人来招呼萧、雷二人。

萧道成与雷娇正有些不耐烦，忽听外面的街上响起一阵急骤的马蹄声。蹄声如雷，在店外戛然而止。随即，雷总管手里提着马鞭，匆匆从外面跑了进来，一眼望见萧道成和雷娇，用衣袖抹了一把额头上的虚汗，气喘吁吁地道："萧少爷，你果然在这里，老爷让我来找你。"

萧道成听了，不知什么事，便与雷娇一起，随着雷总管来到店外。路上仍然是川流不息的行人。一阵飘飘的清风，从城市的西北掠过，轻轻地翻起了人们的衣襟，拂动着店外的幌子，奏出一片轻微的簌簌声。雷总管将萧道成和雷娇引到路边，低声说："萧少爷！老爷方才回府说，皇上要见你。"萧道成和雷娇闻言，都吓了一跳。萧道成忙道："师父有没有说，皇上为什么要召见我？"雷总管摇了摇头，道："那倒没说，老爷一接到旨意，就立马让我来寻你。萧少爷，请速速随我回去。"

萧道成不敢怠慢，与雷娇离了万珍阁，随着雷总管打马回了雷宅。雷次宗已穿戴整齐，正在客厅里焦急地踱着步，见到萧道成回来，忙让雷总管取出套新衣服给他换上，然后便与萧道成出了府。二人骑上马，一个从人也不带，匆匆赶往皇城。萧道成心神不定地骑在马上，忍不住问道："师父，皇上为什么要召见我呢？"雷次宗一边注意避让着街上的行人，一边道："今早我递的那封奏章里，提到你来京之事。皇上也许是想从你这里了解一些彭城王的情况。"说着，又向萧道成叮嘱面君时的注意事项。萧道成虽然胆大，但身当此际，也不禁心里怦怦直跳，听着雷次宗的话，连连点头。二人走了约有半个时辰来到城外。

皇城位于建康城南,周长二十余里,大致呈长方形,由多重城垣构成,又称台城,是刘宋王朝的统治中心,原为东吴苑城故址,始建于东吴黄龙元年(229年),东晋咸和五年(330年)由东晋宰相谢安主持改建,定名建康宫。宋武帝刘裕建国之后,屡有增缮,使之成为江南最壮丽的宫殿群落。

雷次宗与萧道成来到朱雀门前下马,一前一后走了过去。这里是皇城的正南门。门楼面阔九间,重檐黄瓦,宛如三峦环抱、五峰突起,气势雄伟。门前有百余名全副武装的禁军。雷次宗向着为首的城门校尉道:"黄校尉,这位是右卫将军萧承之的儿子,也是我的徒弟,奉诏前来面君。"

城门校尉姓黄名回,掌皇城诸门屯兵,见过雷次宗,又命人进去通禀。不一会儿,一个太监出来,传皇上口谕,命雷次宗携萧道成入见。

雷次宗与萧道成整了整衣服,随着太监步入城门。门洞宽阔,可容两车并行,地上覆盖着厚厚的石板,两侧有尺许长的青条石贴边,上顶砌着上好的青砖。虽然已近正午,城门洞里还是透着一片清凉。

不一会儿,二人就来到皇城里,皇城内是中轴对称的布局,仰模玄象,合体辰极,包括百官议政的尚书朝堂区、皇帝朝宴的太极殿区以及后宫内殿区、宫后园囿区等,另有三十多处离宫别馆,处处尽显富丽堂皇。

萧道成长这么大,还是第一次进皇城,免不了有些眼花缭乱,随着雷次宗来到太极殿。太极殿是皇城的正殿,面阔十三间,契合闰月之数,殿前的石阶前建石阙一对,命名为"神龙""仁虎"。双阙的跌坐高八尺,阙身则高六丈、长四丈五尺、厚七丈二尺,石阙上镌刻珍禽异兽,规模极大,极其壮丽,冠绝古今。

阙下却跪着个青年。这青年的岁数与萧道成差不多,面孔白皙,俊眉朗目,头戴玉冠,身披大红袍,见雷次宗与萧道成过来,有些不好意思地低下头去。雷次宗对着他拱了拱手,便带着萧道成从他身侧走过。

萧道成走上台阶,又回头看了看那个年轻人,好奇地问道:"师父,这人是谁?"

雷次宗瞧了瞧前边走着的太监,压低声音道:"这人便是当今太子。"

萧道成很是意外，道："哦！怎么在这里跪着？"

雷次宗又低声解释说："今天上午，皇上与群臣商议北伐之事。太子主张陆路出兵，吏部尚书江湛偏主张走水路。二人在朝堂上吵了起来。散朝之后，太子趁江湛不备，将其从殿外的石阶上直推了下去，几乎将江尚书摔死，所以才被皇上罚跪的。"

萧道成有些讶异，询道："太子为国之储君，江大人怎么就敢跟他对着干？"

雷次宗看了看走在前面的太监，低声道："如今皇上最喜爱的儿子是南平王刘铄。南平王娶了江湛的妹妹为妃，每想夺太子之位而代之。江湛自然是帮妹夫的，与太子明争暗斗。双方都跟乌眼鸡似的，这储君之位，将来不定是谁的呢。"

雷次宗说完这几句话，已来到太极殿外，便自觉住了口。萧道成也不再询问，只见殿门左右各立着八名金甲武士。这些武士全是羽林军里的好手，一个个佩刀悬剑，立的笔直。两扇殿门敞开着，青石殿槛上刻有线条优美的蔓草花纹。雷次宗与萧道成随着太监进殿。殿中约有五间屋子那么大，四壁挂着壁毯，装饰的金碧辉煌，左右各有八根红漆立柱，支撑着殿顶。每根柱子上雕饰着活灵活现的蟠龙。地上铺着平整的大理石。

殿里很安静，宋文帝刘义隆正坐在大殿的龙书案之后。他今年四十三岁，身形略显臃肿，一张圆脸，颌下三绺黑须，头戴冕冠，身披黄缎九龙袍，身后侍立着两名手执拂尘的宫女。萧道成飞快地扫视了一眼宋文帝，见他苍白的脸上隐隐带着病容，当下也不敢多看，便低下头，随着雷次宗行三跪九叩的大礼。

宋文帝身体一直不好，而与彭城王的钩心斗角也消耗了他不少心力，使他本自不佳的身体状况更如雪上加霜，当下缓缓说道："罢了，起来说话。"雷次宗与萧道成又磕了个头，这才起身。

宋文帝眉梢唇角的肌肉一直紧绷着，对雷次宗说："雷爱卿！朕看过了你今日上的奏章，有些事情不明，故命你携萧家少年入宫。"说着，又望着萧道成说："你就是萧承之的儿子？你父亲还好吗？"

第二章 长驱入京

萧道成见皇帝垂询，忙磕了个头，道："臣父安康，感激圣眷。"顿了顿，又说："臣父在豫章有年，已擒获了十几名彭城王余党，就在前几天，还将一名贼人扣押在府里，现正在审讯，初步查明有逆党潜伏京师，特命臣入京公干。"萧道成的声音清澈、冷静，十分有条理，为了在皇帝面前说这几句话，他一路上在心里已经排练过很多次。

文帝听了，忆起逮捕彭城王的那一晚，自己下诏连斩了几十个朝廷大臣，想不到竟然还有逆党隐匿，不由得倒吸了一口冷气，脸上的皱纹更深了些。

雷次宗的脸上透着既不失沉稳又显得驯服的从容神色，在一旁道："陛下，由目前来看，有京官与彭城王勾结无疑。右卫将军萧承之牵挂圣躬安康，这才命其子入京查勘策防。"

宋文帝听了他这几句话，满意地点了点头，见萧道成身形矫健、言语清爽，心想这个年轻人倒是精明干练，便道："如此也好！萧道成年纪尚轻，且授越骑校尉，以后专司调查逆党，有什么发现，先禀报雷将军。"越骑校尉与城门校尉、中垒校尉、屯骑校尉等并称皇城八校尉，麾下有兵五百人，负责京城内外的搜索、警戒及追击。

萧道成闻命，连忙跪倒磕头，称谢不置。

宋文帝大概觉得有些乏了，便伸了个懒腰，对雷次宗、萧道成道："今天就这样！明日朕还要去武帐冈，为衡阳王饯行，你们且随我前去。另外，雷爱卿到外面传朕的口谕，让那个小冤家回去吧。"

雷次宗答应一声，与萧道成躬身退出殿外，走下台阶，来到石阙旁的刘邵跟前。刘邵六岁时即被立为皇太子，一贯养尊处优，如今已跪了几个时辰，虽然体格健朗，但也有些吃不消，只觉得膝盖刺疼，脸上的汗开始流了下来。

雷次宗走近几步，朗声道："皇上口谕，命太子回宫。"刘邵闻言，松了口气，在地上磕了个头，道："谢皇父隆恩。"雷次宗忙上前将他搀扶了起来。刘邵咧着嘴，扶着雷次宗的胳膊，对他点了点头，以示谢意，道："雷大人，进宫有事？"雷次宗不敢隐瞒，道："禀太子，还是为了彭城王。"

刘邵"哼"了一声，道："彭城王大概在豫章又不怎么消停！"雷次宗道："不错，皇上正为这事召臣等入见。"刘邵揉了揉酸麻的膝盖，看着一旁的萧道成道："这位是？"萧道成忙躬身施礼，道："卑职萧道成参见太子殿下。"刘邵摆了摆手，道："罢了！本太子这副狼狈相，你还参见什么！"萧道成心里暗笑，却不敢接口。

雷次宗回头对萧道成说："我要送太子殿下回宫，再去安排明日武帐冈的护卫，你先回府吧。"萧道成答应一声，望着雷次宗与刘邵向西掖门方向走去。

太阳西斜，四周静悄悄的，城墙的影子在地上拖得老长。萧道成出了皇城，却见雷娇正在外面等待。雷娇立在宣阳门侧的一棵槐树下，手里牵着马缰，一脸焦急，望见萧道成出来，瞧着萧道成神色如常，便放下心来，开口道："爹爹和你离府之后，我心里总不踏实，故而在此相候。皇上召见师兄有什么事？"萧道成知道师妹牵挂着自己，心中感动，笑吟吟地说："你猜！"雷娇秀眉微蹙，道："难为我为你担了半天的心事，不说算了。"

萧道成见她似嗔似喜的模样，心里一热，忙道："也没有别的事，不过是让我追查彭城王余党。"说着，替她掸掉肩上的几片槐树叶子，三言两语，简单讲述了进宫的经历。

雷娇听说萧道成升了越骑校尉，不禁大喜，脸上泛起鲜艳的光彩，道："恭喜师兄！这一职位是皇上御口亲封，与众不同。"言罢，笑声如清泉奔流，又叽叽咯咯地说了半天，这才与萧道成先后上马，并辔而回。

傍晚时分，微凉的夜风渐起，带来浓郁的花草香气。路上的行人也少了许多，两边的店铺正陆续的关门下板。萧道成与雷娇正走在街上，忽见前面来了一队人马。队伍前导是六匹踹街马，两匹一列，分为三列，马上的骑士身手矫健，腰系长刀，随后是一乘八人抬的软呢大轿，轿后跟着十二名青衣罗帽的随从。

这队人鲜衣怒马，横过长街，正从萧道成与雷娇的旁边经过。轿窗的帘子忽然撩起，轿中有人叫道："萧贤弟，你好啊。"萧道成一愣，带住马缰，定睛一看，见轿中居然是孔熙先，忙跳下马来，抢步上前，道："孔兄，原来是你。"

孔熙先跺了跺脚。八个轿夫同时止住脚步，轻轻将轿子放下。一个随从上前一步，掀起轿帘。

孔熙先手里拿着一把玉扇，从轿里走了出来。他头戴一顶银质束发冠，益发显得面如冠玉，目似朗星，穿着一身宝蓝色长衫，腰系金带，望了望一旁的雷娇，笑吟吟地道："这位是？"

萧道成忙介绍道："这是我的师妹，姓雷。"雷娇白皙的脸庞映着晚霞，显得健康而生动。

孔熙先的眼睛在雷娇身上一转，笑道："好俊的师妹！萧贤弟，今晚到我府上饮酒如何？咱们二人来个不醉不归。"

萧道成心里惦记着明日值勤的事，便道："多谢孔兄美意，兄弟明天早上公务在身，故而今晚不得讨扰，待改日有了闲暇，一定与孔兄大醉一番。"

孔熙先听了，道："皇上遣宗室诸王出镇，明日大概是要为其饯行。如此就不强邀了，萧贤弟有空，尽管前来，我必倒屣相迎。"说着，又客气了几句，向萧道成一拱手，又朝着雷娇点了点头，便上轿自去了。

落日余晖投在街上，把萧、雷二人的影子拉得老长。雷娇翻身上了马，手里的马鞭一扬，在空中"啪"的虚击了一下，催动坐骑缓缓前行，又侧过脸问道："师兄，这人是谁？"

萧道成骑马走在一旁，答道："此人名叫孔熙先，是愚兄在京口认识的，然后一路同舟到这里。"

雷娇撇了撇嘴，道："我也听说过这个人。他父亲曾任刺史，有贪赃之名，据说与彭城王刘义康有些渊源，也不知是真是假。这姓孔的倒会装腔作势，方当春末，手里却拿把扇子！"

萧道成笑道："师妹，我的看法倒是与你不同。这孔熙先风姿秀雅，俊逸倜傥，分明算是当今一等一的人物。"

雷娇摇了摇头，轻轻地道："外有余，内必不足"。

萧道成听她这七个字的评语，不禁一愣，想要辩驳，却又不知该如何措辞。

雷娇一笑，说："师兄，咱们还是快些回去吧。明儿，你还要去武帐冈呢。"

萧道成听着她软糯的声音，看了看她脸上那片淡淡的红晕，只得点了点头，一抖马缰，与雷娇并辔向雷府驰去。

远处，一轮红红的夕阳正落下城头，暮色渐渐笼罩了大地。

第三章 建康风云

孔熙先望着萧道成，说："贤弟允文允武，足为一世之雄，可惜我是看不到了！"说到这里，嘴角露出一抹若有若无的笑容，身子一颤，手里的金杯落地，脑袋耷拉下来。他的眼鼻五官里，全渗出了鲜血。在幽幽的灯光下，这血竟作惨碧色。

武帐冈（今江苏省南京市西北幕府山侧的宣武城）并不算高，远远看去，就像一座丘陵，位于建康城西二十里。冈上光秃秃的，冈下有一片占地百余亩的榆树林，林中密密匝匝的枝条上缀满了刚冒出的嫩叶。

这天上午，林外大驾卤薄，华盖翩翩。五千羽林军摆成个环形大阵，将一顶黄罗大帐严严实实地围在正中。大帐四角用木桩固定在地上，帐顶开有天窗，可以透光通风，四周仿照屋宇的式样开有窗户。帐门南向，上面挂着厚厚的帐帘，外面垂手立着十几个太监。帐外杆旗上写着皇族名号，错落有致地排列着。

太阳越升越高，万道霞光染红天空，也给黄罗大帐镶金镀银。帐中的宋文帝面南背北而坐，身前摆着一张长条檀木桌。两边各有一排桌椅，分坐着衡阳王刘义季、太子刘邵等十余人。刘义季是宋武帝刘裕的小儿子，幼年时期曾随文帝镇守荆州，如今也已三十多岁，要离京赴南兖州任刺史。今天，文帝特地召集宗室重臣来武帐冈，为小弟饯行。

暖暖的阳光照在金帐顶上，一阵风过，帐外的树干随风摇动，飒飒有声。萧道成穿了一身校尉的制服，斜挎腰刀，带着麾下十几名军兵，正在大帐四周巡逻。羽林大将军雷次宗为了万全,特将徒弟安排在内围警戒,并于临行前告诫他说:"皇上出了皇城,犹如龙出大海,身边虽有大批的军兵,但毕竟不如在皇城里安全。况且彭城王余党未靖,时刻想着作乱。你这次随我值勤,要特别加些小心。"

萧道成想到师父的叮嘱,半点不敢大意。阳光像千万道金线,透过茂密的枝叶,在地上洒下奇形怪状的影子。萧道成与军兵们来到树荫下。这里离大帐不过十余丈远,视野开阔。他摘下铁盔,擦了一把额上的细汗,无意中一低头,就见身前的树荫里突然冒出个圆乎乎的影子,仿佛是人脑袋的投影,在地面上稍现即逝。

萧道成心里一惊,再仔细一辨,发现别的树上都有鸟雀的鸣叫声,自己背后这棵树上却是静悄悄的,急忙抬眼向树巅观瞧,果见层层叠叠的枝叶间露出一角衣裳。他断定树上有人躲藏,心中一震,虽然处在灿烂的阳光下,仍感到一股寒意透肤而入,当下不及多想,从身边的士兵手里抢过一根长戟,运足全身力气,将长戟朝着树冠掷去。

锋利的戟尖烁出星星点点的寒芒,"嗖"的一声没入茂密的枝叶丛里。树叶子"哗啦啦"一阵乱响,像是掠过一阵疾风。有一人猿猴般从树上跃起,在空中连翻了两个筋斗,身形斜斜掠出。在这一瞬间,萧道成已瞥见这人穿着一身杂役的服装。他分明是假扮成打杂的混过了重重搜检,探明御帐所在之后,趁人不备藏在树上,本打算等文帝出帐之时,施以凌空一击,不料却被萧道成发现。

刺客双脚一落地,便向演武场外跑去,忽觉眼前人影一晃。萧道成横刀在手,已拦在了他的面前。刺客一咬牙,知道今日不得善罢,两眼顿时露出凶光,右手擎出背后的长刀,斩向萧道成的脖颈。

萧道成侧身避开,右掌中的钢刀一立,"嗖"的一声便砍了过去。二人以快打快,身形如兔起鹘落,顷刻之间,已拆了十几招。两刀相撞,"叮叮当当"的响声密如爆豆,不时溅出几点火花。刺客自知无幸,出手全是同归于尽的招式,嘴里"喝喝"直吼,双手持长刀,狂劈乱斩。

周围的军士各执兵刃,从四面八方围了上来,加入战团。一个军士持长枪，趁着刺客不注意，一枪头子戳在刺客的大腿上。刺客负疼倒地，腿上血流如注。

萧道成上前两步，用脚将他踏住，手腕虚提，明晃晃的刀尖遥点着刺客的咽喉，厉声喝道："是谁派你前来行刺？"

刺客三十多岁的年纪，青黝黝的脸颊，胸脯剧烈地起伏着，仰天"嘿嘿"惨笑了两声，随后脖子一歪，嘴角流出一股黑血，竟已绝气身亡。

萧道成大惊，俯下身仔细一看，发现他的嘴巴半张，里面似乎是含着东西，便从地上拾起两根细树枝，探入刺客的嘴里，从中夹出一个被咬破的鱼鳔。原来，这个刺客口中所含的鱼鳔里包着毒药，一见事败，立即咬破鱼鳔自尽。

外面这么一闹，惊动了御帐里的人。宋文帝与刘义季、刘邵等走出帐子。周围的羽林军和侍卫全涌了过来，见地上死了个人，也是心中忐忑，担心获罪。雷次宗几声呼叱，有条不紊分派调度。众侍卫、军兵皆凛然听命，一会儿工夫，便于四周建起一个密不透风的保卫圈。除非贼人用铁骑冲突，否则绝难威胁到文帝。

萧道成疾步上前，双膝跪倒，向文帝说明了方才的情形。羽林军副将范晔俯身验过尸体，转身禀道："陛下！刺客口里含着毒药，见行刺不成已服毒自杀。"范晔，字蔚宗，顺阳郡（今河南淅川）人，是侍中范泰的庶子，一出生便被过继给了无子的伯父，因而得袭爵位，被封为武兴县五等侯。范晔三十出头的年纪，中等身材，一身戎装，显得精明干练，与雷次宗并掌禁军。

文帝看着刺客的尸体，暗暗心惊，道："这次多亏萧道成察觉得早。"顺手从怀里取出块一块黄澄澄的腰牌，命身旁的小太监递给萧道成，道："萧将军，这块牌子赏你，你替朕去找出刺客的幕后主使者。这件差事若办成了，朕还另有封赏。"

萧道成磕了个头，起身上前一步，恭恭敬敬地双手接过腰牌。腰牌是官员所佩的身份符信，有象牙、翡翠、琥珀、蜜蜡等材质，因系挂于腰间而得名。萧道成手里这块却是用纯金制成，呈长方形，上端有孔，穿着一根黄色绒绳，底部两侧有突出的钮牙，反正两面都雕镂着精美的龙纹图案。

浓密的树荫差不多遮住了阳光，但也不时漏下一个个的光圈子，远远地传来几声马嘶。奉车都尉赶着御辇过来。文帝没了继续饮宴的兴致，坐上御辇，在众侍卫与羽林军的簇拥之下，回宫去了。雷次宗、范晔与萧道成等人跪辞，待到御辇远去，才缓缓地起身。

雷次宗欣慰地对萧道成道："成儿，你有了这块腰牌，不仅可以调动京畿四卫、九司的兵马，还有先斩后奏之权。"萧道成才知道这块牌子居然有这么大的权力，便珍而重之的系在腰上。

下午时分，春风拂面。路上的杨柳在风里抖颤着千万条碧丝。萧道成骑马回到雷府，见雷娇正俏生生地立在厅前的花圃前赏花。花圃里一片缤纷，迎春花吐出深黄色的花蕊，随着微风摇摆着纤细的身姿，粉红色的月季开满枝头，阵阵花香迎面扑来，整个庭院春意盎然。

雷娇见他回来，迎上前道："师兄！爹爹呢？"萧道成说："师父去宫中当值，过几天才能回来。"今日文帝在外遇刺，而宫中的警戒也随之加强。雷次宗职责在身，便到宫中值守。萧道成简单说了武帐冈的事。雷娇惊讶道："这些人好大的胆子，竟图谋弑君，极可能与彭城王余党有关。"萧道成点了点头，说："我们想到一块去了，不如今天再去万珍阁看看？就从那块玉佩入手，必要找出些蛛丝马迹。"

雷娇自是应允，与萧道成出了雷府，联袂并辔，又一次来到万珍阁。万珍阁里生意兴隆，有不少客人正在挑选珠宝。麻脸的伙计见萧、雷二人进店，先是一怔，然后便堆起一脸的假笑，迎上来问道："客官，今天又到店里有何贵干？"

萧道成想起上回被他耍了一番，心头火起，便单刀直入地说："有块玉佩，也许是你们店卖出的，关乎重大。我想看看你们的账本。"

伙计登时把脸一沉，冷笑一声，道："对不住了，账本在东家那里。"

萧道成立即说："好，你这就带我去见你们的东家。"

伙计傲然道："客官，你是从外地来的吧，怎么这么不晓事？咱们万珍阁这么大的铺子，东家岂是你想见就见的？"说着，扭头就想走。

萧道成右手一伸，揪住了他的衣领，稍一用力，就把麻脸伙计拖了过来。这伙计猝不及防，被扯了个趔趄，嗓子里"哽儿"的一声，几乎被萧道成勒断了气儿。

店里的众客人见有人打架，纷纷放下手里的珠宝，退到门外。其他的几个伙计见萧道成搅了自己的买卖，无不大怒，暗想："断人钱财，如杀人父母。这家伙如此可恶！"一个个伸胳膊、挽袖子，气愤愤地冲过来。

雷娇一直默不作声地立在萧道成旁边，此时眉毛一扬，一抬右腿，"砰"的一声，将冲在最前面的一个伙计踢了个跟头。其他人见娇滴滴的雷娇居然也这么不好惹，便都停住脚步，不敢再轻易上前。

萧道成不愿与他们纠缠，灵机一动，左手在腰里摸出腰牌，高高举起，断喝道："本人奉钦命办事，你们哪个敢拦？"众伙计倒也识货，见了腰牌上的龙纹，相互对视了一眼，慢慢地向后退去。

萧道成紧紧揪住麻脸伙计的衣领子，厉声道："带我去见你们东家。"这伙计憋得满脸通红，说不出话来，只是连连点头。萧道成方才松开他的衣领。麻脸伙计一下子瘫坐在地上，猛喘大气，好一会儿才缓过劲儿来。萧道成见门外看热闹的人越聚越多，心里焦躁，朝他喝道："敬酒不吃吃罚酒的奴才，别装死狗了，快带我去。"

麻脸伙计不敢再耍花样，哭丧着脸，哼哼唧唧地从地上站起来，一手揉着被掐疼的脖子，在前边带路。萧道成与雷娇随着他绕过柜台，掀起门上挂着的青布门帘，过了一道小门，进了万珍阁的后院。

后院阔有亩余，三面是丈余高的红砖墙，与前店之间连接着一条石子铺就的甬路。甬路两边种植着各式奇花异草。整个院落里弥漫着花草的清香，东墙下是一座假山，虽是人工堆就，但也有峥嵘突兀之势，上面建有一个玲珑精致的八角凉亭。

雷娇随在萧道成身边，抬眼四下打量了一番，暗暗点头，心想："这家主人的胸中大有丘壑，绝非等闲之辈。"

曲曲折折的甬路尽头便是五间厅堂。两个黑衣大汉，腰里都系着金色丝带，胁下佩刀悬剑，一左一右立在厅堂的廊檐下，见麻脸伙计引着萧道成与雷娇走过来，便下了台阶，伸手拦住三人的去路。其中一个大汉沉声道："孙七，你好大的胆子！这里也是你来的地方？"这个叫孙七的伙计苦笑着道："赵头儿，没有办法，这位壮士要见掌柜的。"姓赵的汉子上下打量了一下萧道成和雷娇，淡淡地道："抱歉！我们东家正在与朋友议事，不见外客。"

萧道成扬起手里的腰牌，在他眼前一晃，道："告诉你们东家，我有要事。"

赵头儿看到腰牌，脸色一变，把嘴角抽了两抽，换了个笑模样，道："对不住的很，我们东家特意吩咐过，不让外人进入，还请尊驾海涵。"语气虽然客气了许多，但就是不放萧道成进去。

萧道成不再与他啰唆，收起腰牌，跨步欺近，双手一探一挥，将两名大汉掀出丈余开外，与雷娇疾步迈上台阶，推开房门，闯进厅去。

厅里四壁粉刷的雪白，东、西两边的墙里各嵌着一个多宝格，里面陈设着大大小小十几件青铜彝鼎和瓷瓶玉器，每一件都价值不菲。迎门摆着一套名贵的紫檀木桌椅。整屋的陈设于奢华中透着雅致。一个年轻人居中而坐，竟是孔熙先，旁边坐的却是范晔。二人面前的桌上罗列杯盘，正在饮酒，看到有人闯入，都有些意外。

大厅的四个角落里点着檀香，淡淡的白烟在厅里弥漫升腾，香气扑鼻。孔熙先一身锦衣华服，头戴一块月白色的方巾，见是萧道成，眨了眨眼睛，笑道："萧老弟，怎么是你？"说着，撂下酒杯，潇洒地站起身来。范晔眼里透出一丝惊惶，随即宁定，也随之立起。

守门的两个黑衣汉子追了进来，见此情形，动手不是，不动手也不是，一时僵在那里。麻脸伙计躲在厅外，探头探脑的朝里看。孔熙先瞪了他们一眼，道："这是我的朋友，你们跟进来干什么？"两个汉子如梦初醒，躬身施了一礼，然后退了出去，随手还把门带上。

萧道成见了孔熙先，也是始料未及，愕然道："孔兄，你怎么在此？"

孔熙先大笑道："这里是我的买卖，每逢闲暇，我就过来走走。"说着，介绍身边的范晔道："这位是羽林军中的范将军，也是我的好朋友，以后你们两个多多亲近。"

范晔满脸堆笑道:"今日就见过萧老弟了。"说着,殷勤地拉过身边的一把椅子,道:"萧老弟,过来坐,一块儿吃几杯!"

萧道成这才明白,原来万珍阁的东家就是孔熙先,便与雷娇走了过去。众人齐在桌前落座,雷娇微低着头,坐在萧道成身侧。范晔从未见过雷娇,见对方眉目如画却又英气逼人。

孔熙先向他介绍道:"这位姑娘是萧贤弟的师妹,姓雷。"

范晔一摆手道:"既是萧兄弟的同门,那也不是外人。"说着,取过两副杯盘,摆在萧道成、雷娇面前,又给萧、雷面前的酒杯里斟满。

孔熙先劝了一轮酒,又笑问道:"萧贤弟今天攘袂瞋目,匆匆闯席而至,所为何事?"语气轻松的像是在开玩笑,但两只黑白分明的眼睛,却是眨也不眨地望着萧道成。

萧道成见他问及,就从怀里掏出龙形玉佩,道:"小弟到此,是为了追查这块玉佩。孔兄,这里既是你的生意,我就公事公办了。请问贵号是否卖出过这件东西?"

孔熙先接过玉佩,在手里掂了掂,又用内行人的眼光看了看成色,扬声吩咐道:"外面有谁在?去厢房把账本拿来。"

麻脸的孙七在外面,侧耳倾听着厅里的动静,听到东家吩咐,忙不迭地答应一声,良久推门进来,手里拿着厚厚的一本簿册,带着一脸谄笑道:"东家,账本在这里了。"

孔熙先随手将玉佩递过去,道:"你查一查,这块玉是不是从咱们这里销出去的?是谁买走了?"

孙七答应一声,接过玉佩,立在一旁,将账簿翻了一遍,然后躬身向孔熙先禀道:"回东家的话,小人查过了。这块玉的成色很新,是最近两年内制成,但并非由咱们店里出售。"说着,将玉佩还给了萧道成。

孔熙先听了,朝着萧道成把两手一摊,表示爱莫能助。范晔的眼珠转了两转,道:"孔兄,不如请萧校尉自己看看账,免得有所遗漏。"

孙七闻言,两眼望向孔熙先,见孔熙先点了点头,便上前将账本递与萧道成。萧道成接过账本,仔细翻了一遍,见上面一笔笔记载着近几年售出的金镯、银环、珍珠等物，却没有那块玉佩的任何信息，便有些失望地合上账本。忽听雷娇在旁边道："师兄，既然如此，不如我们且去，再到别处看看。"萧道成本无心饮酒，即与雷娇站起身来，向着孔熙先一抱拳，道："如此多有打扰了，以后有机会再聚。"

孔熙先与范晔连忙起身还礼，又热情挽留了一番，见萧道成执意要走，便离席将萧、雷二人送出门外，拱手作别而去。

已近傍晚，天色有些阴沉，远处的天际有大片的乌云涌动。萧、雷二人骑马远离了万珍阁，来到一座五眼青石桥前。桥两端各有不大的斜坡，中间微微拱起，横跨秦淮内河。桥栏上雕刻着石狮，据说有镇岁辟邪之用。

雷娇对萧道成说："师兄，孔熙先是万珍阁的东家，如果真是那块玉佩的经手人，自然不会将之记在账上！"

萧道成与孔熙先一见如故，打心眼儿里不愿将他与这件谋逆案联系起来，听了雷娇的话，心里一沉，忽然带住马缰，立马桥头，望着天边沉沉的暮色，良久方道："师妹所说有理，你看下一步咱们怎么办呢？"

雷娇见左右无人，低声道："师兄，'要知心腹事，单听背后言。'你今晚肯不肯潜入万珍阁，看看这姓孔的背后做些什么？"

萧道成犹豫半晌，自心里反复掂量，终于打定了主意，道："就依师妹。"

夜风渐紧，有一丝半点儿的雨星夹在风中，触脸生寒。萧道成与雷娇回向万珍阁，在一条街外跳下马，将马匹拴在路边树下，然后步行掩近。万珍阁已上了门板，外面一片黑沉沉的，只有两盏灯笼，照耀着店前空荡荡的街道。萧道成朝着雷娇打了个手势，二人猫着腰，绕到了万珍阁的后面。后面是个小巷子，里面没有住户，地上铺着高低不平的石板条。

萧道成和雷娇躲在一棵大柳树之后，见周围并无异状，便从树后走出，来到万珍阁的墙外。萧道成从怀里掏出绳索，绳索的一头有只铁爪，将铁爪向上一抛，就听"当"的一声轻响，铁爪已挂住墙头。他两手抓着绳子，攀爬到墙上，见里面是个花园，静悄悄的没有人。这时，雷娇也顺着绳子爬了上来，萧道成刚要伸手要去拉一把她。雷娇已是两手用力，身子轻飘飘地跃起，灵巧地翻过院墙，跳入院中。

萧道成纵身跃到她的身边，见周围草木扶疏，忽觉雷娇扯了扯自己的袖子，连忙四处望了望，不见人踪。

花园里光线黯淡，前面依稀有一条七折八拐的石头小路。萧、雷二人努力分辨着路径，绕过各种假山盆景，小心前行，来到一道月亮门前。萧道成忽然停下脚步，脑袋稍稍歪了一下，听到一阵唧唧哝哝的语声，知道外面走过两个侍女，便与雷娇躲藏在门旁的灌木丛里，让她们走过，然后立起身来，听外面再无人声，便小心翼翼地把头探出月亮门，见眼前正是日间所来的万珍阁的后院。

细雨如丝，"嘀嗒嘀嗒"地敲打着屋檐，落在地面上，汇成一个个的小水洼，又在水洼上溅起连绵不断的水花。后院里的正厅里灯火通明，檐下有十几个黑衣的汉子，手按刀柄，正在警惕地守卫着。

萧道成抹了一把脸上的雨水，回头轻声问雷娇："前面有人警戒！"

雷娇朝他一招手，二人不进月亮门，蹑手蹑脚地沿着院墙绕到厅后。这里却是无人守把，后窗透出斑驳的灯光，照着地上湿漉漉的一片。萧道成和雷娇在雨声的掩护下悄悄走过，在窗纸上捅破一个小孔，向里观瞧。

厅里明烛高照，孔熙先仍与范晔在灯下对酌。孔熙先仰脸喝下一杯酒，显得兴致不错。他手里的杯子高七寸三分，广口、窄底、薄壁，内外色黄而无柄，竟是纯金打造。

范晔却是满脸阴云，一副食不知味的样子，道："孔老弟，你劝我将刺客放入御营，不料他却没有行刺成功，下午时分，萧道成又追到了这里，你看这事该当如何处理？"言下颇有些忧心忡忡。

孔熙先思忖着道："这萧道成虽是初来乍到，却给咱们惹了不少的麻烦。依我看，能把他拉拢过来最好。"雷娇听到这里，用胳膊肘捅了身边的萧道成一下。萧道成心里惊骇，想不到孔熙先居然真的与逆党有关。

范晔听了孔熙先的话，有些不以为然，反问一句："若是拉拢不过来呢？不是每个人都像我似的那么好说话！"语气里有几分自嘲。原来，范晔虽有俊才，却薄情浅行，数犯名教。元嘉十六年（439年）调任长沙王刘义欣处任镇军长史，加封宁朔将军。刘义欣的母亲王太妃去世，下葬当晚，刘义欣召集僚佐料理丧事，聚于东府。范晔居然叫来两个朋友歌舞饮宴。刘义欣气了个半死，恨范晔入骨，将其贬为宣城太守。不久，范晔的嫡母（范泰正室）去世。范晔竟携带妓妾同往奔丧，被御史上表弹劾，恼羞成怒之下，遂作《和香方》，以药物比作朝士，遍讥同僚，惹得朝野一片哗然。范晔自知惹了众怒，常怀惴惴，被孔熙先一番游说后遂与之合谋，时至今日，已是骑虎难下。

孔熙先稳稳地坐在那里，半晌没有言语，只是把玩着手里的金杯，良久方道："范将军不必多虑！他们手里没有凭据，即便是上门来查，也不过例行公事。你何必吓成这个样子？"说到这里，在碗里抄起个大虾圆子，在嘴里咀嚼着，又劝范晔饮酒，说的便都是一些不相关的话。到了半夜时分，范晔听得外面雨声渐小，即起身告辞。

萧道成的脸颊上滴落几滴水珠，见范晔离去，手按腰刀，便欲破窗进厅捕人。雷娇的头发也被细雨打湿，忙在他耳边低声说："不可！仅凭我们两个，未必能打发的了厅前的十几个护卫，不妨先到外面截击范晔，再调兵擒这个姓孔的，反正他一时半会儿也跑不掉。"

萧道成听她说得有理，便点了点头。二人悄悄地离开后窗，按原路退出万珍阁，到了墙外。萧道成摸出腰牌，塞给雷娇，说："师妹，我去拦住范晔，你拿着腰牌，速速去调兵前来。"雷娇知道他的功夫绝不在范晔之下，便放心地接过腰牌，身形几个起落，已消失在暗夜之中。

外面的街道黑沉沉的，一片安静，淅淅沥沥的夜雨已停。范晔出了万珍阁，独自一人，骑马走在寂寥的街上，迎面扑来清凉的空气。店铺檐下的灯笼，散发着暗黄的光，照着水淋淋的路面。路边的柳树摇晃着黝黑的树冠，像是张牙舞爪的怪兽。范晔骑马正走着，忽见前面的屋檐下纵出一个人，拦在路中央，离自己不过七八尺远。范晔一惊，忙勒住坐骑，右手按住腰间的刀柄，喝道："什么人？"

那人不声不响，又缓缓向前踏了几步。范晔揉揉眼睛仔细看了看，见来者竟是萧道成，心里有些发慌，颤声道："萧校尉，你怎么在这里？"

萧道成的脸庞庄重而冷峻，一身劲装虽然湿透但仍显得干净利索，眼睛里透着一股狠劲儿，嘿嘿冷笑了两声，道："范将军，你方才与孔熙先在屋里说话，全被我在厅外听到，识相些，跟我走一趟吧。"

范晔知道大事不好，头脑一阵发晕。他深吸了一口气，定了定神，把心一横，打定主意要杀人灭口，随即"唰"的一声抽出长刀，纵马直扑萧道成。

萧道成身子伏低，反手拔出腰刀，刀尖上扬，戳在范晔的马腹上。范晔的马受伤不轻，悲鸣倒地。范晔被摔落马下，顾不得地上的泥水，顺势滚出数尺远，正要起身。萧道成已是纵身欺近，将刀刃压在他的喉咙上，道："想要命的话，就别动。"范晔的脖子贴着冰冷的刀锋，浑身打了个寒战，还真就不敢动了。

萧道成掏出绳索，将范晔捆了起来，像拖死狗一样把他拖到道边。过了半个时辰，远处有火光闪烁，随即响起一阵杂沓急促的脚步声。雷娇与一队羽林军打着火把来到。萧道成让雷娇带一小队兵士将范晔押往羽林军大营，自己与其余的军兵举着火把，如一条火龙，直扑万珍阁。

夜色深沉，万珍阁门前的两扇灯笼在风中轻摇，照着地上一片明晃晃的水迹。萧道成手按刀柄，踩着水洼来到万珍阁门前，喝令军士先将万珍阁包围。众军兵迅速散开，包围万珍阁。

一个军兵上前，"砰砰砰"地砸门，过了半天，才听到里面有动静。孙七打着哈欠，打开门，见外面火把的光连成一片，萧道成和一帮全副武装的军兵立在门前，不禁吓了一跳，结结巴巴地说："萧……萧大人，这大晚上的，有什么事？"萧道成没工夫和他废话，一把将他推在一边，带着几十名兵士们闯了进去，直奔后院。

后院的檐间不时有雨水滴落，孔熙先的身影映在窗户上，显得有些孤清。厅外站着的十几个黑衣大汉，见萧道成与官兵闯了进来，纷纷拔出刀，纵身跃下台阶，拦住了萧道成等人的去路。萧道成正要下令冲过去，忽听厅里传出一阵悠扬的笛声，正是那曲《春江月》。笛声冷冷，透着股子清幽之意，可见吹笛人的心境已非复当日江上了。萧道成身躯一震，止住了步伐。军兵们一字排开，肃立在他的身后。

月亮露出了云层，皎洁的月光投向大地。悠扬的笛声盘旋在清新的空气里，良久，戛然而止。墙边的桃树枝叶间，有残余的雨水无声落下。萧道成心里暗自叹息了一声，向前跨了两步。众军士随之如墙而进，兵甲铿锵。十几个黑衣人神色一变，握刀的右手上青筋暴起。

正在这时，厅门"吱呀"一声开了，孔熙先出现在门前，沉声道："且慢！大家都把家伙收起来。萧兄弟，请进来坐。"说罢，返身入厅。十几名大汉闻言，相互看了看，还刀入鞘，向左右一分，从中间闪出一条通道。

萧道成迈步前行，从众大汉身边走过进入客厅。孔熙先正坐在灯下，手里端着金杯，杯里盛满了美酒。一支三尺长的玉笛放在桌旁，在灯烛的映照下，散着润泽的光。

孔熙先抬头看了看萧道成，却不说话。萧道成缓缓地坐在孔熙先对面，过了片刻，道："孔兄，我与你数日前在京口初会，可谓一见如故，想不到今晚……。"

孔熙先不待他说完，淡淡地道："咱们虽然政见不同，但我一直拿你当我的朋友。"

萧道成痛苦不堪地说："这么说，你就是营救彭城王的幕后主使了？"孔熙先微微一笑默认了。

萧道成叹了口气道："能不能告诉我为什么？"

孔熙先慢慢地说："家父在任上被人诬陷贪污，幸得彭城王相救，才得以免罪，临终前命我誓死报效。"

萧道成道："今天也是你雇请死士，去武帐冈行刺？"

孔熙先道："不错。我本意是想派人杀了皇上，再拥戴彭城王登基。"

冷风透进厅里，灯焰晃动，人影摇摇。萧道成黯然起身，道："事已至此，多说无益，随我走吧。"随即低声说："你肆兵犯跸，兄弟保不了你，但到了狱中，我自会派人照顾你。"

孔熙先神色不变，端起亮晶晶的金杯，品了一口酒，道："人间清福，我已享得够了！早死晚死，都是一般。"又望着萧道成，说："贤弟允文允武，足为一世之雄，可惜我是看不到了！"说到这里，嘴角露出一抹若有若无的笑容，身子一颤，手里的金杯落地，脑袋耷拉下来。他的眼鼻五官里，全渗出了鲜血。在幽幽的灯光下，这血竟作惨碧色。

萧道成吃了一惊，抢步上前，用手在他的鼻子下一探，发现孔熙先已没了呼吸，又拾起金杯一看，见杯底隐隐泛绿，便知酒里必定是掺了砒霜。萧道成脸上的肌肉抽搐着，怔怔地看着孔熙先的尸体，良久，从身上取出那块龙形玉佩，轻轻地将它放在孔熙先的怀里。

烛光摇曳，照得一屋的凄清。萧道成起身出厅，带队离了万珍阁，直接去提审范晔。范晔熬刑不过，如实供出全部同党的姓名。文帝闻报，命羽林军收掩穷治，将他们一网打尽，然后将其与范晔一起斩首，又下诏撤掉彭城王刘义康的爵位，贬其为庶人、绝属籍，命萧承之严加看管。

第四章　元嘉北伐

萧道成心急如焚，各种念头纷至沓来，乱糟糟地在他的脑海里挤成了一团，但知道这里一刻也不能多待，就对王玄谟说："汝南、弘农相继失守，用不了几天，魏军将成合围之势。到那时，我军求战不得，进退无路，如今潜军突围，未足为耻。大帅率步卒，乘马辔徐行，道成愿领铁骑数百，驱驰前后，必当使大帅安达京邑。"

元嘉二十七年（450年），宋文帝刘义隆登基已近三十年，史称："（文帝）仁厚恭俭，勤于为政，守法不峻，容物不弛，继位以来，四境之内，晏安无事，户口蕃息；出租供徭，止于岁赋，晨出暮归，自事而已。闾阎之内，讲诵相闻，士敦操尚，乡耻轻薄，江左风俗，于斯为美"。（《资治通鉴》卷第123）

文帝见国力大增，便欲经略中原。太子刘邵毕竟年轻喜事，不仅极力支持，还鼓动宁朔将军王玄谟上表，建议北伐。文帝览其表，叹道："观玄谟所奏，使人有封狼居胥之意。"（西汉名将霍去病大败匈奴后，于狼居胥筑坛祭天以示成功）遂于这年7月，派兵大举伐魏，这就是历史上有名的"元嘉北伐。"

文帝命王玄谟率太子步兵校尉沈庆之、镇军咨议参军申坦等人领水师为东路军，从江苏走水路入山东；太子左卫率臧质、骁骑将军王方回引军入河南；武陵王刘骏、豫州刺史南平王刘铄各勒所部，东西齐举。太尉、江夏王刘义恭出镇彭城，为众军节度。

第四章　元嘉北伐

这天清晨，秋风渐紧，空中的云朵逞诸变态，天地间有了些肃杀之意。建康城外景物萧条，一条笔直的大道通向北边。羽林军副将萧道成与雷娇并马出了建康北门，纵马而驰。萧道成这次奉诏出京，是到弘农（今河南省陕县）传旨，调弘农太守薛安都一军前往汝南。

雷娇披着件红斗篷，骑着匹枣红马，腰悬宝剑，出城为师兄送行。她依依不舍地送出几十里，犹自不肯回去，一路上反复叮嘱，让萧道成照顾好自己。

天很蓝，只有一丝淡淡的风，偶有几片黄叶悠忽旋转地飘落在道边。阳光照在雷娇的衣衫上，漾起一抹淡淡的华彩。萧道成背着个黄皮小包袱，包袱里面装着圣旨。他带住马匹，侧脸对雷娇说："师妹，送到这里就可以了，你回去吧。"

雷娇知离别在即，心猛然一颤，有些依依不舍，脉脉地望向萧道成，道："师兄前途珍重，早去早回。"

萧道成见师妹恋恋，便温言道："我到前线传完诏命，立刻返回，最多不过两个月的时间。"说着，朝着她轻轻点了点头，左手一抖丝缰，催马向北驰去。

雷娇立在城外的大道上，晶莹的泪水不争气地涌入眼眶，一时心情十分复杂，惆怅地望着萧道成远去的背影，只望到看不见了，方才回城。

太阳光已没有了夏日的热度，四野的青草变的萎黄。萧道成身披软甲，腰间佩刀，纵马挥鞭，直抵江边，连人带马乘船渡过江去，于傍晚到了广陵驿站。他在驿站中用过酒饭，命驿卒先期赶往淮河边上安排一艘官船，又在驿站里休息了一晚。

第二天早上，萧道成在驿站中一觉醒来，换了匹快马继续北行。萧道成一路晓行夜宿，几天后就到了淮河边。淮河又称淮水，与长江、黄河、济水并称"四渎"。河道两侧耸立着一排排的杨柳，挑着半青半黄的叶子。不时有几片枯叶落下，荡荡悠悠的飘进水里。

河边停泊着广陵驿的那艘官船，缆绳就系在一棵柳树上。船上一应船具全是崭新的，还有二十多名船夫候命。萧道成跳下马来，拉着马缰，沿着一块跳板上了船。

　　船老大一篙撑入水底，众船夫齐声唱起号子。船侧的两排木桨整齐地摇动着，像鸟儿的翅膀扇动。这条船刺破碧波，分开一条水路向前。银白的浪花掠过船舷，又在船尾声汇合，形成一条发光的水带。

　　萧道成是这条船上的唯一的一位客人，左右也是无事，又不愿在舱中闷坐，就信步来到甲板上，手扶着船舷，向河上望去。

　　滔滔淮水，像一束丝绒似的在阳光下灿然闪烁。萧道成乘着这条官船，很快就到了河中央。这时，远方有桅杆浮现，像画中的远草。不一会儿，五、六条渡船排成队伍鱼贯驶来。

　　每一条渡船都不算大，但已是满载，芦席搭成的船舱里坐满了人，连甲板上都挤了不少人。萧道成心里明白，淮北形势吃紧，对面来船上全是些逃难的百姓。

　　官船与渡船对向而驶，渐渐接近。忽有一阵大风卷过，原本平静的河面上风浪陡起，登时布满了锅盖大小的漩涡。滚滚浪涛冲击着船舷，飞星溅沫。对面的一条渡船在风浪里剧烈的晃动了几下，失了掌控，直直的向着官船撞来。

　　官船上的船老大见此情景不禁惊骇失色，扯着破锣似的嗓子命手下人停桨转舵。但对面的渡船如离弦之箭，飞驰而至。这一下若是撞实了，两船全得沉在这湍急的淮河水里。就在这千钧一发之际，响起一阵衣袂破空之声。渡船上有一条身影飘起，闪电一般地冲到船头。此人的头发被河风吹乱，手里紧紧地攥着一柄长桨，将桨头突出船头。木桨如成年人的手臂粗细，是用陈年榆木制成，坚逾生铁。

　　霎时间，渡船冲波穿浪，已飞速抵近。这汉子大喝一声，手里的长桨"砰"的一声支在官船上，上身一晃，两肩的夹袄"嘶啦"一声，全部裂开，露出了肌肉虬盘的肩膀，双脚却仍是牢牢地立在船头，像是钉在那里一样。那支木桨在他手里变弯，紧接着"咔嚓"一声，断为两截，掉进水里。

　　渡船随即"呼"的一声撞在了官船的船舷上，但有了木桨有力的支撑，力度已是大为减弱。两船都剧烈地晃了几晃，终于缓缓地稳定了下来。

萧道成站在官船的甲板上，见这汉子这般神勇，心里不由得暗自赞叹。

渡船上有一个少妇，头上包着块蓝布，一脸的菜色，怀里抱着个一岁多的孩子，正立在舷边，随着船身剧振，身子突然失了平衡，所抱的孩子失手掉在水里。小孩子头上扎着小辫，穿着件红色的夹袄，在河面上"扑通"一声，溅起几朵水花，甚至来不及挣扎一下，就沉入水下。众人见此情景，都是一阵惊呼。

萧道成看得真切，当下不及多想，右手一按船舷，身子纵出船外，凌空翻了个跟头，跳进河里，一路水线，直潜了下去。他自幼常在水边嬉戏，水性极佳，入水之后，微睁双目，透过略有些浑浊的河水，很快看到缓缓下沉的婴儿，便一个猛子扎了过去，将孩子揽在怀里，然后双脚用力踩水，不一会儿就在河面上露出头来。

萧道成大口地喘着气，右手将孩子高高地举起，就听头上有人喊道："朋友，接着。"他抬头一看，见那用桨撑船的汉子扔下一根鸡蛋粗细的缆绳，忙伸出左手抓住绳子。汉子抓牢绳子的另一头，双手一齐用力，三下两下，将萧道成和他怀里的孩子拉上船来。

萧道成全身湿透，见孩子已然昏迷，忙将小孩子倒着提起，用一只手在其后背轻轻拍了几下。孩子的小脸乌青，好一会儿，嘴里"哇"地吐出几口清水，放声啼哭起来。众人在旁看着，这才放下心来，一齐鼓掌喝彩。萧道成来到那个少妇面前，把啼哭不止的孩子还给少妇，道："大嫂，所幸孩子只是呛了几口水，并无大碍。"

那个少妇三十多岁年纪，穿着一身乡下的粗布衣服，以为自己的孩子肯定没了性命，正在失魂落魄之际，哭都哭不出来，没想到萧道成居然把孩子从河里救了出来。她万分感激，跪在甲板上连连给萧道成磕头。萧道成忙将她扶起，客气了几句，又来到那汉子的身边，道："朋友贵姓，从哪里来。"

汉子的年纪也并不大，二十出头的样子，头上梳着发髻，虽然衣衫褴褛，但一脸的英气勃勃。他见萧道成是个军官，忙道："我叫薛渊，是淮北人，世代务农为生，听说魏兵将至，在家里是待不下去了，只得随着乡亲们出来逃难。"

萧道成见他身形壮硕，心里喜欢，便说："如今军马倥偬，正是用人之际。你何不随我去军前？若立下战功，我自会提拔你。"

薛渊大喜，即回舱收拾了几件随身衣物，与萧道成踏着跳板来到了官船上。

阳光下的淮河水一泻千里，仿佛一条披着金鳞的巨龙，波浪起伏，涛声震耳。萧道成先回舱换了身干衣服，又取出一套军士的服装让薛渊换上。

官船又一次拔锚起航，很快到达淮河北岸。萧道成牵着马，与薛渊下了船，来到渡口。

渡口处人头攒动，挤满了一眼望不到头的难民，都等着坐船过河去淮南。远处，还有无数难民正扶老携幼，源源不断的南来。这些人里有富户也有贫民，虽然装束各异，面孔上和姿态上却一律流露出大难临头的神气，全都怀着离乡背井的悲哀，拖沓的步伐彰显着疲惫。有的人头发上落满了黄尘，脸上的汗水冲出泥道道，拉家带口，背着包袱。有的人赶着驴车或牛车，车上装载着全家的家什，晃晃悠悠地走着。

四面八方，前前后后，到处都能听到辎重车的吱呀声，夹杂着马蹄的得得声、鞭子的呼啸声、赶车人的吆喝声和不时腾起的一阵叫骂声。渡口外有一些死去的骡马和毁坏的大车。车旁也坐着些难民，睁着布满血丝的眼睛，一脸的疲惫，似乎是在等待着什么，脚下的布鞋经过跋涉之后，露出了可怜巴巴的大口子。

渡船上的船夫们满头大汗，运过一船，来不及休息，刚返回北岸不一会儿，船上就又挤满了人。过河的费用也是水涨船高，由原来的十几文钱涨到五两银子。即便这样，淮河上的十几条渡船仍是彻夜不休的在两岸来回穿梭，将一船船的难民运过淮河。

萧道成看了这一幕，心里说不出的沉重。他买了匹马给薛渊骑。二人打马赶路，越往前走，人烟越少。这一天，二人来到了弘农郡境内。弘农郡与北魏接壤，为刘宋王朝的边防重镇。

下午时分，峭厉的西风呼啸着，把天空刷得愈加高远，辽阔的郊原上，无边的青草被秋风摇曳得株株枯黄。萧道成与薛渊纵马疾驰，掠过城外的驿馆，直接奔进了弘农城，又一路打听着，来到太守府前。太守府位于城北，临着一条五、六丈宽的长街，两扇朱漆的大门半掩着，黄铜大门钉在阳光下烁烁放光。府门两侧一片红墙碧瓦，森然壁立。门前有几名衙役模样的人，正在清洗着府外的下马石。

路上的行人并不太多，显得有些冷清。萧道成和薛渊在府前带住马缰，跳下马来，向众衙役亮明身份，要薛安都出府接旨。一个三十多岁的衙役，大概是个班头，一手按着头上的帽子，迎上前来，客客气气地道："贵使来得不巧，薛太守目前不在府里，三天前就出城了，临走时不曾留下话，故而也不知什么时候回来。"

萧道成有些愕然，作为天使，只能被地方官迎进府中传诏，断无在府里候着对方的道理。他略一思忖，想到城外的那座驿馆，便道："那也好，我且先到城南的馆驿，待薛太守回来了，请他到驿中来相见。"说着，便又上马与薛渊出了城，来到驿馆。

驿馆离城三十里，建在路边，是一个宽敞的院落，外面一圈一人多高的红墙，里面有两进房子，规模并不算小。驿站里除了驿长，还有驿卒十二名，后院养有驿马数十匹。

驿长是个四十多岁的中年人，官职虽然不高，却可免除一切徭役，在地方上也算有头有脸的人物。他听说天使到来，忙披上官服，戴着一顶阔沿帽跑了出来，又将萧、薛二人让进后院。这里是招待贵宾的地方，院里有一个八角小亭，形如鸟翼。一条石子铺成的甬道通向正厅，两旁种满了半人多高的芭蕉树，密密麻麻的像是两道矮墙，在路边遮的是密不透风。

萧道成与薛渊进了正厅，见里面还算宽敞，地上打扫的也很干净，迎门摆放着一套红木桌椅。正厅左右各有个精致的套间，供来客晚上休息。萧道成与薛渊便在这里暂住，等薛安都前来相迎。不想直等了两天，弘农太守薛安都没有露面。

到了第三天头上，萧道成有些坐不住了，蹙着眉，负手在厅里来回踱步。

中午的时候，厅外金风微动，不时传来一阵鸦鸣雀噪之声。薛安都没来，他的儿子薛索儿却到了。薛索儿二十多岁，身材修长，两只高颧骨，一只蒜头鼻，脸上泛着油光，身着浅绿官袍，一脚跨进门槛，见到萧道成就抱拳拱手，朗声道："薛某虽在淮北，但也听说萧将军的威名，很是敬仰。家父在城外募兵，已知天使入境，只是公务繁忙，一时抽不出身子，过两日必到，还请天使海涵。"

传诏使者的职级也许不高，但必是天子身边的人，向来为地方官所敬惮，故有"奉旨出朝，地动山摇"之谚。萧道成一路行来，所过之处的郡守无不远接高迎，如今听薛索儿称薛安都还得两日才到，颇觉意外，但出于礼貌，仍摆了摆手，请薛索儿坐在桌子一旁。

薛索儿谈吐甚健，说起官场逸事，竟有许多连萧道成也不知道。他于各地方官颇少许可，但提到萧承之却推崇备至，对其看押彭城王的功劳极尽称誉，出言似漫不经意，但一褒一赞，无不洞中窍要。

说话间，薛渊端了一个茶托进来。描金的茶托里是两个精巧的瓷杯。杯中的茶汤上飘浮着嫩绿的茶叶，清香扑鼻。薛渊给萧道成和薛索儿各递了一杯茶，然后立在萧道成的身后。

薛索儿接过茶，轻轻地品了一口，又和萧道成闲谈了一阵子，便放下茶杯，客客气气地起身告辞，到了门外还扬声招来驿长，让他好生款待萧道成。

傍晚时分，红霞满天。驿长让手下的驿卒杀了只羊招待萧道成和薛渊。三人在房中围桌而坐饮酒吃肉。驿长很是殷勤，为萧、薛二人面前的酒杯里倒满酒。驿长道："这是本地上好的高粱酒，二位请尝尝。人家说这酒，还有歌谣呢。"说着，轻声曼吟道："酒如琼浆细品慢饮；罢，罢！尝也思量，不尝也思量；香留唇齿回味无穷；怯，怯！想也怅惘，不想也怅惘。"

薛渊见他摇头晃脑的样子，不禁笑了，举杯饮尽，果觉甘醇爽口，齿颊留香。萧道成端起桌上的酒杯，喝了一口酒，撂下酒杯，却是若有所思，并不言语。

驿长不停地给萧道成斟酒，笑吟吟道："将军，这酒还有些身份？"

萧道成点着头，连连说："不错！不错！"话音未落，忽然手起一拳，正打在驿长的太阳穴上。

驿长猝不及防，挨了这重重的一拳，连人带椅子翻倒在地，登时晕了过去。

薛渊在一旁惊呆了,撇了手里的酒杯,道:"萧将军,你……你这是干什么?"

萧道成先不答,侧耳听了听房外,觉得没什么动静,这才对薛渊解释道:"两国交兵之际,薛安都作为方面大员,迟迟不肯露面,慢待天使,显得很不正常。他的儿子面带奸诈,眼神飘忽,话里话外透着古怪。总之,这里有些蹊跷,不可久留,快随我走。"说着,背起装着圣旨的黄布包袱,与薛渊转身出了屋子。

日头有些偏西,金风飒飒吹过庭院。萧道成与薛渊刚走下台阶,就见道旁的芭蕉叶子一阵乱晃。薛索儿竟从芭蕉树后走了出来,直拦在甬路上,脸上仍是笑眯眯的,道:"萧将军既奉皇命在身,没有完成使命,怎么能走呢?家父这就快到了,请二位回房中时候。况且房中诸事齐备,为什么你们不好好地待在里面呢?如果你认为不够热闹,在下可以坐进去陪你。"声音不徐不疾,不强不弱。

这时,又有几十名剽悍的武士,从院外涌入,在薛索儿身后一字排开,手里拿着清一色的斩马刀。斩马刀适合步骑两用,厚薄适中,刀尖弧度优美,刀锋亮白如霜,锋利无比。

萧道成停住脚步,看了看眼前的阵势,心里什么都明白了,但还是不动声色地道:"薛公子,你这是什么意思?"

薛索儿收敛了笑容,而露凶光,狞笑道:"我这里几十人,不怕你们两个飞上天去,便告诉你实情也无妨。"说到这里,舐了舐两片薄薄的嘴唇,又说:"刘义隆兄弟不能相容,何以容天下之士?我父亲征战二十多年,不过做到一介太守,现已归到北魏,立时便成了开府建牙的国公。"他既已承认叛变,提到宋文帝便毫无顾忌地直呼其名。

萧道成负手而立,完全无视周围剑拔弩张、一触即发的武士们,沉声道:"薛太守迟迟不肯出来见我,是在与魏人接洽么?"

薛索儿晃了晃脑袋,有恃无恐地说道:"你只说对了一半。魏王听说彭城王被囚禁在豫章,已命我父前往援救,准备立刘义康为宋王。我父受命之后,前天就已改装出发了。"

萧道成听了，额头渗出一层冷汗，暗想："皇上铲除了孔熙先与范晔，万也料不到外敌会打刘义康的主意。刘义康若为北魏所援立，必是感恩戴德，全力与文帝相争。北魏从中便可坐收渔利，这一手可是毒辣得很。"

他想到父亲在豫章，对此还是一无所知，心里不禁大急，身形疾进，闪电般地纵到了薛索儿的身侧，手起一拳，正击在薛索儿的胁下。薛索儿正说得高兴，来不及躲避。萧道成身手之灵活，出拳之狠厉，更出乎他意料之外。薛索儿换了这一记重拳，跟跟跄跄的后退了几步，张口吐血。

薛索儿身后的众武士不待吩咐，各执利刃，向着萧道成和薛渊扑来。萧道成的额头青筋绽起，咬着嘴唇，一言不发地拔刀进击，只见雪亮的刀光连闪。他手中的长刀准确的砍、刺向敌人的要害，几乎每挥动一下都要带走一条人命。薛渊大吼一声，也拔出长刀，宛若发狂的凶兽，东劈西斩，一连将冲在前边的兵士砍倒几个。薛索儿的麾下抵挡不住，纷纷往后退去。

萧道成和薛渊并肩一闯，已冲到驿馆之外，又顺手夺了两匹马。二人腾身上马，打马向南飞奔，一溜烟似的消失在茫茫暮霭之中。

又过了两天，天地间充盈着淡淡的日光，白毛风在旷野里呼啸着掠过。四野平芜，视野非常开阔。萧道成与薛渊正纵马南行，忽见前面十余里外，有一支骑兵正在向北开进。这支队伍里飘着宋军的旗号，约有百余人。每人上身着短甲，下身着紧口裤，足蹬长靴，右手持缰绳，左手执刀枪，都骑着高头大马。为首的一员将领，头戴金冠，身披铠甲，战甲下的长袍显得十分蓬松，正是黄回。

自北伐以来，宋军中的精锐便大批调往前线。黄回也不例外，在萧道成出京后不久，便奉命领一小队骑兵开往北方，正行进着，忽见迎面两骑驰骤而来，忙带住马缰，手按佩剑，喝道："你们是什么人？不得靠近……啊！原来是萧将军。"

萧道成与薛渊纵马驰近，先后勒住坐骑。萧道成骑在马上，道声："黄将军，久违了，难为你还记得我。"

黄回放松了紧绷的脸皮，态度也变得客气了许多，向后挥了挥手。队伍停止前进，百余名骑兵各自带住缰绳。每匹马都微张着嘴，眼盯着前方，耳

第四章 元嘉北伐

朵竖起，四蹄狠劲地蹬着地，大鼻孔里呼哧呼哧地响着，尾巴甩过来甩过去。

黄回拱手为礼，道："萧将军，你不是去弘农传诏了吗？正巧王玄谟将军派我前往弘农协防……。"萧道成不待他说完，便道："我刚从弘农来，薛安都已经反了。王玄谟将军驻扎在什么地方？快带我去见他。"

黄回闻言，吓了一跳，忙道："王大帅所领两万人马离此不过三百里，因为一直没接到诏令，故而不敢擅动。"说到这里，立即率兵回撤。百余人催动战马，蹄声隆隆，飞快地向南退去。

这一日，蔚蓝色的天空，一尘不染，晶莹透明。萧道成与这支骑兵疾退了二百余里，来到了宋军大营外。营外树起一人多高的栅栏。营门外戒备森严，不时有全副武装的巡逻兵走过。营门是木头临时搭建的，里边军帐林立。

营门处的守卫认得黄回，见他领兵回来，也不阻拦。黄回等人驰入大营，径直来到帅帐前。大帐有两间屋子大小，内有特制的木架做支撑，圆形尖顶上开有天窗，上面盖着四方块的羊毛毡，可通风、采光，既便于搭建，又便于拆卸移动。

黄回跳下马，掀帘进帐，先去向王玄谟通报，不一会儿就出来，请萧道成进帐，自己与薛渊等人在帐外相候。萧道成迈步走进帐内，见一个五短身材的人居中而坐，便知对方定是王玄谟，上前躬身施礼。王玄谟，字彦德，太原郡祁县（今山西祁县）人，面色微黑，颌下几缕稀疏的胡子，身披青色战袍。他曾任彭城太守，善于钻营，这次北伐，任西路军主帅。

他已听黄回说了薛安都叛变的事，神色凝重，先与萧道成客套了几句，便请其坐在一旁，然后说："萧将军远来辛苦，眼下不仅弘农落入敌手，汝南也已失陷。"说着，讲了讲这几天的最新战况。原来，北魏太武帝拓跋焘听说宋军来袭，亲率大军进至枋头（今河南浚县西，位置在滑台以西古黄河北岸），斩首万余级，缴获军资器械无数，又乘胜南侵，众号百万，军势甚盛。

萧道成吃了一惊，预见到大事不妙，道："佛狸（拓跋焘小字）威震天下，又有薛安都归降，断非将军孤军所能敌，何不退兵？"

王玄谟捋着胡子，作难道："贵使是从建康来，当知皇上命我进军，如今我反退军，岂不有罪？"

萧道成是个有心人，这一路行来，对沿途地形已很是熟悉，说："魏军若从弘农潜军南进，便在我军后方结长围，将切断大军退路。届时，大帅将有全军覆没的危险。"

王玄谟也知他说的有理，但还是不敢擅自退军，萧道成反复劝说，总是犹豫不决。

萧道成心急如焚，各种念头纷至沓来，乱糟糟地在他的脑海里挤成了一团，但知道这里一刻也不能多待，就对王玄谟说："汝南、弘农相继失守，用不了几天，魏军将成合围之势。到那时，我军求战不得，进退无路，如今潜军突围，未足为耻。大帅率步卒，乘马辔徐行，道成愿领铁骑数百，驱驰前后，必当使大帅安达京邑。"

王玄谟孤军在外，心里也正忐忑不安，听萧道成说完，沉吟良久，方道："将军此计，倒也不错。然而老夫受任专征，不能战胜攻取，已然惭置无地。况且军中步卒既多，我为总督，必须身居其后，相率兼行。萧将军可率黄回马军先撤，不可迟缓。"

萧道成要的就是他这句话，立即辞出，见黄回和薛渊都在帐外，便说了当前军情和王玄谟的打算。

黄回也听闻形势不妙，心里正惶惶然，听说王玄谟命马军先出发，心中大喜，呼哨一声，召集起手下百余马军，随萧道成、薛渊离了大营，全速南撤。众人晓行夜宿，餐风饮露，每天在滚滚黄沙和萧萧马鸣中向南急行。

这个时节，天说变就变，方才还星疏月朗，突然一阵急雨浇了下来，大地顿成泽国。眼前的雨水几乎连成一条线。萧道成率这队精骑以迅猛的速度切入郊原，撞破重重雨帘，踏过溪沟，在泥泞的地面踏起片片浑浊的泥花。

这场雨中的突进约莫持续了两个时辰，萧道成抹了一把脸上的雨水，感觉雨势减弱了一点，依稀可见眼前的这条路阔约十步。路两侧荒芜很久，长满了野生的灌木。

到了半夜时分，雨渐渐停了。一阵风吹过。西边的天际露出一钩弯月。萧道成一马当先，又率军奔出三十多里，忽听前面有军马行动的声音，忙昂起头，警惕的神情仿佛一只闻到猎物气息的老虎。

前方驰骤的马蹄声音愈来愈响，愈来愈清晰。萧道成和黄回都是有经验的将领，敏锐地判断出马队离这儿至多只有半里之遥，只是因为天色太暗，还看不到人影。

黄回披着湿透的大氅，骑马行在萧道成身旁，奇怪地问："大军中的骑兵本就不多，前面这支队伍，却是哪儿来的？"说罢向后一招手，一个兵士纵马来到近前。黄回道："你去前面探探，看是哪里来的队伍？"那个骑兵答应一声，催马向前，驰出十余丈。萧道成等人缓辔向前，忽听弓弦声响起，向前探路的那个军兵应声摔落马下。

萧道成暗道不好，大叫："前面是北边来的，弟兄们准备战斗。"在暗夜之声，这一嗓子远远传开。百余名宋军骑兵听到命令，"哗哗啦啦"各擎刀枪，催马向前冲突。

对面的魏军本是去偷袭王玄谟一军，如今猝然与萧道成等人遭遇，也是有些始料未及，但仗着人多势众，还是乱哄哄的一拥而上。萧道成、薛渊及黄回麾下这几百精骑，擎着长刀，左削右砍。刀光一闪，一个冲在最前头的魏兵便从马上一头倒在地上，颈部鲜血喷涌而出。后面的魏军吓得略一停顿，还是狂呼乱叫着一齐冲至。

黄回与薛渊紧随在萧道成的身边，纵马挥刀，率兵冲锋。狭窄的小路上鲜血飞溅，杀声四起。魏军攒集在一起，无法展开，发挥不了人多的优势。一时间又有几十个军兵死在萧道成等人的刀下。余者面对宋兵滔天的杀意，一个个脸色扭曲，神色惶然，被彻底摧毁了胆量和士气，两股战战，心脏狂跳着，打马逃出了战场。

月朗星稀，道边的树木在暗夜里一动不动，路面上倒映着树枝的黑影。萧道成提着带血的长刀，带住战马，命人点起火把，清点人数，发现损失了几十名军士。他在刚才的剧烈战斗中消耗了太多体力，这会儿很感疲惫，但不敢休息，抹了一把额头上的汗水，命几个骑兵速去向王玄谟报信，让他知晓后方出现了敌踪，催他火速撤兵，这才和黄回引着剩余的骑兵继续前进。

魏军深入淮北，这一带驿站里的驿卒都已逃走，地方官也率部下撤往淮南。很多千人大镇里,已是十室九空。几天后,萧道成等人来到前边的一个村子里,打算买点儿食物。村内还是泥泞的黄土路,每家的门前栽一、两棵枝繁叶茂的槐树,树叶片片飞坠,染得一地金黄。但听不到鸡鸣犬吠,也看不到院门外木栅栏里的牛羊,一切都是静悄悄的。夜幕尚未降临,村庄似乎已经沉睡。这是因为阖村的居民早已逃亡,还带走了家中所有的财物。

萧道成等人信马由缰,在村子里逛了一圈,最终空手而返。好在深秋时节,河鱼、野兔正肥。他们就在河里捕些鱼或在野外打些兔子,再生起堆火来,将鱼、兔烤了充饥,晚上就在无人的村落里随便找几间宅子休息,接下来的日子倒也没再遇到敌人,终于平安到了淮河边。

河风带着浓重的凉意,驱赶着河上白色的雾气。岸边杨树的叶子黄了,挂在树上,好像一朵朵黄色的小花,又不时飘落在空中,如一只只黄色的蝴蝶,盘旋着落在树旁的河水里,随波东流去。

岸边停着一艘数十丈长的楼船。这是一艘足有百米长的巨型战舰,船高首宽,上建五层高楼,配备着十一桅杆硬帆,桅杆上旗幡高扬,打的却是玄武湖水师的旗号。船头甲板站着一个红衣女子,正是雷娇。雷娇衣袂飘飘,一头乌黑的长发被风吹的有些蓬乱,手抚着船舷,正在向远处眺望,见萧道成等人到来,高兴的扬手大叫。

原来,萧道成离开之后,雷娇留在府里,度过了一段焦灼等待的日子,一见父亲回府,便忙着打探前线军情。雷次宗每天都会从朝廷上带回最新的消息,这些消息一天比一天坏:"据称,北魏征西大将军、永昌王拓跋仁连克洛阳、寿阳(今安徽寿县)……。""前线又有紧急奏折发到,称北魏楚王拓跋建向钟离(今安徽凤阳东北);高凉王拓跋那自青州(今山东广饶)向下邳(今江苏邳州市西南);太武帝亲率主力自东平(今山东东平东)向邹山(今山东邹城东南)。我军连退二百里,急待增援……"雷娇听了这些消息,心中充满了担忧和恐惧,便对父亲说要去前线找萧道成。雷次宗闻听,吓了一跳,将女儿严厉训斥了一顿,不许她出门。

雷娇表面上唯唯答应,但心里还是牵挂着奔赴前线的萧道成。她白天遥望天边,夜晚徘徊庭院,几乎每日都在紧张与害怕中度过,简直有些魂不守舍，几天下来，整个人几乎都要崩溃了。这一天，雷娇乘着父亲上朝，悄悄到书房里偷了一支金批令箭藏在身上，离府去玄武湖，找到驻扎在湖中的水师，亮出令箭，要调一艘楼船。

水师将领验过令箭无误，便拨出一艘楼船交给她。雷娇乘上楼船，命水手驶入长江又进入淮水，昨日才来到淮河北岸，一直在渡口附近游弋，准备接应萧道成。这天，雷娇在船头望见一小队骑兵飞驰而来，仔细一看，为首者果然是师兄，不由得大喜。

楼船甚是宽大，一船即可装载数百人，上面的水师军兵一齐动手，放下几块又长又宽的踏板。萧道成跳下马，拉着缰绳上了楼船，将马匹拴在舷边，听雷娇叽叽咯咯的讲述了过往的经历，心中自是感动，只是当着众人，不便过于表现自己的感情，便轻轻握了握师妹的手，以示亲切，又回望着北岸的平芜旷野，但见草木萧萧。

几个时辰后，众人络绎登船已毕。萧道成扭头对师妹道："我父在彼监管彭城王，还不知道薛安都叛变的消息。咱们得去豫章一趟。"薛渊在旁听了，并无异议。雷娇便向船上的军兵传令，命他们先将船驶到河对岸，让黄回和他的部下上岸回京，然后她与萧道成直奔豫章。

第五章　豫章追逃

萧道成呆呆地骑在马上，看着眼前的一切，脑子里有些发懵，觉得自己忽然变成一股轻烟，轻飘飘的全没有依靠，仿佛随时都可能在风中消失。这是谁放的火？府里的人呢？他身子晃了晃，便要一头栽下马。雷娇和薛渊在一旁，二人眼疾手快，一左一右，将他扶住。

深秋的上午，冷风打着人们的脸，空中堆垒着一团团深灰色的云，低得仿佛触手可及。豫章城中街道两旁的樟树阴郁地站着，身上爬满了褐色的苔藓。不知从哪里，传出秋蝉衰弱的残声。萧道成、薛渊、雷娇连日奔波，终于到了豫章城。

雷娇披着件斗篷，腰悬佩剑，在马上的身姿显得英气勃勃。因为是第一次到这里，她东张西望地观着街景。街边是仍然是茶楼、酒馆、当铺和作坊，两旁的空地上却不见摆摊的小商贩。街道上的行人也比以往少了许多，没有辚辚往来的车马，也听不到叫卖的喧嚣，显得分外宁静。

萧道成牵挂着父亲，骑马引着雷娇、薛渊二人走街串巷，径直来到刺史府前，却是大吃一惊。原本辉煌雄伟的刺史府已不复存在，昔日壮观的府第化作一片废墟，里面楼倒屋塌，广厦高墙变成了残垣断壁，仅余破木砖瓦倒伏在尘土之中。看得出，是一把大火摧毁了萧道成原本的家园，将整个刺史府烧成一片焦土。

萧道成呆呆地骑在马上，看着眼前的一切，脑子里有些发懵，觉得自己忽然变成一股轻烟，轻飘飘的全没有依靠，仿佛随时都可能在风中消失。

第五章　豫章追逃

这是谁放的火？府里的人呢？他身子晃了晃，便要一头栽下马。雷娇和薛渊在一旁，二人眼疾手快，一左一右，将他扶住。从不远处传来一阵杂沓的脚步声，随即走来几个杂役打扮的人。他们手里都提着锹、镐等工具，大概是来清理火场的。其中一个四十多岁年纪，脸色黝黑，手里拿着张铁锹，倒有些识得萧道成，便走近前来，招呼道："是萧公子吗？哎呀，您可算是回来了。"

萧道成没心情和他客套，指着眼前的废墟道："这……这是怎么回事？"语音有些颤抖，显然是心神不定的缘故。

那杂役一跺脚，道："萧公子，您还不知道吧？昨天府里突然失火，死了十几个人。"

萧道成心里发急，眼前一黑，嘴张了张，却说不出话来。

雷娇忙问："萧老将军呢？"那人道："萧老将军倒是无恙，带着幸存的人逃出府，现在撤到城北的演武场上去了。"

萧道成闻听，大大地松了一口气，也不搭话，拨转马头，急急地向北奔去。雷娇和薛渊也打马相随。

冷风渐紧，天空暗云舒卷。城北远离闹市的地方辟出十余亩的空地，用黄土铺垫的非常平整，平时是城内驻军的演武场。场边搭着几间帐篷，有几十个军兵搬抬着些杂物，正在帐篷里出出入入。

最大的一间牛皮大帐前立着一人，正是右卫将军萧承之。他面沉似水，鬓边的头发被火燎去了一簇，颔下的胡子也被火烧的稀稀拉拉，虽然眼睛里带着红丝，但身躯仍然挺立笔直，披着牛皮软甲，胁下悬着一口钢刀。

萧道成纵马来到场边，见了父亲，忙跳下马来，抢上前拜倒施礼，又介绍了雷娇和薛渊。雷、薛二人也跳下马，给萧承之磕头。

萧承之治下忽起大乱，正在心焦的时候，见来了强援，不禁大慰，便命三人平身，上下打量了一眼雷娇，问过雷次宗无恙，又向薛渊点了点头，便引着他们进了帐篷。帐内有三间屋子大小，收拾的倒还干净。刘智容家常装扮，薄施粉黛，正与萧赜在帐中，见萧道成回来，不禁又惊又喜。萧道成见刘智容母子无恙，这才彻底放下心。

有军兵从外面搬来几把木椅，放在地上，请众人落座，然后退了出去。

萧承之坐在帐子一侧，对儿子道："你怎么来这里了？刚才到刺史府去过了？"

萧道成坐在父亲的旁边，手抚着双膝，忙道；"儿子奉诏到弘农调兵，到前线后才知道弘农太守薛安都叛变，因担心豫章这边，就急忙乘船赶来，方才在刺史府外碰到几个杂役，然后才到了这里。"

萧承之"哦"了一声，道："我久闻薛安都之名，听说他出自将门世家，却从不曾与之会过面。"

萧道成说："薛安都献了弘农城，致使北魏兵长驱直入，还受北魏王的指使，潜来豫章劫救彭城王。儿子知道这个消息后，兼程赶到这里，想不到还是来晚了一步。"

萧承之长叹一声，道："南北开战以来，豫章城里的精兵大部调往前线，只留百余人看守，还要拨出一部分人去守城，府里的守卫更少。昨天，府中陡起大火，一定是薛安都搞的鬼了。我和智容母子幸得几个部下救卫，冒烟突火地出了府，事后却不见了彭城王和于道士。"说罢，摸了摸颔下的短髯。

萧道成道："父亲万安，比什么都强，可曾派人去查这二人逃亡的去向？"

萧承之皱眉道："我昨天就派出了几拨探子，从他们传递回来的情报判断，可知于道士与刘义康二人混出城后一路向北，他们有可能是去投魏。"说到这里，苦笑着说："若刘义康与北魏勾结、借兵作乱，天下焉有安宁之日？到那个时候，为父可不仅是官职不保的罪过了，脖子上这颗脑袋，只怕要挪一挪位置喽。"

萧道成心里一沉，知道父亲不是危言耸听，暗暗有些着慌，略一思忖，道："于道士身上带伤，刘义康向来席丰履厚。他们二人都不耐鞍马之劳，虽出了豫章，但一定还逃不远。儿子愿出城追捕，必要抓他回来归案。"

薛渊也在一旁道："事不宜迟，卑职自当策马参随。"

萧承之也知事态紧急，只有将刘义康捕住，才能平息这次大乱，便与萧道成、雷娇、薛渊等出了帐，集齐麾下百余名精干的军士，皆着急风披肩，各执兵刃，骑马出城，向北追了下去。

第五章　豫章追逃

顿时，豫章城外的官道上，急骤的马蹄声如雷鸣般的响起。萧家父子等人分乘快马，像疾风一般，急掠而过。只是越往前追，沿途的岔路就越多。萧承之无奈，只得屡屡分兵，过了两天，追到了豫章北二百余里之处，身边只余萧道成、雷娇、薛渊和三名军士。

四野一望无尽的都是荒草，偶尔可见一、两棵枯树，不时有冷风打着旋儿地掠过，显得有几分肃杀。天色已暗，西边一轮血红的太阳缓缓地沉入地平线。萧承之见路边有孤零零的一个小镇，便与众人商量，打算进镇子歇息。众人听了，也并无异议。

镇里有百十户人家，还有一条青石板铺成的路贯通镇子的东西，便是主干道了。路上行人稀少，偶尔有晚归者迈着疏落的脚步，消失在巷道的转弯处。萧承之一行人寻到一家客栈前，先后跳下马来，打算在这里住店打尖，明日再继续赶路。

客栈临着一条小河。荒凉的岸沿下，河水荡漾，上面飘浮着一块块的绿藻，远远望去，像是巨大的绿色斑块，水边的苇丛与灌木丛里，生长着几棵树。

客栈门前有两根立柱，都漆得乌黑锃亮，上嵌一圈一圈的蟠龙云纹，两侧皆是一溜斑驳的黄泥墙，里面分前后两进院子，前院售卖酒食，后院是客房。

萧承之等人掀开布帘，踏入客栈。店里很安静，没什么客人。迎门就是一个弯月形的高木柜台。柜台比普通人要高一些，台面上搁着几卷账簿、小衡秤和绞剪，后面一排高高低低的木架上，摆满了各式各样的酒具，每一件都擦得锃亮。

客栈掌柜的年过四十，穿着长袍，正准备打烊，忽见身着甲胄的萧承之率众进店，忙恭恭敬敬地迎了上来，招呼着众人坐下。萧家父子、雷娇与薛渊坐了靠近柜台的一桌，三名军士坐在靠近窗口的一张桌子上。

萧承之毕竟上了些年纪，又连续赶了两天路，有些乏了。他摘下头盔放在一边，随口打听："掌柜的，这两天有没有见到可疑的人从镇里经过？"说着，便描述了刘义康和于道严的状貌。

掌柜的手里端着只锡烛台,将上面的一个蜡烛点燃后放在萧承之身前的桌子上,闻言脸色微微一变,头摇得像拨浪鼓似的,一口咬定:"没见过,这位将爷从哪里来?"

薛渊掸着身上的灰尘,在一旁道:"这位便是豫章城里的萧承之将军!"

掌柜的肃然起敬道:"原来是萧老将军,久闻大名。您能光临小店,令草民不胜荣幸。小店藏了几坛好酒,等闲人也喝不得,倒要请您品尝一番。"说着,三两下抹干净了桌案,便绕过柜台,经过一扇小门,去了后院,不一会儿,招呼出三个年轻力壮的伙计,每人捧着一坛酒,往萧承之等人的桌旁一放。

萧道成为人机警,觉得掌柜的脸色似乎有些不对,又见店里突然又多出三个伙计,气氛显得有些诡异,似乎有事将要发生一般。他不动声色地四处望了望,暗自防备。

掌柜的亲自捧了一坛子酒,来到萧承之面前,笑道:"这是本号珍藏的封缸酒,请萧老将军和诸位尝尝。"说着,一掌拍去封泥,登时满屋酒香扑鼻。薛渊闻到喷香的酒味儿,不由得馋虫大动。

掌柜的笑容满面,双手捧起酒坛,似要将坛中酒为众人满上,不料却猛一用力,将酒泼了萧承之一脸,随即撇开酒坛,抽出长袍下掩藏的钢刀,一刀便斩了下去。

萧承之被酒浆蒙了眼,一时无法躲避,眼看便要毙于刀下。萧道成在旁眼疾手快,一把将父亲推开,但还是迟了些。萧承之的左臂被刀尖划伤,登时鲜血染红了衣裳。

几乎是同时,那三个伙计也各自抽出短刀,刀刀凶狠,向着众人下了手。一名军士的脑袋立时分开,另一名军士刚要起身,见对方一刀砍来,用手一挡,"噗"的一声,一只手已被生生削了下来,紧接着背后又被捅了一刀,当堂身死。

还有一个伙计蹿到雷娇身后,控刀在手,一刀斩下。雷娇十分机警,闪开了这一刀,拔剑在手,与那名伙计乒乒乓乓地打了起来。

掌柜的掌中白刃翻飞,又向萧承之猛攻,想把他杀了。萧道成低啸一声，人已飘然而起，拦在父亲身前，"呛"一声，自腰间拔出了长刀，一连向那掌柜攻出了三刀！

那掌柜的见他刀法凌厉迅急，吃了一惊，一连退了五步，才避过了这轰雷电闪般的三刀，知道遇到了硬碴子，哪敢分神，打起精神，钢刀一展，"唰"的反攻了一招！

二人双刀接实，"铮"的一声脆响。掌柜的手中刀被震得险些脱手。萧道成也觉虎口发麻，见对方持一柄厚背薄刃的斩马刀，登时心中了然，喝道："你是薛安都？"口里说话，手上可没闲着，刀光霍霍，向着对方劈了过去。掌柜的见对方的刀法又快又凌厉，绝不易闪，只得双手举刀，硬接硬架，封住了萧道成的一招，狞笑道："小子倒是好眼力，我便是你薛大爷，受魏主之命前来迎接彭城王。"

萧道成一惊，喝问："彭城王在什么地方？"

薛安都冷笑一声："彭城王就在后院，待我杀了你们，就去淮北举兵称王，从此永为我大魏藩屏！"说着，提起雪亮的钢刀又猛攻了过去。

薛渊、雷娇和仅余的一名军士都没有受伤，已缠着那三名"伙计"打了起来，这三个"伙计"的功夫虽也不弱，但怎会是雷娇等人的对手，不到半盏茶工夫，便已处下风。萧承之左臂血流不止，右臂却是无损，当下不及包扎伤口，也拔刀加入战团，抽冷子杀了一个伙计。另两个伙计登时处于劣势，不禁心慌，转身想逃，却已不及，先后死在薛渊和雷娇的刀下。

这工夫，薛安都已与萧道成激斗了七八十招。萧道成舞动长刀，刀光如雪花片片，牢牢地守住门户，并不胡乱出击，见招拆招，偶尔劈出一刀，却是狠辣无比。薛安都只觉对方身法飘忽却又是力大招沉，自己的斩马刀沾不到他的衣角，不禁越斗越惊，一失手把刀劈在柜台上，刀锋深深地嵌入木头里，一时未及拔出来。萧道成瞅准机会，手中刀斜掠而前，"扑哧"一声，直戳在他的胁下。

薛安都闷哼了一声，自知受伤不轻，不敢恋战，全力拔出刀，虚晃一招，便夺路而逃。他临出门之际，并不回头，只用尽全力，将手里的长刀向后掷出。这柄锋利的斩马刀化作一光芒四射的光轮，旋转着、呼啸着，直向萧道成劈来。萧道成矮身低头，躲过这一刀，纵身来到门边，却见外面一片漆黑。薛安都已消失在暗夜里，逃得无影无踪了。

店里陡然陷入一片寂静，唯有柜台上一只残烛，散射出惨淡的光。萧承之草草包扎了伤口，看了一眼满地的尸体，说："咱们快去后院，想必刘义康和于道士还逃不了。彭城王虽不足道，但于道士举止怪异，出手狠辣，是个相当难惹的角色，大家小心了。"说着，提剑走到柜台旁边，一脚将木门踢开，闪身而入。萧道成等人紧紧相随。

后院静悄悄的，显得深邃阔大，只有一条长廊与客房相连。长廊下面泛着水光，竟是将店外的河水引入而形成的一个荷花池。池边的湖石杂而不乱，堆放的错落有致。池中的荷花早已凋零，暗灰的莲蓬却依然昂头傲立。黑乎乎的水面上，浮现出一圈圈涟漪，露出水中的几十根木桩。正是这些木桩支撑着上面木板铺成的廊道。

廊道宽约五丈，迂回曲折，上有顶，两边密排小儿手臂般粗细的栏杆。每隔几根栏杆，便悬有一盏油灯。灯焰绿幽幽的，宛若鬼火般摇摆不定。萧承之等四人的脸被灯光映的一片惨绿，宛若死人一般，竟有几分可怖。

萧道成见灯现异光，低声道："大家小心，只怕这灯有古怪。"说罢，与大家全神戒备着，小心翼翼地踏进长廊，直奔客房。萧道成走在最前面，行不多远，只觉脚下踩到软软的什么东西，低头仔细一看，见廊上倒着一个二十多岁的年轻人。这年轻人穿着一身酒保的衣服，已死去多时。

萧承之道："这人大概是店里的伙计，看！前面还有一个。"萧道成拢目光向前望去，果见前方的栏杆下伏着一具尸体。那人是个五十多岁的老汉，发色是银灰的，脑袋软软歪向一侧，眼睛瞪得大大的，胸口处一道血迹斑斑的伤口。

薛渊在一旁道："真正的掌柜的原来是死在这里！"

众人再不言语，小心翼翼地走了过去，不料直走了半个时辰，眼前仍是廊连廊、栏连栏。这长廊竟似连绵不绝、没有尽头。萧道成等人都觉得奇怪，明明见客房就在不远处，但曲曲折折的跑了一圈，就是走不出这道长廊，不多时又回到客栈伙计的伏尸之处，才知道又回到了原点。

第五章　豫章追逃

萧家父子心中暗暗吃惊，额上隐然有汗。萧承之沉声道："这老道精通旁门左道之术，这道长廊里必有蹊跷。大家少安毋躁，如果一味乱闯，只怕很难出去。"

正说着，一声惨叫骤然在身后响起，于暗夜之中显得分外瘆人。萧道成等人吓了一跳，连忙回头望去，只见那个军士失手碰翻了一盏油灯。绿莹莹的灯油泼了他一脸。军士的脸庞顿时发黑，眼、鼻、口里流出鲜血，身子晃了几晃，一头栽进了廊下的荷花池。

薛渊走在那个军士的旁边，鼻子里嗅到了一种焦辣的味道，裤子上溅了些灯油。那块布料马上转为黑色，"哧哧"有声，散起一股白烟，瞬间被蚀出了一块破洞，随即有几滴灯油流到了薛渊的大腿上。

萧道成叫道："不好，有毒！"话音未落，手中刀光一闪，硬生生地从薛渊的腿上剜下了那块沾了灯油的肉。薛渊的大腿上鲜血崩流，但还是忍痛不作声，撕下块衣襟包扎好了伤口，又向着萧道成点了点头，意示感谢。他明白萧道成若是下手稍迟，自己这条命可就交代了。

雷娇忽然惊叫一声，手指着廊下道："你们快看。"萧道成等人望向下方，只见军士的尸体正从荷花池里浮起。这么一会儿的工夫，军士身上的肌肉大部腐蚀，露出了雪白的骨头，真是惨不忍睹！大家才知道廊下的池水竟也被人投入剧毒，不由得一阵惊悚。

这时，西边一间客房的门开了，从里面走出一人，正是于道严。他眉宇高耸，散发披肩，披着件污秽不堪的破袍子，不断地搓揉着手腕，显然是因长久被刑具所扣，如今虽然松脱，却一时还未能适应过来。

于道严立在檐下，望着萧承之等人，"咯咯"地一阵怪笑，道："我老人家略施法术，就让你们堕入这'九转长廊'之中，告诉你们，灯油和池水里都添了'炼尸粉'。这药粉是我老人家昔日秘制，奇毒无比，只在池水里加了那么一丁点儿，便将整池水化作剧毒。我劝你们好自退出吧，免得自取灭亡。"

萧道成怒道："当初你被我擒住时，全身都被搜遍了，哪里还能藏这毒药？"

于道严得意地说："我老人家把药粉潜藏在鞋子里，好歹没被你们搜了去，想不到今日派上了用场。"

萧道成手按刀柄，说："孔熙先已亡，你还为谁卖命？束手就擒吧，我饶你不死。"

于道严鉴貌辨色，听出萧道成不是在说谎，默然片刻，恨声道："孔公子虽逝，但我要完成他的遗愿，誓要救出彭城王。"

薛渊听他这么顽固，咬牙道："咱们别和这老家伙啰唆，大不了等到天明，到时候，看他这长廊还能不能困住咱们！"

于道严冷笑道："天亮后，北魏的接应人马就会到。你们届时若还在这里，便会被千刀万剐。嘿嘿……"

萧道成沉思片刻，忽然一抬头，双目中精光大盛，厉声道："你用这几块破木板，就想困住我们？"这一嗓子声如沉雷，在院里不断回荡。

于道严见萧道成身当此境仍如此犷悍，不禁一怔。

萧道成不再和他废话，一刀平平削出，将长廊的栏杆砍折了一根，相连的廊顶晃了几晃，摇摇欲坠。

雷娇冰雪聪明，最先反应过来，喜道："好主意，这家伙布置的长廊固然让我们闯不出，但不过是几块木板木头，索性毁掉它就是了。"这话一出，萧承之和薛渊也都明白过来，不待萧道成招呼，各自举起手里的兵器，向着旁边的栏杆上砍去。

原来，于道严受了重刑后并未完全康复，难以远遁，好不容易随着薛安都逃到这里，先杀了客栈掌柜的与伙计，就打算躲在店里养好伤再作打算，听说萧承之带人追到，仓促间将客栈原来的水廊略加改动，使其中暗含五行八卦，但所用的木材全是三个"伙计"临时从后院搜罗拆卸来的。这些木材久历年月，都已破朽不堪。

萧家父子、雷娇和薛渊小心避开有毒的油灯，四柄刀剑此起彼落，很快将长廊的栏杆破除殆尽，又将廊顶掀翻。油灯带着绿光接连堕在池水里，发出"嗤嗤"的一片声响，便消失不见。不一会儿，偌大的长廊只余一条光秃秃的木板道，反而不似适才那么深邃。

萧承之等人见眼前已现出一条明晰的通路，心中大喜，身子几个起落，已越过荷花池，出了长廊，扑到于道严面前。

萧道成冷笑道："姓于的，这次困不住我们了。你还是束手就擒吧！"

于道严见这么一会儿的工夫，敌人竟已脱困，愣了一愣，又迅速宁定下来，从怀里摸出把短刀，一刀削去。"嚓"的一声，刀风破空。萧道成横刀招架，几个照面之后，跨步上身，刀锋自肘下穿出，划过于道严的右手腕。于道严手指无力，短刀落地。

萧道成立意要活捉他，收刀入鞘，猱身而上，双掌一封一兜，"砰砰"两声，击在于道严胸膛上！于道严嘴里喷出一口鲜血，脚下踉跄了几步，一头栽倒在地。薛渊扑上前去，把他按住，又从怀里掏出绳子，将他结结实实的绑了起来。

秋天的后半夜，空中淡月疏星。萧承之让雷娇在外看守着萎靡的于道严，一挥手中长刀，与萧道成、薛渊来到了西边的那间客房前。

房中黢黑一片，只点着盏半明半暗的油灯。绿色的灯光一晃一闪，照得房里鬼气森森。灯后有一人危然端坐，正是刘义康。他弯眉细目，穿着一身整齐干净的王服，颔下长须微微拂动，坐在桌前，不言不语，没有任何动作。

萧家父子与薛渊提高警戒，缓缓进房。刘义康丝毫不动，任凭诸人越走越近，呈扇形将自己包围在中间。

萧承之立住脚步，手里的刀发出森然的厉芒，沉声道："大王！皇上有旨，要你去京师，对你另有安置。"

刘义康睁着一双空负大志的眼睛，望了望身前的四个人，黯然道："本王已过够了囚禁的生活，以后更是永无出头之日，愿死于此，耻复屡迁。"说着，一把抓起油灯，毫不犹豫的摔在自己身上。

萧承之欲向前赴救，却是不及，就听"哄"的一声，眼前绿焰暴长。刘义康被裹在一大团诡异的绿火里，惨叫着倒在地上挣扎，浑身散发出一股焦辣的黑烟，片刻后，惨叫声戛然而止，整个人一动不动的，直至被烧成了一团黑炭。

萧承之等人虽然见多识广，见了眼前这般情状，也无不骇然。

月亮渐渐地沉下去了。薛渊出店，敲开镇上棺材铺的门，买了口薄板棺材，然后众人齐力在客栈后院刨了个土坑，草草埋葬了刘义康。

天色将明未明，四野鸡啼。萧道成将于道严捆在马上，与大家离了小镇，回到豫章，又留下薛渊在城中照顾刘智容母子。然后萧承之父子与雷娇押着于道严，坐上楼船赶往建康。

第六章　元凶弑逆

十几个凶神恶煞的乱兵，拔刀向文帝冲来。情急之下，文帝举起桌子抵挡，只觉右手一阵剧痛，五个手指已被砍落，自知不敌，转身直趋大殿的北窗，想越窗而出，不料没跑几步，后背就连中数刀，倒地身亡。

公元450年十二月，魏兵前锋渡过淮水，所过之处，两淮城邑皆望风奔溃。王玄谟率残兵退回建康。魏太武帝引大军尾随，直抵长江北岸的瓜步山（今南京市六合区东南瓜埠山），鼙鼓之声，震动天地。瓜步山又名桃叶山，与建康隔江相望，两地直线距离不过五十里。魏军凿山为蟠道，于山上设毡屋，将江北岸的民舍全部拆毁，又伐苇为筏，声称要渡江。

建康震惧，百姓们皆荷担而立，内外戒严。宋文帝命太子刘邵、领军将军刘遵考等将兵分守津要。宋军巡逻的战船上起玄武湖，下至蔡洲，陈舰列营，周亘江滨。

魏太武帝驻兵江北，实无意攻取建康，只是命军队四处掳掠，实行焦土战略，极力破坏刘宋的经济实力，半个月后，大会群臣于瓜步山上，班爵行赏，随后缘江举火，掠居民、焚庐舍北返。

这一役中，北魏军队"连破南兖、徐、兖、豫、青、冀六州，杀掠无数，丁壮者即加斩截，婴儿贯于槊上，盘舞以为戏，所过郡县，赤地无余。"（《资治通鉴》卷126）江南邑里萧条，元嘉之政从此而衰。

隆冬季节，天地间没有风，清冷的空气仿佛凝固了一般。建康皇城内的积雪至少有半尺厚，地上白皑皑的一片。枯枝上凝着冰凌，常因负载不起而折落，又无声无息地坠在厚毯般的雪地上。

银装素裹的太极殿在雪中露出琉璃瓦顶，恰似一座白色的岛屿，正红朱漆的大门顶端悬着黑色金丝楠木匾额。殿内左右摆放着一排黄澄澄的铜质灯架。每支灯架上都点着十几支小儿手臂一般粗细的牛油蜡烛，照得偌大的殿里一片通明。众文臣武将都穿着整齐的官服，肃立大殿两旁，正在早朝。

萧承之、萧道成父子前天刚赶回京城，今日便来面君。二人一前一后，恭恭敬敬地跪在殿中。萧承之披着朝服，手持笏板，向文帝奏明刘义康之死的经过，称："于道严打着为人祈禳的旗号，在豫章潜行妖术，后为犬子所擒，在押期间，与薛安都里应外合，纵火焚府，劫走彭城王，还在荒店布下'九曲长廊'，抗拒追捕。臣与犬子经过一番格斗，将于贼生擒。彭城王不肯返京，自焚而死……。"

文帝身披黄袍，整个人蜷缩在龙椅里，双手无力地搭在面前的书案上，阴沉着一张脸，一语不发，唯见头上的十二排珍珠冕旒在轻轻地颤动。他想到与兄弟这些年的争斗，心中便有无穷的悲恸涌上来，叹了口气，道："萧承之父子在职无状，致令彭城王殒命，虽有微功，不掩其过。着即贬萧承之为羽林副将，贬萧道成为皇城侍卫。"又委大理寺严讯"妖人"于道严。萧家父子不再说什么，一起叩头谢恩。

然后就是王玄谟出班，检讨前线失利的经过。

文帝违谏出兵，现在却造成这样一个局面，自觉扫了面子，心里窝火的很，下诏将王玄谟贬为庶人。群臣见几位将领连遭处分，一个个低着脑袋，眼睛全看着地面，连个喘大气儿的都没有。

太子刘邵身披大红袍，头戴玉冠，立在右侧的班首，其下是湘东王刘彧等人。刘邵是力主出兵的，便挺身出班，道："儿臣不才，愿替父皇领兵北伐，必能一雪前耻。"

文帝瞪起了眼，愤怒地盯着儿子，用手一拍龙书案，呵斥道："畜生，你总督两淮军务，却让敌人打到了家门前，以至我军全线溃败，如今不思悔改，还大言不惭地说什么雪耻？朕早就想废了你，还不退下！"他的声音由低到高，渐渐地成了咆哮，头上的珍珠玉旒一阵剧烈的晃动。

第六章 元凶弑逆

刘邵虽为太子，是文帝的法定接班人，但文帝后宫众多，子嗣达十几人。诸皇子为争夺皇位继承资格，党羽相结，不断展开明争暗斗。刘邵的母亲是皇后袁齐妫，本是文帝的发妻，知书达理，勤俭节约，后因病而亡。刘邵失了内宫怙恃，这太子就做得有些勉强，如今当众受了这顿斥责，心里是又羞又怕，一时竟不知说些什么才好，只得忍气吞声退回班位。

文帝公然声称要废掉太子，虽是在气头上说的话，但对刘邵的不满已是显露无遗。群臣见此情形，顿时起了一阵无声的骚动，却谁也不敢多言，以免一个不留神受了池鱼之殃。大殿里陷入死一般的沉寂，仿佛划一根火柴，被浓缩挤压的空气就会轰轰燃烧起来。

文帝默然片刻，见群臣没什么说的，便心烦意乱地下令退朝。

清晨时分，天地间还笼罩着茫茫的雾气。一阵风过，成团的白雾在空中漫卷飞腾。太子府就在皇城的西掖门外，四周环绕着一溜粉墙，墙上覆盖着碧绿的瓦片。有几栋高台亭阁在府里拔地而起，远远望去，很显气派。大门上吊着黄澄澄的铜兽环，门楣高悬着一方匾额。府内有三进院落。前一进是十二间正房，其中三间是客厅。厅前有花圃，外围镂空花格木栏。

刘邵垂头丧气地回到府里，不及脱去朝服，在厅里团团转，心里像揣了只兔子似的咚咚直跳，反复琢磨着今日朝堂之事，不由得一阵紧张。他是文帝的嫡长子，从六岁起，已当了二十多年的太子。这些年，他深知自己扮演的是一个极其复杂的角色，虽然离皇位仅一步之遥，但离身败名裂也只有一步之遥。如今皇父不喜，保不齐哪天就将自己废掉，而前朝被废的太子，在新皇帝上台后几乎没有一个能得以善终……。

刘邵想到这里，神经紧绷的好似弓弦，连打了几个寒战，忽见家人来报，称大理寺卿张超之来拜，便命人将张超之引入。

不一会儿，外面响起一阵脚步声，紧接着门帘一挑，张超之走进厅来。此人约四十多岁，身材中等，一张刀条脸，两只精明的眼睛，身穿紫缎官袍，脚是穿着一双薄底朝靴。他能当上大理寺卿，总理刑狱，是走了刘邵的路子，今天在朝堂上目睹刘邵挨训，便于散朝之后赶来相慰。

张超之一进厅，见刘邵颓然地坐在桌前，且面色不虞，便道："太子！皇上说的那些气话还请莫往心里去……"

刘邵素日里把他当作自己的心腹，摆了摆手，示意让他坐在一旁，唉声叹气道："如今只有你还把我当太子，过不了几天，大臣们也许就往别的皇子处献媚喽。"说罢，将头摇了几摇，一副无精打采的样子。

张超之既是太子一党，便与之祸福与共、休戚相关，很担心刘邵倒了，自己失了靠山，便出主意道："京城内外的庵观寺庙不少，何不从中找个有道之士来府中祈禳？"

刘邵一吐舌头，低声说："请人做法、觊觎大位，是掉脑袋的差使，有谁敢应？"

张超之听他说的倒也是，捻着颌下的几茎短须，又绞尽脑汁地想了半天，忽然灵机一动，道："殿下！于道严现在押在监狱里，正该我管。据说此人精于道术，最会祈禳。太子如果将这姓于的救出囹圄，他必感恩戴德，为您尽力。"

刘邵听了张超之的话，眉头一皱，道："这人若有真本事，岂会为萧道成所擒？"

张超之把头摇得像拨浪鼓似的，道："不然！修道之人有所能有所不能，遭遇困厄以为历练也是常事。殿下不如且随卑职往狱中一观，探探他的虚实。若这人真懂祈禳，自然是好。若他徒具其表，卑职自会派人将他在狱中了结，决不会累及太子清名。"

刘邵也是病急乱投医，被张超之这番话迷住了心窍，便匆匆换了身便装，披上斗篷，遮住自己的头和脸，与其悄悄出了府，一个从人也不带，径直奔向建康监狱。

监狱建在京城最北边的荒僻之处，占地百余亩，旁边是一片阴森森的树林，四周落满了皑皑的白雪，显得很荒凉。狱外是十余丈高的石基围墙，只有一道并不怎么宽敞的铁门可以出入。铁门上锈迹斑斑，常年紧闭着。大狱内外戒备森严，有全副武装的哨兵昼夜值守。

天色阴沉沉的，片片乌云低至半空。狱门左右立着十几个狱卒，门楣上挂着一盏已经将熄不熄的孤灯。北风吹过，地上的残雪打着旋，沙沙作响。

刘邵与张超之来到狱外，跳下马。十几只乌鸦从不远处的一片树冠里飞出，发出数声哑哑叫声，越过他们的头顶。刘邵只觉得背脊上凉飕飕的，不禁打了个寒战，拉上帽兜盖住大半边脸，随着张超之迈步走上台阶。

把守大理寺监狱的头领见张超之来巡视，自是不敢怠慢，将二人接进大门。

狱墙边植着几棵萧瑟的梧桐，转圈是大大小小的囚室。刘、张二人高一脚，低一脚的走，穿着荒凉的院落，来到最右边的一间囚室前。

张超之从狱卒手里接过叮当作响的一串铜钥匙，打开铁栅栏上的大锁，推开栅栏门，与刘邵走进黝黯的囚室。囚室仅有半间屋子大小，除了一张东倒西歪的破桌子和一张木板床，再无别物。空气中弥漫着一股混杂了阴湿霉水、朽烂木料的气味。床上坐个穿乌衣的囚徒，正是于道严。

张超之将狱卒打发走，又干咳一声，道："于道严，你可认得我身旁这位？"

于道严披散着头发，听了问话，连眼皮都不抬，一副奄奄待毙的样子。

张超之低声道："这位便是太子殿下，听说你精通祈禳之术，特意来瞧瞧你是否名副其实！"

于道严听了这话，突然抬头，已经死绝的眼睛里烁出一道光亮。他瞅着刘邵，缓缓地道："殿下为国之储君，一人之下，万人之上，为何对我这个死囚感兴趣？"说到这里，默然思索片刻，又道："是了！太子除非是储君之位有不保之虞，才会到这里请我去为你做法？毕竟这是个风险极大的差事！除了我之外，整个江南怕是无人肯接。"说着，用手分了分蓬乱的头发。

刘邵被他的眼神一瞅，不知怎的，心里大起惕惧之意，听他说完这几句话，暗想："这人料事奇准，或许真有些道力也未可知。"便低声道："不错！自母后故去，我屡为父皇所诘责，今日到此，是想请你前去作法，不知你是否懂得禳解之术？"

于道严将上半身倚在狱墙上，淡淡一笑，道："太子所禳之事重大，非举行斋醮科仪不可。届时，由我在坛场内禹步念咒、洒符水，再将符、檄发往神府，自能保太子无虞。"

刘邵听了，不禁有些将信将疑。

于道严何等精明，立刻看出对方的心思，咕咕怪笑了几声，道："殿下如果不信的话，我这就祈请仙人，请赐辟邪明珠与你。殿下佩戴此珠，可延年益寿，祛灾增福。"说着，他两手一搓，身边突然有般奇异的白色烟雾爆发而起，吞没了他的身影。

刘邵和张超之的眼睛被迷，屏住呼吸后退了两步。须臾，白烟散去，却有一道流光如萤，飞进了刘邵的口袋里。刘邵伸手一摸，从袋里掏出一颗晶莹凝重的珠子。这颗珠子有鸽子蛋大小，在幽暗的囚室里，散发着圆润的光彩。

刘邵出身富贵，什么样的奇珍异宝没见过？他看着手里的明珠，一眼就辨出此物绝非凡品，惊愕地睁大眼睛，两道细细的眉毛一下子跳了起来，对眼前这个古怪的道士由不得不信。张超之立在一旁，也惊得瞠目结舌，连咽了两三口唾沫，好像是嗓子里发干似的。

刘邵定了定神，恭恭敬敬地对于道严说："道长果然高明，令我大开眼界。我先走一步，不日自当与道长高会。"说罢，又向着张超之使了个眼色，便退出囚室，自行离去。

张超之马上找来几个亲信，如此这般地作了一番安排，过了几天便奏称于道严在狱中暴毙，暗中却将其接入太子府中。这事做得非常秘密，没有引起任何人的怀疑。从此，于道严便隐姓埋名，匿于东宫，常为刘邵打平安醮，每每装神弄鬼一番后，便对刘邵称："我已为殿下上天陈请！殿下圣眷日隆，将来必有九五之份。"

文帝或许是一时下不了更换太子的决心，反正是再没提起废掉刘邵的事。刘邵心里暗喜，自以为得计，与张超之敬信于道严，常称之为"天师"。

元嘉三十年（453年）三月的一天，天色阴沉，空中满是厚厚的浊云。太子府的后宅秘密的辟出一个跨院，院子中间摆着一个半人高的铁香炉，长年香火不断。香炉前立着一个高耸的幡子。幡子看起来很简单，是一根十余丈长的杆子，竖在院子中间。杆子的上端挂着一面灵旗，下坠一根长长的红布条。幡下点着七十二盏九曲灯，昼夜不灭。院外是刘邵的百余名亲信侍卫，二十四小时都在守护。这里既是于道严的住处，也是他做法的道场。

第六章 元凶弑逆

今天，刘邵又将张超之找来，一起请于道严设坛做法事、求福禳灾。于道严奉命，在刘邵、张超之面前卖力地打彩门、垒灶膛、起天坛，请神灵到来，忙得不亦乐乎，然后开始绕坛迎香、迎宝、敬献供品。

刘邵和张超之二人一前一后，规规矩矩地跪在地上。两个身材曼妙的婢女，穿着粉色紧身袍，白纱散花裙，腰间的金丝软带系成一个大大的蝴蝶结，鬓发低垂，手里端着一盘盘的供品向前传递，再由刘邵和张超之将供品整齐有序的献到神案上。

于道严在旁做着道场法事，嘴里念念有词。到了中午，他手拿法器，走在前面。刘邵、张超之打着彩旗随在其后。三人一步一步、一圈一圈，一遍一遍，围着幡子走了一个多小时。然后，于道严、刘邵、张超之三人磕头行礼。至此，整个祈禳活动才算结束。两个婢女将所有用品，如塑像、牌位、家什器具、彩旗法器等收好存放。

跨院墙边的树上还没有生出新叶，光秃秃的枝杈，在满天的阴霾下，直愣愣地伸展着。正房里，刘邵命人摆了一桌丰盛的宴席，与于道严、张超之围桌而坐。两个漂亮的婢女侍立在一旁，为三人斟酒布菜。

刘邵心情大好，频频向于道严敬酒。张超之在一旁，左一杯，右一杯，也灌下不少，渐渐的酒意上头，坐在那里身子摇摇晃晃地如在云里雾里，两个通红的眼珠子在眼眶里不停地打转，说话时舌头有些伸不直了。

刘邵见他这个样子，知道他不胜酒力，便命两个婢女扶张超之去旁边的厢房里歇息。张超之脸红杠杠的，扶着婢女站起身来，跟跟跄跄地走出厅，东倒西歪地进了厢房。他瞪大眼不知身在何处，只觉脚下不稳，忽东忽西，茫然四顾一番后，一头栽在了南墙边的一张雕花木床上。

厢房里的窗户紧关着，光线有些朦胧。一个婢女近身为其铺床展被，她桃腮带笑，美目流盼间透出一股媚态，鬓边斜插碧玉瓒凤钗，生得肌肤娇嫩，体态修长，显的妖艳妩媚。

张超之歪着脑袋，蹩斜着醉眼，见其美艳不可方物，竟猛地起身将她一把抱住，然后将其按在床上，就欲非礼。这婢女又惊又怕，拼命挣扎，嘴里大叫起来。她的同伴见此情形，撒腿跑出房。

刘邵正与于道严在厅里推杯换盏，喝得正热闹，忽见一个婢女红头紫脸地跑了进来。她用手指着厅外，结结巴巴地道："殿下，张大人无礼……。"一句话没说完，就气噎声吞，再也说不下去了。

刘邵虽也喝了不少，但还没失去理智，扔下酒杯，随着她来到厢房，见张超之正在一个婢女的额头上乱亲，登时气黄了脸，伸手抓住张超之的脖领子，将他扯了起来，随即一轮耳刮子抽的密不透风，然后一抖手将他摔到床下，骂道："大胆，连我府里的人都敢调戏，你是不要命了吧！"

刘邵说到这里，额头上暴起了一道道青筋，眉毛一根根竖起来，拔出腰间长剑劈下，眼看就要将张超之的人头砍下。忽然旁边探过一把宝剑，架住了他的剑，两把兵器相撞，呛然作响，迸出星星点点的火花。

刘邵定睛一看，原来是于道严随后赶到并及时出手救了张超之一命。

张超之吃这一吓，登时醒了酒，满脑门子都是虚汗，只吓得浑身栗抖，跪在地上磕头如捣蒜，连声道："臣下糊涂，太子饶命。"

刘邵愤愤地说："天师，为何救这个胆大妄为的畜生？"

于道严跟没事人儿似的，还剑入鞘，道："殿下！岂可为一女子杀大臣。若是明天皇上查问起来，您如何作答？"

刘邵听了于道严的话，不由得哑了口。于道严又对张超之使了个眼色，意思是说："还不快走？"

张超之一轱辘起身，抱着脑袋，一溜烟地出了太子府，哆嗦着手拉过马缰，好不容易上了马，失魂落魄地跑出了两条街，才回想起方才刘邵凶神恶煞般的样子，不由得打了个寒战，思来想去，便拨转马头，直奔皇城。

下午，天阴沉沉的，灰色的云朵掠过皇城，天空被压得很低，几乎触手可及。雄伟的太极殿外似乎笼罩着一团袅袅的雾气，檀木雕成的飞檐翘起，门楣下悬挂着黑底黄字的阔大匾额。

萧道成已做了两年多的侍卫，虽不能董率王旅，倒可以陪赞国容。每逢大规模的朝会、皇帝巡幸，皇城侍卫们都要准备卤簿仪仗，平时则在皇城内分番当值。

萧道成这会儿穿着一身侍卫的制服，挎着腰刀，像往常一样，正与几个同伴侍立在太极殿外，忽见张超之匆匆到来并声称要面见皇上，忙进殿通报，然后便将其引入殿中。

殿内已点起了灯烛，明亮的灯光照耀着青瓦雕成的浮窗和玉石堆砌的墙板。文帝居中而坐，正在披阅奏章。几个太监立在文帝身后，一个个垂眉敛目，屏气凝神。

张超之像个虾米似的躬着腰，来到龙书案前，跪下行礼。

文帝皱起眉头，说："张超之，你来干什么？"

张超之额头上冒着虚汗，垂头丧气的道："陛下！臣有要事回禀。"

"讲！"

张超之磕了个头，好像下定了决心，竹筒倒豆子似的说："陛下，前些日子，太子命臣私放了于道严，将此人收在府中。去年七月初七，太子私绘陛下的形貌于纸上并交与于道严，请他按图雕成一个玉人，并施以诅咒。随后，太子以晋见为名，悄悄入宫，将包在黄皮包袱里的玉人埋在太极殿后。"

萧道成肃立在一旁，听了张超之的话，又细察其神色，料他不敢说谎，那么太子所作所为自然都是真的了，不由得心中巨震。他虽早知皇帝与太子不和，却不想竟闹到这个程度。

文帝明显也被这突然来临的事震动了，嘴唇闭得紧紧的，脸上的肌肉一阵抽搐，默然良久，才短促而痉挛地呼出一口气，对萧道成说："你都听清楚了？速到殿后取出玉人。"说罢，又命人到后殿去取虎符，准备命雷次宗调羽林军去捉刘邵。

萧道成知道刘邵的太子之位肯定是保不住了，躬身领命，退出殿外传达了文帝的旨意，然后与众侍卫们走过长长的甬道，绕到太极殿的后面。就在这个时候，谁也没有注意。一个太监趁人不备，偷偷地溜出了太极殿，又鬼鬼祟祟地出了皇城。

黑色的乌云挤压着天空，沉沉的仿佛要坠下来。太极殿后少有人来，地上铺着的一块块石板，潮湿的墙上生了薄薄的一层青苔，冷风"嗖嗖"地刮过，灰色阴凉的气息在绿油油的苔藓间徘徊。一个侍卫四下看了看，用脚踩了踩脚下一块石板说："如果有东西的话，一定是在石板下了，大家伙儿先把石板搬开！"

萧道成和十几个侍卫一起抽出长刀，蹲下身撬起了石板。石板被撬开后，露出下面潮湿的泥土。不一会儿，一个侍卫叫道："快过来。"大家围拢过去，只见一个布包袱埋在土里，只剩一部分黄布露在外面。

萧道成小心翼翼地提出包袱，抖净了上面的泥土，带着这包袱返回殿里。文帝正倚坐在龙椅上，微合着双目，胸口微微地起伏着。

萧道成轻声道："陛下，包袱取到。"说着，双手捧着包袱，轻轻来到龙书案前，将布包袱放在案上。这是个尺余见方的黄布包，四个角紧紧地系在一起。

文帝面沉似铁，缓缓睁开两眼，望着眼前的包袱，良久，方做了个手势。萧道成小心翼翼地打开包袱，露出里面雕的玉人。这个玉人细眉长目，头戴冕冠，身披龙袍，正是文帝的样子，约有半尺高，通体银白，雕刻的可谓惟妙惟肖。

张超之跪在地上，嘶声道："陛下，就是这个了！于道严当日施咒之后，还曾对臣炫耀称：'陛下三年之后发病，将额焦口腥、神昏性躁，目见邪鬼形，耳闻邪鬼声，再过半年便会病亡'。如今还未到三年之期，故而不曾奏效。"

文帝看着案上的这个玉人，心里充满着痛苦与不堪。他万万想不到，自己一手培养的太子，竟会在背后与恶道勾结且诅咒自己。他越想越恼，脸色先是涨红，进而发青，突然抓起玉人摔在地上。"啪"的一声，玉人被摔得粉碎。

萧道成吃了一惊，向后退了几步。文帝喘了几口粗气，坐直了身子，一连下了几道旨意，先命侍卫们将张超之收监暂押，又派萧道成持虎符去羽林将军府传诏，命雷次宗火速带兵去擒拿刘邵。

萧道成答应一声，匆匆出宫来到皇城之外，骑马直奔草帽大街。

天光渐暗，夜幕降临，不一会儿，夜色包围了全城。冷风凌厉的穿梭，地上的细砂互相碰撞着、摩擦着，发出细碎的声音。萧道成策马在街面上疾奔，清脆的马蹄声传出很远，一块块的石板，像是飘浮的灰云向后退去。

初更未至，萧道成就到了草帽大街，转进了雷府所在的巷子。这条巷子并不算太短，干净而安静。雷府门上悬挂着灯笼，散发着昏黄的光，无力地照着沉寂的深巷。晚上的凉风，吹拂着萧道成的脸。他跳下马，见黑漆的大门虚掩着，便推门进去。

院子里静悄悄，厅中闪动着橘黄色的灯光。窗棂上映出一个乌簪高髻的壮硕人影，正是雷次宗。萧道成走上台阶，扬声道："师父！弟子萧道成奉诏前来拜见。"声音在空旷的庭院里回响，却无人应声。雷次宗仍是一动不动地坐在窗前。

萧道成心里蓦然有一种不祥的预感，走上台阶，迈步进厅。桌上的油灯燃着，灯焰幽幽的跳动。雷次宗上身倚着椅背，对萧道成的到来竟是毫无反应，似乎是在想着什么心事。萧道成上前几步，高声道："师父，弟子……。"话未说完，就哑了口。借着朦胧的灯光，他这才发现师父的胸前一片血渍。羽林大将军雷次宗竟已被人一剑穿胸刺死，四肢都已冰凉。

萧道成整个人僵立在那儿，血管仿佛冻结了，又像有无数把钢刀砍在他心上，又悲又痛，不知过了多久，忽然想起师妹雷娇，激灵灵打了个寒战，急忙掉转身子，像头负伤的野兽般，跌跌撞撞地奔出客厅，一路上乒乒乓乓，带翻了厅里的桌椅又撞翻了摆放在廊下的几个花盆。通往后院的甬路边植着一棵桂花树，树下倒着一个人，正是雷禄，雷禄脖子上中了一刀，被人砍死在那里。这个忠心耿耿的老家人，二目怒睁，无声无息地倒在地上，手里紧握着一把钢刀，地上一摊摊未凝固的血迹，显示他曾与来袭者作过一番剧斗。

萧道成轻轻合上了雷禄的眼睛，起身来到后宅的角门前，立住脚，在门边探出头去，观察了一下，听得里面似乎没什么动静，便一脚踏进门去，突然感觉头顶生风。他反应极快，连忙倒踩七星步，向后疾退，就见一柄钢刀直从自己的眼前劈了过去。萧道成右手拔刀出鞘，顺势将刀尖戳在那人的臂上。那人收刀不及，手臂受伤，所持的钢刀落地。

萧道成猛扑了进去，见门后正躲着一个人，当下不及细想，左手疾出如钳，一把扣住对方下颌，不让他发出声音，右手一刀扎进他的胸口。对方软软地瘫倒在地，气绝身亡。萧道成这才有空观察此人相貌，发现他皮肤粗糙，身上穿的却是军装，转念想到刚才真是险过剃头，若自己反应稍慢，就要被这人一刀削去了脑袋。

萧道成起身打量着四周的情形。后宅正中是七间正房，东西各有三间厢房。屋宇之间回廊绕接，甬路曲折蜿蜒。正房前摆着几个花架子，架子下面的瓦盆里植着数丛蜡梅。院子里却倒着一个丫鬟。丫鬟凌乱的发丝覆面，身上不见伤口，颈下却有一圈青紫，显然是被人掐死的。

萧道成心里一寒，暗道："好毒的手！"他脑袋嗡嗡之响，颤抖着双腿走近左侧的厢房，那里正是雷娇的住所。屋里点着蜡烛，白色的窗纸上映着橘黄色的烛光，却看不到人影。

萧道成脸色苍白得可怕，轻轻地走上台阶，正犹豫着是否要推开虚掩的房门，突然听到房间里传来一声女子尖叫。这个声音太熟悉了，明显是雷娇的声音。萧道成来不及多想，两道蚕眉拧成一团，提刀冲进去。屋子里说不出的零乱，大部分东西都不在原来的地方。靠墙的衣柜斜歪在地，旁边的红木箱子，也整个都翻了身。

迎面的桌子上燃着蜡烛，烛台上蜡泪堆叠，烛芯早已该剪了。刘邵坐在桌旁的一把椅子上。他身后立着十几名亲兵，手里都拿着刀。一个亲兵把双手被捆的雷娇扯在身前，一手捏住她的脖颈，另用一把解腕尖刀横在她咽喉处。雷娇云鬓散乱，细嫩的脖颈处被锋利的刀子划出了条条血痕，嘴被塞住，只能发出呜呜的声音。另外几个军兵咋呼着："对面的人放下武器，否则杀了这个女子！"

萧道成只得把刀丢开，高举起双手。于道严不知什么时候，如鬼似魅地悄悄进来，飞起一脚，正中萧道成的后腰。萧道成被这一踢，直挺挺摔倒，脑袋重重地撞在墙壁上，几乎晕了过去。两个军兵如狼似虎地扑过去，死死按住他，将他绑了个结结实实。萧道成再无反抗之力，刚抬起头，就觉迎面挨了几拳，被打的眼冒金星。

于道严立在门口，得意地看着流血覆面的萧道成，像看着被自己射下的一只猎物。刘邵的右手始终握在刀柄上，紧紧盯着萧道成，一副蓄势待发的样子，似乎只要萧道成稍敢反抗，就要下手将其当场杀死，阴阳怪气地说：

第六章　元凶弑逆

"张超之就是一条养不熟的狗，他一入宫，我就知道了。"原来，刘邵自知太子之位不稳，早已花重金买通了宫中的一个太监作自己的眼线。这太监随侍在太极殿，见张超之来向文帝告密，便即溜出宫来向太子报信。刘邵闻讯，即招来亲信，先到雷府。羽林大将军雷次宗听说太子寅夜到访，不知何故，将他迎进客厅。刘邵乘其不备，猛然拔刀，以迅雷不及掩耳之势，刺杀了雷次宗，又带兵闯进后院，擒住了雷娇。

萧道成想到师父惨死，眼里如欲喷出火来，朝着刘邵，重重的啐了一口唾沫。刘邵冷哼了一声，对于道严说："把他先押到建康监狱。"于道严答应一声，带着几个军兵将萧道成推走。

雷娇见萧道成被人推了出去，自己就像失去了倚仗，心中涌起一股绝望，顿时感到头昏目眩，几乎站立不住。

刘邵起身来到雷娇面前，在雷娇脸上摸了一把，笑道："美人儿！我先派人送你回太子宫，待办完了大事，再来陪你。"说罢，奋衣而出。

这时，太子府的亲兵五百余人已赶到，他们全是刘邵精心挑选的死士，皆披甲执兵。刘邵杀气腾腾地立在廊下，对他们说："皇上听信谗言，将要废掉我。我内省无过，不能受这样的冤枉。今日当行大事，望相与勠力。"随即，领兵直奔皇城。

夜色已很沉重，外面还是黑洞洞的，蓝黑色的天幕上挂着寥寥的几颗残星。刘劭内穿铠甲，外罩红袍，带队来到朱雀门前。朱雀门外立着几十名羽林军，一个个手执刀枪。

刘邵为掩人耳目，没有骑马，乘着一辆车，这是一辆双辕辎车，车厢四面挂着厚厚的青幔，车顶高高拱起。刘邵到了门前，也并不下车，只是让手下人撩起车帘，对朱雀门外的羽林军称："我受皇父所敕，领兵入宫有所收讨。"门前的军兵见是太子前来，料想不会有什么岔头，便躬身向后退了几步，打开城门放刘邵一行人进来。

刘邵心里怦怦直跳，正要率众拥入，忽听靴声橐橐，却见羽林军副将萧承之从城门洞里走了出来。萧承之头戴皮盔，身着大氅，腰间悬着长剑，今日正该在这里领兵防守，他素知太子与文帝不睦，今见刘邵突然拥兵而来，心下狐疑，便手按剑柄，上前询问其来意。

刘邵知道萧承之为人精明，心里暗暗叫苦，硬着头皮跳下车，从怀里取出一个黄绫子的卷轴，谎称："我接到了皇父的密诏称：'雷次宗有意谋反，汝可速速率众入宫防守。'圣旨在这里，请将军过目！"说着，趋近萧承之身前，像是要将手里的"圣旨"递与萧承之。

萧承之与雷次宗的交情不同凡响，闻言吃了一惊，忙凑上前，准备接刘邵手里的"圣旨。"遽然，他只觉腹胸之间有一种极凉极冷的刺疼感，低头一看，见刘邵手里拿着一把短刀已刺入他的胸膛。锋利的刀尖斜向上挑，竟是直透内脏。萧承之猛吼一声，人已向后疾退，"砰"的一声，背重重地撞在墙上，随即翻跌在地，在墙上留下了一片触目惊心的殷红血迹。他受的是致命伤，很快就绝气身亡，临死前的最后一眼，看到的是部下惨遭屠戮的血腥景象。

刘邵杀了萧承之，立即指挥手下，对朱雀门外的羽林军进行了一次迅速而安静的屠杀。这些羽林军虽然都是军中精锐，但和萧承之一样，万料不到太子刘邵等人会对自己痛下杀手。转瞬间，几十具尸体横七竖八地躺在地上，皇城周围再度恢复了平静。

刘邵血洗了朱雀门，知道已是骑虎难下，却也只得硬着头皮做下去。他紧张得浑身血管都要爆炸似的，满手握着两把冷汗，率兵驰入皇城，命麾下各自取下腰间的弩机。弩机上的矢道内装备着十二支箭，可用机械力精准发射，在当时是威力极大的杀伤性武器。刘邵手下的军兵们把弩机举起来，平架在手臂上，悄悄掩近太极殿。

冷风吹着杂乱的枝叶，发出一阵阵令人悚栗的声响。太极殿外的十几个侍卫正在值勤，长夜寂寞，几人有一搭无一搭地低声闲聊着，忽然两人身子同时一僵，倒在地上。他们的脑袋上，分别钉着一支寸许长的弩箭。箭上还闪着蓝汪汪的光，明显是淬过剧毒。

另几个侍卫大吃一惊，一抬头，见一群乱兵冲了过来。有一人急忙要高喊示警，额头却也中了一只弩箭。这箭射的极有准头，将他天灵盖刺穿。其余的人纷纷拔刀，正要抵抗，转眼间就被一阵齐发的弩箭射中要害，陆续倒地死去。

太极殿内烛影摇摇，五六个太监和宫女分立左右。这天晚上，文帝立意要废掉太子刘劭，遣走萧道成后，即命侍中寻汉、魏以来废太子、诸王的典故，又反复思忖着这件大事。文帝最喜欢的儿子是南平王刘铄和湘东王刘彧。刘铄幼有大成之度，练悉朝典。刘彧年轻英锐，卓有思理，被众人赞为国器。文帝一时拿不准立谁为太子，坐在龙书案后反复掂量，直到半夜，却仍不见雷次宗到来，不禁有些奇怪。

这时，殿外传来一阵急促杂沓的脚步声，紧接着，便是守卫们的一连串的惨呼。文帝听到外面的动静不对，正在捋须子的手指一下子绷紧，双眼迸出不安的光芒，抬头看向殿门口，只见一群全副武装的士兵冲入。

殿内最先被袭杀的，是一个小太监。他正提着一盏纸糊的宫灯立在殿槛内侧，见乱兵杀气腾腾地闯进，惊讶地瞪大了眼睛，张口欲呼叫，就被一把短刀割断了咽喉。闯进大殿的士兵手里都端着一把上满了弩箭的弩机，几乎是同时发射。殿内的另一名太监闻声刚转过身，就被一只弩箭射中。旁边的宫女吓得大声尖叫，然后凄厉的叫声戛然而止，因为她的咽喉也被一把利剑割断。

其余的几个太监和宫女如梦初醒，发出一片恐惧的尖叫声，纷纷弯腰躲藏。四处人影闪动，好似被大水冲了的蚂蚁窝。桌倒椅翻，案子彼此碰撞，登时混乱不堪。但殿门已经被乱兵控制住了。太监和宫女们无路可逃，面对犀利的刀锋，显得孱弱无比，要么被刀砍死，要么被弩箭射死，没多时便被屠戮殆尽。

十几个凶神恶煞似的乱兵，拔刀向着文帝冲来。文帝忙迫之中，举起桌几扞御，只觉右手一阵剧痛，五个手指已被砍落，自知不敌，转身直趋大殿的北窗，想越窗而出，不料没跑几步，后背就连中数刀，倒地身亡。

刘劭手里提着血淋淋的钢刀，一脸煞气地走进殿内，牛皮靴子踩在地上，发出"咯吱咯吱"的涩声。他见文帝已死，便还刀入鞘，转身出了太极殿，来到旁边的一间偏殿，颓然坐在一张椅子上，这才发现自己的衣服全都被冷汗浸透，湿漉漉地粘在身上。

已是破晓时分，淡青色的天空镶嵌着几颗残星，皇城上空朦朦胧胧的，如同笼罩着银灰色的轻纱。刘邵做下这件疯狂而悖逆的事，只觉浑身疲惫，重重地喘了口气，命亲兵执刀侍立在一旁，又假作文帝手诏，召几位重臣入宫，将他们软禁起来，然后召百官入见，先杀了其中的文帝亲信数十人，然后声称："雷次宗、萧承之联手弑逆，我勒兵入殿，已无所及，号恸崩衄，肝心破裂。今罪人斯得，元凶克殄，可大赦，改元太初。"遂仓促即位，旋即称病回宫，不敢临文帝之丧，昼则以白刃自守，夜则列灯以防左右。

第七章 斩关夺门

萧道成一天水米未进，满嘴的血腥味儿，喉咙里像着了火，眼睛半睁半闭，就这么昏昏沉沉地躺着，一丝两气的苟延着残喘，不知过了多久，忽觉有一股清凉的水灌入口中。

刘邵杀进皇城的那天晚上，于道严领着十几个军兵，一路推搡着把萧道成押到建康监狱。萧道成一脚刚踏进监狱的门槛，那扇厚重的铁门便在他的身后"哐当"一声关上了。他还是第一次到这里，抬眼望去，只见周围约有大大小小的几百个囚室。

萧道成正茫然四顾，就觉后背挨了重不可负的一击，顿时跌倒在地。他还没来得及爬起来，几个军兵在于道严的授意之下，手提棍棒，冲上来，围着萧道成便毫不留情地下了家伙。萧道成双手被绑，一身的功夫施展不出，被打得遍体鳞伤，当场昏死过去。

待他悠悠醒来，已是在囚室里了。这间囚室不过几平方米，周围是青砖筑起的高墙，下有青条石的墙基，一扇箍铁栅栏门紧紧地关着。栅栏上锈迹斑斑，透着一股阴冷。桌上一灯如豆，散出暗淡的光。墙边用几块砖头支着一块乌黑的木板，上面铺着块破烂竹席，大概就是床铺了。萧道成只觉得全身疼痛的厉害，身上不知多少伤口，都在向外渗着血，低头见脚踝上还缠着几条交错的乌头铁链，才明白自己竟是同江洋大盗一个待遇。

天蒙蒙亮时，监狱里变得嘈杂起来，不时有狱卒呵斥囚徒，还有鞭子打人的声音。被打者凄厉的惨嚎，在监狱上空久久回旋。萧道成发髻散乱，正昏昏沉沉的躺在地上，忽然听到一串踢踢踏踏的脚步声。

两名散披着衣服的狱卒，手里提着枷锁刑具，从他的囚室外走过。其中一人哑着嗓子道；"听说没有？羽林军副将萧承之附逆作乱，害死了皇上，已于昨晚在朱雀门被当场格杀。"另一个人拖着懒洋洋的调子，应声道："这谁不知道。太子登基后的第一道诏书里便提及这萧承之的罪过。这姓萧的好大的胆子，竟敢与雷次宗合谋弑君，真是死有余辜……。"二人边说边走，渐渐远去，但方才的几句话透过铁栅栏，已清楚地传进萧道成的耳朵里。

萧道成躺在潮冷的地上，听到父亲的死讯，如五雷轰顶，不由得心中大恸，却连哭泣的力气都没有。他呆呆地望向牢门，嘴唇下意识的蠕动了两下，却没有发出任何的声音。

到了晚上，夜风微动，吹入囚室。桌上的油灯已经熄灭，室内一片沉滞的漆黑。萧道成一天水米未进，满嘴的血腥味儿，喉咙里像着了火，眼睛半睁半闭，就这么昏昏沉沉地躺着，一丝两气地苟延着残喘，不知过了多久，忽觉有一股清凉的水灌入口中。他连喝了几口，如饮琼浆玉液，方才睁大眼睛，依稀可见身边蹲着一个人。

那人"嘿嘿"笑了几声，将手里的一只破碗撂到旁边的水桶里，从怀里取出一根火折子，迎风一晃，立刻有小火苗在潮湿的空气里绽出一圈昏黄的微光。他的身影映在囚室的四壁之上，飘忽不定，道："萧校尉，想不到咱们在这里见面了。"

萧道成见来人竟是王敬则，先是一愣，然后悲不堪言地叹了口气，道："你怎么到的这里？"

王敬则低声道："是雷姑娘让我来的。"

原来，昨晚雷娇被几个持刀的军兵裹挟着出了府。府外的石阶前已停着一辆拱厢马车，两扇车窗被黑布罩着。雷娇心里又悲又怕，额头上冒出一层汗，刚要张口呼救，不提防被一只大手扣住了嘴巴，然后就像一只口袋似的被扔进了车里，这一切都是在一瞬间完成。雷娇等明白过来，人已在车厢里，喉咙处还抵着一把锋利的短刀。

第七章 斩关夺门

车厢里又陆续跳上来几个人，把车门从里面关牢。车辆辚辚驶动，朝着北边的太子府而去，不一会儿就到了秦淮河边。秦淮是长江的支流，也是建康内河。据传，秦始皇东巡会稽过秣陵，认为此地有"王气"，于是下令开出这条河北入长江以破之。于是，这条河被称为"秦淮"。

押解的几个军兵不知雷娇自幼习武，还当她是个弱女子，一边把手里的刀在雷娇身边比画着，一边嘴里不干不净地说着，双眼色迷迷地盯着雷娇。

雷娇名字里虽有个"娇"字，性子却是非常刚烈。她双手被捆在背后，蜷曲着双腿，倚车厢坐着，听到外面潺潺的水流声，头脑慢慢地清醒起来，知道现在若不自救，便将再无机会。雷娇努力克制住慌乱的情绪，趁旁边几个军兵不注意，慢慢从腿上拔出防身的小刀子，悄悄划断了手腕上的绳子，再以迅雷不及掩耳之势，将锐利的刀尖刺入了身边军士的腰眼，收回手来时，刀上已沾满了鲜血。那人发出一声骇人的惨叫，扔了手里的兵器，一手捂着腰，疼的在车里直打滚。

雷娇又飞起一脚，正中一个军兵的右肋。那军兵被踢出车外，雷娇趁乱跳下车，紧跑几步，一个鱼跃跳入秦淮河。其余的军兵这才回过神，纷纷从车上跳下，喊叫着追了过来，却发现水面上只剩下一圈缓缓散开的涟漪。

黯淡的星光下，秦淮河水缓缓地流淌。雷娇入水之后，一个猛子扎出去几丈远，顺着河底的暗流，向下游潜去，游出很远，才从水中露出头来，连喘了几口气，又扎进水底。她就这样连续游出几里后，觉得气力快要用尽，她奋力游向岸边，浑身湿淋淋地爬上岸，睁着一双惊惶的眼睛望向周围。

天上冷月疏星，夜风席卷而过，带着几丝初春的凉意。河边空空旷旷的，连一个人影都没有，不远处是一片高大的杨树林。林中的树上刚长出新叶，摇摇曳曳的树影投在地下。雷娇又冷又怕，浑身战栗不已，拉紧了外套的衣襟，踏着满地的月光，向着树林走去，鞋子踩在碎石子上，发出细碎的"咯咯"声。她进了林子，躲在一棵树后，脱下湿透的外衣，挂在杨树的枝干上，让衣服慢慢晾干，感觉到了前所未有的孤独。

好不容易挨到早晨，动荡的雾霭，在暗沉沉的河上奔涌而来。天地间的一切仿佛都笼罩在一层缥缈的轻纱里，连初升的朝阳也只余下一圈红晕。中午时分，大雾渐渐散去。雷娇披上衣服，在林外彷徨，不知该到何处去，忽然闻到一股肉香，便循着香气慢慢走过去，见河边燃起了一堆篝火。通红的火苗子从一堆干柴里窜出来，舔着上面一口锈迹斑斑的铁锅。几个乞丐弓着身子，围着铁锅，正在煮狗肉。

雷娇又冷又饿，忍不住走了过去，半湿不干的衣服紧贴在身上，更显得身材匀称、腰肢纤细。几个蓬头垢面的乞丐听到脚步声，都回过头来，大眼瞪小眼地望着她，竟瞧呆了。

雷娇正没好气儿，喝道："死叫花子，瞧什么。"说着，纵身过去，起手两拳，打倒两个乞丐。众乞丐见她势恶，连滚带爬地逃开。雷娇毫不客气，坐在火堆边，折了两根枯枝当筷子，从沸腾的锅里夹了块滚热的狗肉，放在嘴边吹了吹，便放进嘴里大嚼起来。

过了一阵子，十几个乞丐扯着棍棒，嚷骂着从远处飞奔而来。

雷娇不想与这些人纠缠，起身便欲离开，就听身后一个声音道："这不是雷姑娘吗？"

雷娇止住脚步，回头一看，却发现是王敬则。他的身后跟着一个小乞丐，正是张敬儿。

王敬则还是散披着那件破旧不堪的青布衣服，喝住了其他乞丐，笑道："弟兄们今天在街上打了一只大黄狗，割了四条狗腿，正在这里烹煮，却不想被姑娘抢了。"

雷娇初见王敬则与张敬儿的时候，正与萧道成前往万珍阁，当时锦衣骏马，是何等的风光；如今再与他们相逢，却落的这般狼狈。她想到这里，心里就像开了锅的水一样上下翻滚，脸上热辣辣的，垂头叹了口气，一时不知说什么才好。

王敬则见她形容憔悴，便收敛笑容，正色道："雷姑娘，你怎么来到这里了？是否遇到了什么难处？若瞧得起在下，不妨说来听听。"

雷娇抬起头，见王敬则一脸的诚挚，便也不隐瞒，如实讲了自己的遭遇。王敬则和张敬儿闻听，简直不敢相信自己的耳朵，都大吃了一惊。

王敬则忙问道："萧校尉呢？"雷娇有些凄楚地说："被人关到监狱里了。"

第七章　斩关夺门

说着，有几滴珠泪垂下双睫。

王敬则虽混迹于市井，却颇有几分豪侠之风，一拍胸脯道："姑娘放心！萧校尉当日饶了我不杀，足见他是个讲义气的汉子，如今既遇了难，我自当入狱探视。"

雷娇揩了揩眼泪，抬头看了他一眼，意似不信，道："多谢好意，但监狱重地，岂是那么容易进的？"

张敬儿穿着双破烂不堪的鞋子，两个大脚拇指全露在外面，在旁一挺胸，道："姑娘别小看我们。咱们虽是些下九流，但耳目灵通，平时里替狱卒们打杂跑腿，倒也有些用处。"说到这里，又压低声音道："监狱里的牢头姓皮，曾把一个小娘们养作外宅，却被他的大老婆探到了风声。那一日，大老婆醋意发作，带着一群娘子军，大白天的赶去火拼。牢头幸得有我通风报信，让他的外室提前躲了，才不曾破相，自那以后，对我姓张的倒是另眼相看。"他说到这里，众乞丐在一旁哄笑起来。

王敬则又道："不瞒姑娘说！狱神庙一带便是在下的地盘，我们弟兄同狱卒们厮混得挺熟，今夜我就到监里看看情形。"他倒是言而有信，先将雷娇安置在狱神庙，定更后便到监狱找了相识的狱卒，轻而易举地进了牢房，发现萧道成受了重伤，便留在身边照看。

萧道成听到这里，方始恍然。王敬则又"窸窸窣窣"的从怀里掏出个荷叶包，包里面裹着几块熟狗肉，喂他吃下几块，再扶着萧道成在墙边的木板上躺下，道："萧校尉，你的事我都知道了。但大丈夫能屈能伸，毕竟来日方长。你且好好休息，我先告辞，以后会常来看你。"

萧道成的身体本就强壮，吃下几块肉之后，恢复了些精神，望着王敬则，感激地点了点头。

自此，王敬则不时地进狱来探视，又请托狱卒们善待萧道成。张敬儿也常来送药送饭。月余之后，萧道成的伤势便好了七八成。

这些日子，刘劭一直没再派人来，他已是自顾不暇，因为南中郎、武陵王刘骏已经起兵来讨。

武陵王刘骏虽是文帝的儿子，但却是最不受宠的那个，故屡次出镇外藩，很少留在建康，此前屯兵于西阳（今安徽亳州市涡阳县东南），本是奉诏征讨当地蛮族的叛乱。西阳境内有山，还有蕲、浠、巴、赤亭、西归等五条河流水，东连寿春，西通上洛，北接汝颍。这片广袤的土地被山川、沟壑、湖泊、沼泽等纵横切割，没有平坦的道路，也没有人工沟渠，却聚集着许多强悍的蛮族部落。

三月，典签董元嗣自建康来到西阳，向刘骏禀报了刘劭弑逆的事。刘骏闻讯，在长史颜峻等人的辅佐下，命内外勒兵，戒严誓众，旬日之间，麾下将士四集，内外整办，人皆以为神兵，即由西阳至寻阳（今湖北武穴东南龙坪镇），命人移檄四方，声讨刘劭的罪恶。

各州郡牧守承檄，翕然响应，又纷纷上表劝进。刘骏遂即位，是为孝武帝，所部文武赐爵一等，从军者二等，几天后率兵过了鹊头（今安徽省铜陵市），命柳元景取江宁（今南京市江宁区），派出铁骑曜兵于淮上，移书朝臣，为陈逆顺，随即进抵溧洲（在今江苏南京市西南，洲上有山，其形似栗），舳舻百里不绝，旌旗蔽日，一直打到了新亭。

新亭（今南京市雨花台区软件大道一带），地处建康西南交通要道，濒临长江，位置险要，堪称京师门户。城内的百姓们闻讯，登时陷入一片混乱，各街面的店铺早已关门歇业，随风飘扬的招子下立满了惶恐不安的人，连沟渠旁、树荫下都站满了人。大家神情紧张地议论纷纷，更有百姓卷起包袱，扶老携幼，打算出城避难。

刘劭性黠而刚猛，自谓知兵，夺位之后，曾于太极殿内对群臣说："众爱卿只帮我料理文书即可，不必在意军务。若有寇难，我自会领兵抵挡，就怕贼虏不敢动罢了。"直待刘骏兵临新亭，才开始忧惧，下令戒严，禁止市民出城，又怀疑朝廷旧臣皆不为己用，遂尽拘诸王及大臣于皇城之内，还派人焚烧城外的室屋与船舫，将居民迁到城中。

五月，气温迅速上升，整个建康城仿佛成了一座大蒸笼，城里的气氛如天气沉闷。这天晚上，刘骏的人马已攻克新亭，直抵建康城下，人马将城池围个水泄不通，切断了京城外来补给，然后便开始连夜攻城。

随着一阵激越的号角声，攻守双方先是几轮激烈的弓箭对射。空中箭

第七章　斩关夺门

矢狂飞，双方都有兵士中箭，城上城下死尸伏地。攻城的军兵们甲胄如墨，在火把的光亮中时隐时现，各执大刀长矛，呐喊着向前。他们在盾牌的掩护下，冒死冲抵城下，又竖起一架架云梯，开始爬城。城墙上枪戈如林，忠于刘劭的守军严阵以待。他们在城垛后窥伺敌军动向，不断向外投掷巨石和标枪，大量杀伤敌军。

大狱离城墙并不远，狱中的人们能清晰听到外面传来的阵阵喊杀声。萧道成的身体已经大好，身上却还带着锁链刑具，盘腿坐在囚室的地上，正与王敬则、张敬儿谈论着城外的战事。一旁的破桌子上点着半截蜡烛。烛火摇曳不定，在三人的脸上投下淡淡的红光。

到了三更天左右，监狱的牢头手里拎着盏纸灯笼，带着一个狱卒走了进来。一股凉风随之而入，桌上的烛焰连晃了几下，几乎熄灭。

牢头是个四十多岁的中年人，一脸的横肉，斜披着一件油渍斑斑的皂衫，腰系巴掌宽的皮带，神气十足的对王敬则道："小子，你怎么还在这里？赶紧带你的人走。"

王敬则有些诧异，道："皮头儿，这还不到天亮呢，急什么？"

牢头看了一眼外面黑暗的夜色，显得有些急躁，道："因敌军临城，上峰有令，让我们今夜'净狱'。你们赶紧滚蛋，别耽误弟兄们出红差，明天下半晌再来，来的时候带一捆芦席帮着埋人。"所谓的"净狱"就是将牢中的犯人全部处决，是非常时期防止狱中犯人作乱的一种有效而又残忍的手段。

萧道成一听，心猛地绷紧了，额头上冒出了冷汗，暗想自己这回恐怕是在劫难逃了，却用不在乎的口气，对王敬则和张敬儿说："你们快走吧！多日来承蒙照顾，这番恩情只有来世再报了。"说完，苦笑着拱了拱手。

张敬儿一脸的惊惶，深吸了一口气，望向王敬则。

王敬则面无表情，仰起脸，讨好地对牢头笑了笑，道："皮头儿辛苦了，小的遵命就是了。"说着，向张敬儿眨了眨眼睛，整个人像头老虎似地跳起来，一记手刀已切在了牢头的后颈上。牢头哼都没哼一声，就躺在了地上。张敬儿身形灵巧，闪电般地窜到狱卒身后，用胳膊狠狠勒住他的脖子。狱卒拼命挣扎了没几下，便被勒晕了过去。

萧道成见了这一幕，不禁一呆。王敬则谨慎地听了听外面并无动静，知道没有惊动其他人，便转过头来，压低声音对萧道成说："战事吃紧，牢里的狱卒多半调往城头助防去了，此时不走，更待何时？真格的想吃一刀吗？"这个工夫，张敬儿已蹲下身，从牢头腰里摸出钥匙，打开萧道成身上的铁锁。

萧道成抖落掉身上的锁链，活动了一下手腕和脖颈，又扒下狱卒的衣帽，穿在自己身上。王敬则取下牢头的腰牌，当先走了出去。萧道成和张敬儿于后相随，往监狱大门处走去。

夜幕像黑丝绒般的浓重，遮天盖地地落下来。三人默不作声地走着，所幸沿途也没碰到什么人，很快来到狱门。牢里的狱卒果然大半被调走，大门前仅余两人正无聊地打着哈欠，其中一人手里提着灯笼。灯笼里的烛焰像鬼火般跳动着，忽明忽暗。另一人见萧道成等走近，立即横过手里的长戟。萧道成低下头，用帽子盖住半边脸。他的袖口微微发抖，转念又一想："被他们发现也不打紧，大不了直接打出去。"想到这里，眼神里透出几分凌厉。

王敬则踏上前一步，将手里的腰牌一扬，道："今夜'净狱'，我和敬儿奉皮头儿之命，要与这位兄弟出去备办些芦席。"

城外，激烈的厮杀声动人心弦，惊天动地。两个狱卒不知城池能否保得住，都有些心神不定，验过腰牌无误，便推开铁门放行。门轴缓缓转动，在灯笼的光影里发出"吱吱呀呀"的涩声。

王敬则等人心里暗喜，故作平静地从狱卒身边走过，正要出门。一个狱卒忽然盯住萧道成说："且慢！你也是在这里当差的？叫什么名字？"说着，右手撇了灯笼，握住了腰间的刀柄，便欲拔刀。

萧道成一听，知道被人识破，两手疾探而出，分别抓住了两个狱卒的脑袋，向中间一合。两个狱卒的头"砰"的撞在一起，身子软软地倒在地上，像是两摊烂泥，一时半会儿是醒不过来了。

天色已经完全黑了下来，斜月当空，阵阵夜风吹过。路边的树木摇来晃去，在地上投下暗影。萧道成等三人匆匆离了监狱，沿着一条偏僻的小路往前疾行，绕来绕去，就到了狱神庙，这里正是萧道成与王敬则初会之处。

庙宇置身于黑黢黢的丛林之中，还是老样子。淡淡的月光透过摇曳的树

第七章　斩关夺门

枝，洒落一地斑驳。王敬则和张敬儿在庙外望风，萧道成进了庙，走过冷寂的院落，历阶进入大殿。殿中灯光昏暗，神案上一灯如豆。有一个人正躺在墙边的一张草垫子上，听到脚步声，翻身立起，一见是萧道成，登时发出一声惊喜的呼叫。原来这人正是雷娇。

萧道成眼眶发热，喉中哽着，与雷娇目不转睛地望着对方，痴痴的目光纠缠在一起。萧道成低喊着："师妹！师妹！"在狱中，雷娇的脸庞曾在他的脑海里出现过千千万万次！是那么亭亭玉立，是那么婀娜多姿。而现在，雷娇竟在眼前了！却是如此憔悴。他没有看错。雷娇的下巴尖尖的，面庞苍白，整个人消瘦了许多。

雷娇脸上挂下了两行泪珠，透过泪雾，打量着对方，情不自禁地往前一冲，投进萧道成的怀里，两人就这样拥抱在一起了。良久，雷娇才抬起满是泪痕的脸孔，抬起手指拭着泪水，道"师兄，我爹他……。"一语未完，就呜呜咽咽地哭起来。这些天，雷娇每念及亡父，就心如刀割，如今与萧道成重逢，再也止不住悲伤的情绪。

殿外一阵脚步声响，王敬则和张敬儿走了进来。萧道成待雷娇的哭声渐低，在她背上拍了拍，又低头看着雷娇婆娑的泪眼，愤愤地说："师妹！杀父之仇，不共戴天！如今孝武帝的大军就在城外，我这就去夺了城门，迎接新君入城，必要杀了刘邵，为你我报仇。"

王敬则、张敬儿闻言，在一旁齐声说："兄弟愿助萧校尉一臂之力。"本来雷娇也想去，但萧道成担心她体弱不支，便让她在庙中等候。萧道成、王敬则和张敬儿都没有趁手的兵刃，各自寻了根茶杯口粗细的硬木棍，出了破庙，奔向北城门的方向。

天空黑漆漆的，星月在厚厚的云层里忽隐忽现。萧道成等三人走街串巷，来到北门前，更清晰地听到震耳欲聋的厮杀声。建康的北城门用黄土夯筑而成，外砌砖壁，宽二十余米，两侧筑有长达五十米的马道。直通城上。城门柱础用大理石制成，磨砖对缝的门洞厚实端正，三尺厚的城门上支撑着几根海碗粗细的原木。原木上还残存着疙疙瘩瘩的树皮，从里面撑住城门，足可抵挡外面的撞击。

城外鼓声雷鸣，中间夹杂着箭矢刺耳又尖锐的破空之声。攻城部队竖起几千架云梯，大批军兵踏着云梯，冒死爬向城头。城里的军兵一个不剩的全在城上，正与攻城部队作浴血的厮杀。城门前的守卫不多，其中有五六个身穿短衫的家丁，都出自城中勋贵之家，每人挎着把带鞘长刀；还有十几个腰悬铜锣的更夫，皆手擎短棍，是来弥补兵力不足的。这些人稀稀落落地站在城门洞前，看起来乱七八糟。

萧道成等人在夜色的掩护下，悄悄地摸了过去，趁其不备，突然动手。三条长棍上下飞舞，很快就打散了这些不堪一击的守卫，三人合力挪开原木。萧道成拣起一口刀手起刀落，斩断了门闩，打开城门。三人飞快地跑到城外，只见外面的火把亮如白昼。一拨又一拨的攻城部队，冒着密集的箭矢，正呐喊着向城下冲来。

萧道成立在城门边，扬手大叫道："快从这里进城。"张敬儿也扯开嗓子，跟着又跳又叫。王敬则干脆拾起一面巡夜人丢弃的铜锣，拼命敲打起来。三人这么一折腾，很快引起了城外部队的注意。随即，远处传来滚滚如雷的马蹄声。有一大团烟雾夹着灰尘，风卷云涌似地朝着这边翻滚而来。

漫天烟尘里，一队人马风驰电掣的行进，而且越来越近。霎时间，几千名骑兵狂挥着长刀，从萧道成等人的身侧掠过，呼啸着穿过门洞，冲进了城中。城中立刻一片鼎沸。然后是大队的步兵，举着火把和刀枪，源源不断地冲进城里。萧道成与王敬则、张敬儿擦了擦额头的汗水，不觉松了口气。

不多时，又有一队人马驰来，领先的一人正是孝武帝刘骏，他身后是举着火把的侍卫。刘骏二十多岁，两只炯炯有神的眼睛里透着踌躇满志，有力地抿着两片薄薄的嘴唇，顶盔挂甲，腰悬长剑，纵马驰到了城门前，猛的带住了马缰。他胯下那匹青鬃马长嘶一声，人立起来，然后四蹄落地，又在地上打了几个转，连打着响鼻。

刘骏一手拍了拍马的脑袋，以示安抚，使之平静下来，又看了看萧道成，说："是你开的城门？"

萧道成没说话，只是点了点头。

刘骏道："都叫什么名字？"

第七章 斩关夺门

萧道成上前一步，拱手道："卑职萧道成，以前曾在羽林军中任职。旁边两位是王敬则和张敬儿，他们都是我的朋友。"

武陵王刘骏回头，对身后的侍卫吩咐说："给他们每人一匹马，再给他们找合适的盔甲兵器。"

很快，几个侍卫为萧道成等人取来合适的盔甲、武器。萧道成这下子重披戎装，铁甲在火把的照耀下熠熠生辉，长刀好不威武地悬挂在胁下，与王敬则、张敬儿等人骑上马，随着刘骏杀进了城。

刘劭自知兵力不足，听说敌军入城，不敢巷战，率残兵躲进了皇城，下令关闭诸门，召宫女、太监服劳役，于门内凿埑立栅，准备负隅顽抗。

黎明很快到来了，刘骏分布兵力，控制了建康城的要害，然后挥军直扑皇城。所部兵士五人一排，个个身披铁甲，手持弓弩枪刀，列队朝着西南方向而去，一路上无人说话，只听见沉闷的脚步声和呼吸声。

路旁皆是店铺行肆，有绢布店、铁器店、瓷器店、布粮铺、珠宝玉器店、乐器行等。所有铺子的铺板都关得紧紧的，唯有五颜六色的招子高悬在空荡荡的街道上空。远处，秦淮河水泛着深蓝色，平静地流淌着。

萧道成与三百名凶悍武勇的士兵，来到皇城的朱雀门外，这里正是萧承之殒命之处。朱雀门是由厚木板并列拼装而成的双扇板门，外面包着一层厚厚的铁皮，已关得紧紧的。

萧道成身后的几十个军兵一拥而上，在墙下架起人梯，一个军兵攀爬而上，刚从墙上探过头来，就"哎呀"一声，翻身摔落墙外，额头上已是中了一箭。又有几个军兵手持铁棍，朝着门上砸去，"呼呼"几声，将门砸的摇摇欲坠。

王敬则和张敬儿都是头一回上阵参战，没什么经验，手持长刀，冲上前去，便要破门而入。萧道成眼疾手快，一手一个，将他们拉住，顺手将他们扯在一边。众军兵呼啦散开，躲在门的两侧。

刹那间，两张门扇倒地。门里箭如雨发，"嗖嗖嗖"响了足有半盏茶时间。萧道成等人躲在一旁，倒也没有受伤。

过了一会儿，门里的箭雨停止。萧道成从旁边一个军兵手里取过一面盾牌，左手持盾牌护身，右手持刀，当先冲进了进去。

里面正是刘邵、于道严及其死党，约有二三百人。刘邵手持精炼折铁刀，袍子里穿着贴身软甲，虎视眈眈地望着外面，一见萧道成等人进来，便把手一挥。他身边的人手持利刃，便狂喊着冲上来，要做困兽之斗。

萧道成脸上毫无表情，咬着嘴唇不发出任何声音，身上的肌肉紧绷如铁，像一头沉默的怪物冲了过去。他将自己的生死置之度外，对敌人的枪刀不闪不避，对周围的叫喊声充耳不闻，只是连连挥刀，出手狠辣，没有任何多余的动作，如同一个没了血肉与思维的傀儡，正在进行一场酣畅淋漓的杀戮。他发出的每一刀，对于对手都是致命一击，一口气斩杀了二十多人，脸上溅满了鲜血，周身散发着一股凛然的杀气。王敬则和张敬儿也紧随其后，率兵冲突，杀得敌兵尸横遍野。

于道严早就领教过萧道成的厉害，自知不敌，与残存的同伙四散奔逃。刘邵见势不妙，回身也要跑。萧道成单刀脱手，一道寒光在众人眼前闪过。刘邵的左腿被锋利的长刀刺透，一个趔趄，摔倒在地。众军兵冲上去，将他按住，然后五花大绑了起来。

刘劭吓得脸色煞白，睁着一双惊恐的眼睛问道："南中郎（刘骏）何在？"萧道成挥起巴掌，狠狠地给了他两个嘴巴子，将他打的眼冒金星，然后道："皇上已君临万国。"遂缚刘劭于马上，防送军门。孝武帝下诏，斩刘劭于牙下，枭其首于大航，又将其暴尸三日，然后焚尸扬灰于大江。

京师内外粗定，孝武帝刘骏亲御太极殿，先为文帝出殡，然后封赏靖难有功之臣，以萧道成为建康令。

几天后的一个傍晚，暮云层层，潇潇西风里夹带着点点的雨星，予人无限苍凉的感觉。萧道成与雷娇去城外安葬了萧承之和雷次宗，然后乘船回京。前方，高大的建康城墙气势恢宏，雉堞如齿，严整地排列。城上的百余面大宋龙旗随风漫卷，猎猎有声。上一次的攻守之战，并未在这座城市的肌体上留下什么疤痕，它还是那么壮丽威严。

天色渐暗，冷风更劲。萧道成和雷娇头戴斗笠，披着蓑衣，并肩立在船头，抚着船舷，默默地遥望着建康城。

第八章　风雨归程

刘智容身子微微发抖，不待他说完，抢着道："何必呢？生活在一起，心里却想着别人，大家都是天天别扭！雷师妹英姿飒爽，也没有配不上你之处。"说到这里，勉强一笑，起身打算离开，甫一立起，身子竟有些摇摇晃晃，双腿一软，几乎瘫倒。萧道成忙一把扶住了她，满怀歉疚，俯下头，轻轻地吻着她的脸颊。

孝武帝刘骏是刘宋王朝的第五位皇帝，在为文帝服丧期间，就开始过起荒淫无度、奢侈糜烂的生活。史称："（孝武帝）闺门无礼，不择亲疏、尊卑，流闻民间，无所不至。"（《资治通鉴》第128卷）刘骏为了巩固帝位，还有意削弱宗室力量，先诛始兴王刘濬，又诛叔父、竟陵王刘义宣。

元嘉三十年（453年），孝武帝刘骏以南平王刘铄有异志，赐药将他毒死。

孝建二年（455年），武昌王刘浑与左右人戏作檄文，自封楚王。孝武帝接到密报，遣使逼令刘浑自杀。

朝中群臣为诸王所株连，或贬或降。颜竣本以佐命元勋在朝任宰相，因直言进谏而触怒孝武帝，随即被灭了九族。一时之间，文武百官人心惶惶。

萧道成本在京任职，见孝武帝日益暴戾，担心获罪，便向朝廷告假，声称要回乡探亲，获得允准后，将事务委托给王敬则和张敬儿，自己回到豫章住了几个月，然后才接了刘智容母子返回建康。

这年九月的一天，秋风拂过一片蔚然深秀的郊原，空中百鸟鸣啭。庐州城（今安徽合肥）外的大路上缓缓来了一队车马，为首者正是建康令萧道成。他的神情严肃而冷静，身披黑色大氅，骑着一匹白色骏马。

他们一行人本来是坐船回京的，不料刘智容晕船，在舱里吐了个翻肠搅肚。萧道成无奈，只得弃船走陆路，自己与薛渊骑着马，让刘智容和儿子萧赜坐在一辆大车里。车后是一列亲兵卫队，士兵们手里都拿着刀枪，脚踩着地上的沙砾，发出"沙沙"声。

中午时分，车队从村外的树林旁经过。林外有几头家畜自在的徜徉，不远是一条喧闹的小河。河水蜿蜒，泛着银光，再远处是空蒙起伏的群山。

刘智容从车窗里探出头，向路边瞟来瞟去，黑色眼睛里不乏灵秀和智慧。她身材苗条，皮肤在阳光下有一种滋润的光泽，穿一件粉色的绸裙，头发向上绾起，浑身有一种落落大方的美，向着萧道成扬了扬手，招呼他走近问道："这是到什么地方了？"

萧道成一手揽着马缰，望着妻子，说："刚过了庐州。"

"庐州！"刘智容用清脆的声音道："离京城还有三百多里呢。"

她又向前边望了望，轻声碎语地说："一连几天，都是这么匆忙的赶路，大家伙儿都累了吧。"

萧道成说："前边有个普家镇，我们准备在镇子里休息一天……。"

两人正说着，薛渊骑马从前面飞驰而至。薛渊现任萧道成的亲兵头领，穿着黑色劲装，外罩大氅，驰到萧道成旁边，道："大人，还有五里多的路，就要进镇子了。"说着，向刘智容点了点头，打马兜了个圈子，又跑到前面去了。

几里的路程，说话之间便来到普家镇，萧道成命队伍在镇外搭起帐篷，待他们都住下后，便与薛渊赶着马车进了镇。镇子里只有几百户人家，多数都姓普。萧道成纵马先行，引着车队沿着碎石铺成的街路，来到一家客栈外。

客栈墙根下生些枯萎的杂草，壁上出现了累累裂缝，虬盘的野藤便在里面扎下了根。两侧的门楼是用红砖砌成，上面还乱涂着一幅色彩暗淡的画。

马车从客栈大门的拱顶下通过，轮子上的铁箍轧轧作响，进到宽大的院子。院墙边几棵古松森然，黑色的枝干遮遮拦拦。客栈老板闻声来到门外，

第八章　风雨归程

披着半新不旧的长袍,用一双黑眼睛打量着停在院里的马车。手下人跳下马,大步走上前,与他谈了几句,然后回禀萧道成,萧道成下令在此客栈休息,下人依令而行,便将后院的两间上房包了下来。

刘智容敏捷地跳下马车,拉着萧赜,随着萧道成走进客栈的前堂。前堂兼作餐厅,里面的桌椅、碗碟、灯盏还说得过去。几张大桌子上整整齐齐地摆设着一应餐具,是为客人准备的。因为还不到晚饭的时间,所以店里不算忙。萧道成一家三口刚一进去,便有个伙计迎了上来招呼,又引着他们绕过柜台,进了后院。

老板仍然立在外面的廊檐下,吩咐人把马车和马匹拉到一边,派人加上草料。这时,薛渊唤道:"萧大人和夫人赴任途中,在贵店休息,要好生伺候。"客栈老板是个精明的生意人,抱拳道:"请军爷放心,小人定会小心伺候。"

劳累一天,晚饭后萧道成与众人早早睡下。初更的时候,夜雾笼罩着楼台,天上突然涌来大片乌云。一阵疾风吹开了朦朦胧胧的夜雾,雨丝随风而坠。凉凉的雨点飘在房檐上,又湿透了青苔。过了一个更次,风越来越大,夹着黄豆大小的雨点,扫荡着客栈,在庭院里发出巨大的呼啸。刘智容虽然躺在床上,却无法入睡,她想着此番随夫去建康,担心此行能否顺利。

天亮了,风雨之势渐渐收敛。

萧道成与儿子起床,一家人洗漱后到前堂用过早饭,收拾完毕,便继续赶路。

十几天后,萧道成等人出了庐州地界,绕过巢湖,行经西阳山。西阳山是当地名山,连绵十余里,群山叠嶂,石崖耸峙,山中分布着西阳蛮族。

春秋时期的人们将少数民族按方位进行划分,称之为:东夷、西戎、南蛮、北狄。其中的"南蛮"便指南方的少数民族。东晋以降,出自武落钟离山(今湖北长阳县西北)的南方蛮族渐次北迁,散居于西阳山一带,故又称西阳蛮。西阳蛮以白虎为图腾,依托险阻,日久天长,部落滋漫,遍布山谷。他们生性愚昧而好斗,出门是为了打猎或干活。有人稍加鼓动,他们便聚集起来,大肆杀人越货,不时骚扰周围富庶的地区,令刘宋王朝的军队疲于征讨。

　　中午时分，太阳已经升至中天。万道金光驱散了灰蒙蒙的云层。萧道成一行人沿着西阳山间的小路，快速向前推进。山路两边是茂密的松树林，还有巨大的岩石层层叠叠，峥嵘离奇。参天大树的根裸露在地面上，好似一条条巨蟒，蜿蜒地横过岩石，伸向远处。

　　军兵们一片肃静，踏出有规律的步伐，脚下的沙土发出沉闷的咯吱声。萧道成骑马随在马车旁，身形在阳光的映衬下，显得极其清晰，审慎地观察着前方的地形及路径。前方是一个隘口。隘口不算大，中间是碎石块布满的路面。路边荆棘刺人，还有密密层层的灌木丛。这种灌木丛到了冬天里便是牲畜的好饲料，这也许会是土匪强人的隐身之地。

　　萧道成久经沙场，怕有埋伏，他两道黑色的浓眉紧锁，低声吩咐身旁的薛渊："小心前面，派两个人去打探一番。"薛渊鼓起腮帮子，一张紫膛面皮经日头晒过后更黑了，眨着眼睛看了看前方，吩咐手下两个亲兵前去打探。

　　萧道成披挂整齐，手提马缰密切注意周围环境，举起手掌示意手下士兵严阵以待、持刀戒备。周围的士兵们留神到萧道成忧郁的脸色，也意识到情况有些不妙，在一片寂静中，大睁着眼睛向四周搜寻，竖着耳朵不安地倾听，但除了风声之外，听不到任何轻微的动静。

　　前去打探的两名亲兵迟迟没回，萧道成传令队伍前进，提醒队伍全神警戒着，沿一条羊肠小道出了隘口。隘口之外高坡夹峙，坡上长满了杂树。树林深处静悄悄的，没有任何异常迹象。树枝上挂着白花花的霜，一些灰暗的茅草在路旁的树丛后面时隐时现。四周一片沉寂，一派荒凉苍茫的景象。

　　众人还没来得及松口气，两边的林子里骤然响起一阵脚步声，萧道成明白，这是要放箭，霎时间林中万箭齐发，箭矢铺天盖地，如飞蝗似地扑来。走在队伍前面的士兵应声而倒。所幸马车的门窗都关的严严的，刘智容与萧赜坐在车里，听到箭矢射到车厢上的"笃笃"声，吓得连哭叫的力气都没有了。

　　萧道成与薛渊骑在马上，一手持盾牌，一手持刀拨打着箭矢。其余的军兵纷纷趴在地上，或躲在岩石后，躲过了这一轮箭雨射击。

第八章　风雨归程

这时，右侧的山林中，跑出两个军兵，正是刚才奉命去搜索的。其中一个军士负了伤，手臂上汩汩地淌血，扶着同伴，趔趔趄趄地逃到山坡下。几个蛮人在林子里探出头，弯弓搭箭，"嗖嗖"数箭便射死了两个士兵。薛渊破口大骂，正要还他一箭，那几个蛮人却已消失在树丛中了。

萧道成手持长刀，大声喝道："所有人都听着，除保护车仗的人外，其他人都冲上去，后退者斩！"百余名军兵闻声而动，各执刀枪，分散开来，急速冲进前面的那片开阔地，竖起盾牌，列开战斗队形。萧道成和薛渊站到队伍最前方，沉着地等待敌人的进攻。

一阵短暂的沉寂后，几百个蛮人怪叫着，从坡上的林子里乱哄哄地涌出来，堵住了萧道成等人的去路。他们五短身材，膀阔腰圆，有的人披着山羊皮制成的衣服，下着粗布长裤，有的干脆赤着脚，黑乎乎的脚上沾满了泥水和汗水。他们黑压压一大片，拥向前来。

刘智容在车里揽着儿子，耳朵里灌满了蛮人们发出的怪叫，吓得浑身颤抖不已。萧道成也暗吃一惊，但他毕竟久经战阵，他知道，自己不能有丝毫胆怯才能稳住军心，故此他脸上没有半点儿紧张，一挥手率兵迎上去。与此同时，这些蛮族人也迎了上来，片刻之后就交上了手。空谷失去了往日的幽静，顿时杀声四起，彼此都有死伤。萧道成在马上默默观战，他发现蛮人虽人多，但没有整齐队形，散兵游勇状，他迅速派身边的副将带二十几个人绕到这些人的两侧冲击，这些蛮人顿时阵脚大乱，死伤颇多。但是，蛮人生性剽悍，有着坚忍顽强的战斗作风，论起勇武和坚韧，不亚于百战精兵。他们迅速稳住阵脚，分兵拒敌，仗着人多，从两侧冲击试图反包围。战斗变得分外激烈，双方都打红了眼，不肯偃旗息鼓，一时难分雌雄。每个人都咬紧牙关，不吭一声，眼里透着阴惨冷酷的光。隘口前的战场上，肉体与肉体喋血拼搏，重伤和垂危的人倒在地上发出无力而痛苦的呻吟，其中夹杂着兵器猛烈的撞击声。

薛渊站在萧道成身旁，扯着嘶哑的嗓子一遍遍重复着萧道成的命令，手中弓箭却也一直没闲着。萧道成全神贯注地指挥作战，头脑冷静，把战场上的一切都看在眼里，并且很快就发现敌方中有一个人，和他一样被一队亲兵簇拥着，这个人无疑是蛮人的头领。他努力望过去，认出那人竟是于道严，不由得吃了一惊。

原来，于道严逃出京城后，潜藏在西阳山中，多聚才力之士，蓄精甲利兵，以妖妄相扇，与蛮人共谋作乱。西阳蛮人拙于心计，冥顽好斗。他们素闻于道严之名，遂从其计，随着他在这附近打家劫舍，不想在这里与萧道成碰上。

于道严头发沾着几片败叶和灌木丛的碎枝，衣服上缀满了芒刺，像是在荆棘丛生的林子里跋涉过，腰里还系着一个葫芦，里面盛满了当地人自酿的烈酒。他神情慷慨激昂，手里拿一把刀在空中挥舞，刀刃在阳光下寒光闪闪。

萧道成看到于道严，胸中的怒火忍耐不住，挥刀带着军兵们朝敌阵冲过去，一阵狂劈乱斩后，撕开了一道缺口。于道严被眼前的失利激怒了，嘴里骂骂咧咧的，挺刀向前，要决一死战，手下那些破衣烂衫的蛮人们疯也似的拼力争先，发出了令人毛骨悚然的狼嗥一般的吼叫，把士兵们团团围住。萧道成的士兵在这一阵突如其来的打击之下，几乎要招架不住了，好在他们的战斗队形没有被冲散。

薛渊灵机一动，带着一小队骑兵脱离了打得难解难分的战场。蛮人都杀红了眼睛，故而没发现这一异动，更没有穷追不舍。薛渊率骑兵绕到蛮人阵后，突然发起袭击，如风扫残云，一连砍翻了许多蛮人。蛮人们猝不及防，腹背受敌，登时大乱，开始四处奔散。

于道严见势不妙，眉头一皱，便下达了几道命令，率部开始撤退。在他的调度下，一批身强力壮的蛮人一字儿排开，徐徐殿后，形成一道坚固的防线，让同伴先背着伤员退下去，然后才迅速后撤。他们抓着稀稀拉拉的小树丛，如猿猴般敏捷地蹿上了山崖，又利用树木做掩体，躲过箭矢，像一只只山猫，飞快地攀上山坡，很快便消失在山林里。

薛渊杀的兴起，带着手下骑兵挺起刀枪，翻过沟坎，向敌人扑过去，眼看着就要冲进树林，萧道成连连传令："薛将军，停止追击，小心中了敌人埋伏。"

第八章 风雨归程

薛渊这才冷静了下来，和手下士兵退回，和大家汇合一处。萧道成看了看四周血染的地面，躺满了狼籍的尸体，再往前，林外的沙土像被耙子搂过一样，脚印杂乱的地上铺满了落叶。

这一仗，萧道成的部下伤亡了三分之一，蛮人死得更多。萧道成命将部下的尸体掩埋在路旁的洼地里，稍微休息，准备继续赶路。伤员们有的奄奄一息，有的受伤后失了气力，只能发出痛苦的呻吟。他们全被同伴抬上担架，担架是用粗树枝临时编成的，上面垫着从死人身上剥来的衣服。

虽然刚才一仗勉强取胜，但是萧道成的心情并未轻松多少。他几次回过头，眺望身后的山峦。远处响起了呜嘟嘟的号角声，这是于道严指挥蛮人撤退的号令。

十几天后，萧道成带队进了建康，在府前停下。自雷次宗死后，萧道成知雷娇孤清，便劝她卖掉宅子，搬到自己的府上。这时，雷娇率两个丫鬟和几个家丁在府外迎接。她面孔清秀，一头长发在头上梳成两个鬟，比起刘智容少了几分妩媚精致，但多了一点干练坚毅。

刘智容路上受到惊吓加之淋了雨，便有些头疼发热，只是怕耽误了行程，才一直隐忍不言，这时强撑着下了马车，正要与雷娇打招呼，突然觉得眼前一黑，竟晕厥了过去。

众人见此情形，全都吓坏了，萧赜已是哭泣起来。萧道成命人赶紧把夫人抬进府中后宅，将刘智容放在床上，摸了摸她的额头，却是滚烫，忙命人去请医生。

不一会儿，医生赶到后院的卧室，坐在床边经过一番诊断，蹙着眉说："夫人外感风寒，又受了惊吓。病势汹汹，不容乐观。"

萧道成见他神色凝重，不由得心里一沉，惊慌而内疚地说："夫人害了这么重的病，都怪我没把她照顾好，如今应该怎么办呢？"

医生捋着颔下的胡须，沉吟道："我先开几服药，待夫人服下去再看。只是最近这些日子，夫人昼夜都不能少人照顾，以免病情反复。"说着，提笔开了个方子交与萧道成，然后就告辞离去，言明过两天再来。

萧道成亲自送走了大夫，让人去按方抓药，然后回到房里，搓着手，看着不省人事的刘智容，满脸的惊惧与焦灼。雷娇立在一旁，体贴地说："嫂子得病，小妹自当效劳。有我和两个丫鬟轮班服侍，师兄你也不用太过担心！"萧道成看了一眼雷娇，感激地说："有劳师妹了。这几天，我们就多辛苦一些！"

接下来的几天，刘智容水米不进，嘴上起了泡，浑身火烫，整个人明显的瘦了，虽不至骨瘦如柴，但双颊全都凹陷了下去。萧道成和雷娇费了半天劲，给她喂进去的药物和清水一转眼间就被刘智容全吐了出来。

五日后，刘智容又添了咳嗽气喘的症候，躺在床上，张大嘴呼吸，可就是喘不过气来，憋得满脸通红。嘴唇都已烧裂，偶尔睁开眼睛，已不认得任何人，眼光涣散无神。

萧府整个后宅笼罩在一片愁云惨雾里，萧道成更是双眉紧锁。雷娇一直是衣不解带地守在刘智容床边，熬的两眼通红。

萧道成心里感动，叹了口气，有些无奈地对师妹说："苍天保佑，让夫人早日好起来，师妹也别太劳累了！"

一天晚上，房间中的几支大蜡烛点得明晃晃的，刘智容昏沉沉地睡着。萧道成从房里出来，见雷娇一个人站在檐下。夜凉如水，晚风拂过静谧的庭院，雷娇的几缕头发垂在额前，瘦瘦弱弱的身形，在台阶上投下细长的影子，正抬头看着天上的一轮明月。

萧道成轻步走过去，来到她身旁，不声不响地解下了自己的大氅，默默地披在她的肩上。雷娇蓦然回头，盈盈地看了他一眼，见萧道成满面忧色，便知刘智容的病情不怎么乐观，轻轻叹息了一声，然后垂下眼睑，转身走进了房中。

尽管萧道成和雷娇全心全意的照料，刘智容的病情非但没有好转，反而更坏了。她现在已完全昏迷，浑身滚烫。这天，医生给刘智容号过了脉，摇了摇头，对萧道成实话实说："萧大人，我已经尽力了！但夫人的病势仍不见轻，恐怕……"

萧道成听了，如闻晴天霹雳，浑身打了一个寒战。雷娇红肿着眼睛，立在一旁，着急道："大夫！您医术高超，求您救救她。"说着就要磕下头去。

第八章　风雨归程

　　太医忙把她拦住，惋惜地摇了摇头，说："难为姑娘有这片善心，但依我看来，夫人恐怕熬不过今晚了！"

　　萧道成心乱如麻，恳切地说："大夫！夫人温柔贤淑，一生惜老怜贫，按说不至于短寿。如今还没到最后关头，还请您不要轻易放弃。"

　　太医听了，点了点头，道："萧大人说的也是！我只能尽人事而听天命了。"说罢，又去开了个方子。萧道成送走了他，派人按方抓药，煎好药后为刘智容服下。

　　这一夜显得特别的漫长，窗外弦月如钩，秋虫脆鸣。萧道成与雷娇都紧张的无法阖眼，一直守在刘智容的床边。屋子里烛光摇曳，却是静悄悄的，可以清晰地听到外面的更鼓声，一更、两更、三更、四更……刘智容的呼吸由急促到舒缓，脉博由微弱到有力，神情由痛苦到平静，终于熬到了天亮时分，终于挺过了这一夜！

　　萧道成与雷娇欣慰地对视了一眼，两人的眼睛都因熬夜而红肿，憔悴的脸颊上却都充满了喜悦。

　　上午时分，医生来看过，又惊又喜地道："夫人这病居然见轻了。我再开几服培补之药，如果三日内病情不再恶化，看来性命是无妨了。"

　　三天又过去了，刘智容已经非常消瘦，但还是挨过了最危险的那段时期，病体日渐好转。萧道成这才松了一口气，让大家轮班睡觉，以保持体力。金灿灿的阳光透窗而入，房间里弥漫着一股药香。雷娇倚坐在床前的一张椅子里，再也支持不住，竟合眼睡着了。

　　萧道成轻轻地站起身来，取来一件薄被，为她盖在身上。虽然萧道成的动作很轻，但雷娇还是一惊而起，道："夫人怎么样了？"萧道成轻声道："她还好，一直在睡。你倒是应该回房好好休息一下，否则也将倒下去了。"

　　又过了几天，刘智容的病势已然大好，虽然头中昏昏沉沉，四肢无力，但已可以坐起身来了。医生赶来，为她做了一番彻底检查，一脸的不可思议道："这可真是精诚所至，金石为开呀！恭喜萧大人！我想，夫人已经没有生命危险了！"

萧道成松了一口气，雷娇整了整衣衫，正要给医生道谢，忽然觉得一阵天旋地转，两腿一阵麻木，眼前一黑，整个人就一头栽倒在地。

萧道成大叫一声："师妹！"便一把抱起了她，将她抱到厢房，放在一张床上。雷娇的脸色雪白，悄无声息的躺在那里，一动也不动。萧道成握住她的手，只觉得冰凉，心里一惊。

医生随后赶了过来，为雷娇仔细检查过后，对萧道成说："雷姑娘这是累的，休息休息就没事了。"说罢，就告辞而去。

萧道成这才放下心来，坐在床边，看着瘦弱的雷娇，心里满是感动。过了一会儿，雷娇的头转侧了一下，睫毛动了动，缓缓睁开眼睛，见他一脸的柔情，有些不好意思，虚弱地说："我没事，师兄不必多虑。"说着，就想翻身起来。

萧道成忙按住她的双肩，道："你太累了，且休息吧。"雷娇也觉得一阵晕眩，只得重新躺下。萧道成低下头，注视着面前那对盈盈如秋水的双眸，看着她那微蹙的眉梢和温柔的嘴唇，不禁心里一热，顿感心神激荡。他再也控制不了自己，什么都顾不得了，把她一拥入怀。

月余之后，刘智容彻底康复，每日起居恢复如初，一日三餐，都与萧道成和雷娇在一起。刘智容是个睿智、体贴、恭顺、多情的女子，而且心思细腻，对丈夫非常了解，就发现丈夫最近有些神思恍惚，心不在焉，和自己说起话来有时候答非所问，显得心事重重。在餐桌上，萧道成的眼神总会有意无意地瞄向雷娇。雷娇努力回避着萧道成的眼光，有时就莫名其妙地红了脸。

刘智容初睹此景，不禁心里一沉。她与萧道成结缡若干年，自从嫁进萧府，就一心爱着丈夫，对他是无限的信任和敬爱，事到如今，虽不愿相信，也不敢相信，但略一思量，还是什么都明白了。刘智容蓦然只觉得眼前金星乱迸，忙垂下了头，茫然地望着脚下，内心充满了委屈和无助。

第二天早餐的时候，她又用眼睛的余光悄悄打量丈夫和雷娇，越看越是胆战心惊。萧道成仍是心事重重，目光不时地瞥向雷娇。雷娇坐的离萧道成远远的，偶尔望向他的眼神却是温柔似水。刘智容把这一切看在眼里，感到

第八章 风雨归程

一阵强烈的不安,但在丈夫和雷娇面前,还是努力镇定着自己,不肯失态。

饭后,刘智容经过一番深思熟虑,认为自己必须得接受这个事实,而有些话实在不能不说了。她待雷娇离开后,手里端着一杯清茶,却不便饮,努力做出十分自然的态度,双眼瞬也不瞬地注视着萧道成,轻轻地说:"最近好像你变了一个人……"说到这里,不待对方接口,便直截了当地询道:"你看雷师妹怎么样?"语气里充满了苦涩,眼光从萧道成的脸上挪开,直愣愣地看着手里的茶碗,神情有些恍惚。

萧道成愕然,看了看刘智容的脸色,琢磨出她话语里含着深意,脑子里轰然一响,有些心虚地说:"哦,夫人怎么这么问呢?"

刘智容脸上带着一种萧瑟的神情,眼角眉梢浮现着落寞,静了一会儿,像是下定决心似的,缓缓地说:"不如你把雷师妹纳了妾吧!"

萧道成整个人都悚然一惊,慌乱地望了望刘智容,发现她的眼光那么深沉,便期期艾艾地道:"夫人,我……。"

刘智容身子微微发抖,不待他说完,抢着道:"何必呢?生活在一起,心里却想着别人,大家都是天天别扭!雷师妹英姿飒爽,也没有配不上你之处。"说到这里,勉强一笑,起身打算离开,甫一立起,身子竟有些摇摇晃晃,双腿一软,几乎瘫倒。萧道成忙一把扶住了她,满怀歉疚,俯下头,轻轻地吻着她的脸颊。

第九章　山中藤甲

萧道成上前，正要推门，忽听身后传来一阵惊呼，便猛然停住了脚步，诧异地回头看，见众人的眼光紧紧地盯着山门上方，忙抬头望去，直惊的浑身血液都快凝固了。一条碗口粗细的蛇正从门楣上垂下身子，蛇头距离他不及两尺，正吐着红红的信子。

南朝宋和平五年（464年）五月，孝武帝刘骏因病驾崩。年仅15岁的太子刘子业枢前继位，年号"永光"。永光帝刘子业虽然年轻，狂悖却甚于其父，刑杀大臣，囚禁诸王，在朝堂上看哪个王公不顺眼，就命人对他们拳脚相加、任意侮辱。

宋文帝共有十九个儿子，到此时仅剩湘东王刘彧、建安王刘休仁、东海王刘祎、山阳王刘休祐、桂阳王刘休范、巴陵王刘休若六人。刘子业担心几位叔父觊觎皇位，将他们悉数召到宫中囚禁，肆意殴打凌辱。刘彧最肥最重，被刘子业称为"猪王"。刘休仁、刘休祐则被称为"杀王""贼王"。

刘子业还把这几位叔父装进竹笼里，又于寝殿后挖个坑，在坑边用木槽盛饭，让他们赤身裸体地趴在坑内的泥浆里，逼着他们像牲畜一样去槽中吃食，以此戏耍为乐。

江夏王刘义恭是宋文帝的兄弟，也是刘子业的叔祖。作为皇族里硕果仅存的元老，他受遗诏辅政，见刘子业越闹越不像话，便想将其废掉并另立新君，不想消息走漏。刘子业亲自率兵攻入江夏王府，将刘义恭杀害并剖腹肢解，还挖出他的眼珠浸泡在蜜里，称之为"鬼目粽"。

第九章　山中藤甲

南朝宋泰始二年（466年）一月，湘东王刘彧忍无可忍，鼓动羽林军杀了刘子业，然后登基为帝，是为宋明帝。

刘彧在皇族中地位不高，登基后不为各封疆大吏所服。江州长史、行事邓琬受孝武帝厚恩，联合雍州刺史袁𫖮，拥戴十一岁的江州刺史刘子勋（孝武帝第三子）为帝，年号"义嘉"，声讨刘彧弑君自立之罪。前弘农太守薛安都本已投魏，趁机兴兵响应刘子勋，派兵袭扰淮阴（今江苏淮安）。于道严在西阳一带，也与邓琬遥通声气，纠集蛮人作乱。各路叛军联兵，众至十余万，从四面八方向建康进军。刘彧控制的地盘越来越少，只余京师周边几个郡县。

这年四月的一个下午，天色阴沉，空中乌云涌动。鸟儿躲在太极殿的檐下探头探脑，不时将清脆的叽啾声传入殿里，像是在炫耀自己的嗓子。殿中很是空旷，宋明帝刘彧皱着眉头，目光呆滞，独自坐在龙书案之后。

刘彧登基数月了，他曾见识过父、祖临朝理政，暗地里也想象过自己有朝一日登基，该如何君临天下，可真的身膺大宝之后，才发现要处理的事真是千头万绪。他做皇帝以来，不仅要筹运粮草、调度军队，还要升调百官、安抚黎庶。这一系列繁剧事务，每一件都是错综复杂，光想一想，就让他头快炸了。

这会儿，刘彧眼里没有半点儿光亮，苦着脸，用一只厚厚的手掌揉了揉发疼的太阳穴，又端起案上的一只瓷杯，啜了口酽茶，只觉得皇帝可真是不好当。

殿外忽传来一阵轻轻的脚步声，一个太监手里拿着拂尘，小心翼翼地进来禀报，称羽林军副将黄回求见。黄回在孝武帝逝后，即投向刘彧一边，并联络军中将帅，助其推翻刘子业，在刘彧称帝过程中出了大力。

刘彧听说是他来，忙撂下手里的茶杯，道："快请。"太监弯着腰，小心翼翼地退了出去。不一会儿，黄回穿着一身朝服，健步走进殿内。

殿角的香炉里正燃着上好的龙涎香，一缕缥缈的幽香从鎏金香炉里飘出，在空旷的殿中袅袅散开，又缭绕于金碧辉煌的殿顶之间。黄回今年三十多岁，虽是行伍出身，却生性敏悟，善于奏对，看着刘彧闷闷不乐的样子，便猜到了他的心思，忙上前躬身施礼，宽慰道："陛下应天受命，自当逢凶化吉。外面区区叛逆，不足以劳圣虑。"

刘彧神情沮丧地摇了摇头，苦笑着说："话虽是这么说，但元嘉北伐失利后，武库装备损失殆尽。如今四方逆命，兵至近畿，又截断了上游的漕运。朝廷无兵无甲，拿什么退敌？"说到这里，摊着两手，茫然若失地叹了口气。

微风从殿外吹进，带着雨前的凉意。四面长窗上的帘帷随风舞动，发出"窸窸簌簌"的微声。黄回讨好答道："陛下！臣听闻有一套现成的甲胄藏匿于民间，愿去取来献于陛下御敌！"语气虽然谦恭，却透着几分得意。

刘彧对黄回很是倚重，听了他这几句话，不由得精神一振，登时挺直了腰杆，道："黄将军，你详细说说。"

黄回叉手而立，道："陛下，您可知道前朝大将军苏峻这个人？"苏峻是前朝将领，字子高，长广掖县（今山东省莱州市）人，从平王敦之乱，屡立战功，受拜为冠军将军、封邵陵郡公。晋明帝死后，外戚庾亮执政，解除了苏峻的兵权，征其为大司农。苏峻心中不安，扬言："吾宁山头望廷尉，不能廷尉望山头。"遂于328年（咸和三年），起兵反叛，攻入建康，专擅朝政，后为东晋大将温峤和陶侃所杀。

刘彧自幼嗜读，虽武略不足，却是文采有余，练悉前朝典故，听黄回提到了苏峻，便点了点头。

黄回又道："陛下，百余年前，东晋大将苏峻拥兵入京，挟天子以令诸侯，又派人到山中采集坚实野藤，特制了三千副能防箭矢的藤甲，准备组建一支精兵。不料勤王部队进兵神速，未容他的甲胄派上用场就打到了建康。苏将军匆匆撤离时，将这批甲胄藏到了北固山里，打算将来利用它们东山再起，却不料死于乱军之中。"

刘彧自己的祖父刘裕代晋而兴，自然不会计较苏峻叛将的身份，但听了黄回这番话，还是有些失望，蹙眉道："这事在民间流传已久，却未必是实。就算真有这么档子事，北固山绵延数百里，却又到哪里去找这批甲胄？"说着，将厚厚的背脊倚在龙椅上。

黄回一躬身，仍是踌躇满志地道："臣这些年一直在派人寻找这批甲胄，

第九章 山中藤甲

费了很大的力气,直到前些天才有了结果。原来,当年苏大将军伤重弥留之际,将藏甲图交由侍卫队长丰杰符。丰杰符携图冲出重围,逃到北固山下隐居,后寿终而亡。丰杰符的五世孙丰天昌仍在山村里居住,此人必定知道藤甲的下落。臣愿亲自出城一趟,为陛下寻找这批甲胄,今日入宫,就是前来请命的。"

刘彧听他言之凿凿,不禁大悦,说道:"黄将军公忠体国,若能寻甲归来,实是奇功一件。届时,朕必有重赏。"

黄回知道叛军抵近,京城之外并不安全,便想拉个帮手同去,将朝中群臣揣摩了一遍,都觉得不合适,转念想起曾与萧道成同经北伐,便说:"只是城外大乱,敌兵纵横。臣虽殒身不足以图报,却只怕耽误了陛下的大事。建康令萧道成文武全才,多历戎行。请陛下命其与臣一同前往,足当此任。"

刘彧只求早日拿到这批藤甲,对黄回所请自无不允,当即便拟了道诏书,命黄回到萧道成的府上传旨。

淡淡的暮春,一场小雨缠绵了整个黄昏。萧府墙外的垂柳扑簌簌地抖动着细枝,墙内栽满了松竹藤萝等绿植,郁郁葱葱,疏朗相宜。厅前搭建着一个小型的花圃,里面植有应时花草。

天色暗了下来,室内的蜡烛已经点亮。雷娇看着丫鬟把晚餐摆在桌子上,抚摸着隆起的小腹,想到胎儿还有四个多月才能出生,不禁感到几分不耐烦,她挺着肚子走出屋,立在檐下,望着暮色在院子的各个角落里堆叠。

细雨渐歇,积水顺着屋檐悄然滴落,在地面晕开一圈涟漪。建康令萧道成披着件黑色的大氅,在前院接了诏书,客客气气地送走了前来传诏的黄回,回到了后院,见雷娇正独立在檐下,便走了过去。

雷娇披着件粉色的斗篷,正在看着雨后的蔷薇,看得全神贯注,听到脚步声音,轻轻扭过头,朦胧的眼光透过长长的睫毛,在萧道成的脸上稍作停留,却一点儿也没有惊讶,也没有招呼,便又转回头去,一任短发被清凉的晚风拂在额前。

萧道成站在她的身边,看到她脸上散布着一层淡淡的红晕,过了好一会儿，才轻轻地说："你这几天感觉怎么样。"

雷娇抚摸着隆起的小腹，略一思忖，轻声说："还可以吧，略有些胎动。"话气轻柔，带着些许羞涩，想了想，又道："如今外面的风声一天比一天紧，朝廷号令不出建康百里之外。若是叛军真的打进了京城，怎么办呢？"说到这里，秀眉微蹙。

萧道成替她紧了紧身上的斗篷，道："皇上有旨，让我与黄回出城寻找前朝苏峻遗下的藤甲。若真能找到这批甲胄，事情也许会有转机。"

雷娇听了，脸色微微一变，扭头望着丈夫，说："苏峻藏甲的传说一直在京畿流传，还传说苏峻的亲兵队长携带藏甲图逃出乱军，连带那批甲胄一同销声匿迹，但也不知是不是捕风捉影。"

萧道成说："今天黄将军来传诏，称已在北固山下找到了亲兵队长的后人。皇上也许觉得事情有些把握，这才命我与他去山中寻甲。"

雷娇轻轻握住他的手，关切地道："如今各路诸侯齐反，城外烽烟四起。你到了城外之后，可要千万小心。"

萧道成轻抚着她的手背，柔声道："我理会的。"

天色一破晓。湛蓝的天空仿佛被水洗过，阳光透过淡淡的雾气洒向大地。萧道成一早就起床，向刘智容和雷娇交代好家务，命薛渊在府中留守，又将王敬则、张敬儿找来，托他们料理京城诸事，然后约上黄回，与百余名羽林军中的好手皆换上便装，带上称手的兵刃，骑马出了京，直奔江边。

众人离江岸还有一里多地，便听得水声如雷，到了近前，见水面阔达数里。江里浊浪滔天，翻翻滚滚的流淌。

黄回已提前在江边安排了一条船。船老大是个老头子，生着一张木雕泥塑般的面孔，行动起来哼哼唧唧，无精打采，像是随时在打瞌睡。他站在甲板上，一会儿往前歪，一会儿向后斜，倒是将这条船把持的极为平稳。萧道成等连人带马乘船渡过长江，下了船又绕过广陵，径直来到北固山前。

北固山远眺京师，横枕大江，石壁嵯峨，山势险固。山中峻岭星罗棋布，一个小山丘紧挨着另一个山丘，高低起伏，山丘与山丘之间落差极大，加之雨水的冲刷，地表被切割得支离破碎，出现了数不清的沟沟壑壑，似龙

第九章　山中藤甲

行蛇走。

萧道成等人骑着马，随在黄回后面，沿着一条曲曲弯弯的小山沟，进了山中的一个村庄。村子里的路面坑坑洼洼，前几天又是下过一场雨，路上污水纵横，显得很腌臜。两边是半塌的石墙围成的破旧宅院。山民们住的房子都很破旧，外面是四堵土坯、木板和小石子打成的土墙，房顶上盖着稻草。好点儿的房子是些简易的石板房，不过是用粗粗錾过的石板层层垒起而成。每家的户外，都有一堆挂着白霜的木柴。

临近傍晚，夕阳斜照。进山打猎的山民各携所获，正陆陆续续地回到村里。萧道成等人骑着马走在村里，不多远就碰到一个山民。这人二十出头，穿着破衣烂衫，肩膀上扛着柄钢叉，手里提着两只野兔，迎面走了过来，见了黄回、萧道成等人，便往路旁躲了躲。

黄回勒住缰绳，用手掸了一下衣服，笑呵呵对这青年人道："朋友，请问丰天昌在哪里住？"

青年人瞧了瞧他身后的人马，有些拘谨的道："哦，丰伯伯在村东住。"说着，用手指了指方位。

黄回便与萧道成等人转到村东，见这里分布着几处简陋湫隘的宅子。宅子外面是夯土残墙，上悬着几株爬山虎的枯枝子，露出里面的稀疏茅顶。不远处有四个小孩子正在玩耍。众儿童围坐在一起，把土块当作饭，把泥水当作汤，把木头当成大块的肉，正吵吵嚷嚷的过家家。

黄回跳下马，笑嘻嘻地走过去，对其中一个年岁较长的小孩子道："小娃娃，丰天昌老先生在这里住吗？"

这个小孩大约七八岁，头上梳着鬌髻，穿着身粗布衣裤，仰着一张天真的小脸，用清脆的童音道："你们找丰爷爷吗？我认得，这就带你们去吧！"说着，蹦蹦跳跳的在前引路，领着黄回等人来到不远处的一道篱笆墙外。

篱笆约有半人多高，外面几株大树，里面是三间茅屋。院内虽有些简陋，倒也收拾得整洁。

小孩子立在院外，回头对黄回等人说："这里就是丰爷爷家了。"说罢，蹲在一旁，自顾自地寻觅起石子来。

萧道成敏捷地跳下马，三两步走上篱笆墙外的土台阶，来到一扇歪歪斜斜的柴扉前，朗声道："家里有人吗？"

不一会儿，茅屋里传来一个苍老的声音："谁啊？"两扇破旧的木板门"吱呀"一声被推开，从里面出来个六十多岁的老者。老者头发斑白，乌黑的面孔，一双棕褐色的眼睛深陷在眼窝里，颌下的胡子如同干玉米须子，手掌上面结满了淡黄的老茧，披着破烂不堪的衣衫。

萧道成客客气气的一拱手，道："请问您是丰天昌老先生吗？"

老汉略佝偻着腰，摇晃着瘦瘦巴巴的身架，走到柴扉前，打量着外面这一队不速之客，道："我就是。"

黄回也走上前，双手一抱拳，道："老人家！我们是从京师来，奉圣上之命，前来寻你。"

丰天昌脸色一变，道："从京城来？找我这个糟老头子有什么事？"说话间不时地咳嗽两声。

黄回且不回答，只是笑着说："在下是羽林副将，姓黄，旁边这位是建康令萧大人。怎么？不请我们进去坐坐？"

丰天昌淡淡地道："老汉家破房旧屋的，不配招待贵宾。你们有话，就在这里说吧。"他听了黄回和萧道成的官职，竟是丝毫不起劲。

黄回也不在乎他的无礼，说："老人家！百余年前的苏峻大将军带兵打进建康，有意问鼎天下，最后却是功败垂成。他撤退前，将所造的一批藤甲藏匿于山中，还绘制了一张藏甲图。我派人打听清楚，你的祖先曾携图隐居在此地。如今令祖虽已不在，但必定将图传与了你。现在四方反叛，京师吃紧，急缺甲胄。皇上派我们到此，命你交出藏甲图，以便寻甲御敌。"

丰天昌听了他这番话，一脸的皱纹显得更密了，道："老汉活了这把年纪，从不曾听说过什么藏甲图，恕难从命！"说着，转身就要走。

黄回笑容一敛，瞪起了眼睛，提高嗓门道："老头儿，当着真人别说假话！没有藏甲图，你们丰家在这山上一住几辈子？不就是在此守甲的吗？请你交出图，我保你紫袍金带、无穷富贵，怎么样？"

丰天昌摇了摇头，脸上明白无误的透着拒绝，说："我老汉这把年纪，平

第九章　山中藤甲

时进山采药，尽可度日，又是无儿无女，孑然一身，还要什么富贵？再说，我确实没有你要的东西。"

黄回脸色一沉，道："老家伙，你一推六二五，就以为我没有办法了吗？"话音未落，左手将旁边的那个小孩子扯了过来，右手一晃，将一把锋利的匕首架在了孩子的脖颈上。孩子一惊，登时哇哇大哭起来。

丰天昌一愣，道："你这是做什么？"

黄回握着匕首的手稳如磐石，纹丝不动，冷冷地说："老头儿，别不识相。你若不交图，我的手稍向前一送，就要了这小孩子的性命。"

周围的空气像凝固了一般，丰天昌打了个寒战，一时说不出话来，又犹豫了一会儿，道："我确实不知道什么图的所在。"

黄回眯缝着眼睛，缓缓地说："社稷将危，圣上危在旦夕。我这趟若是不能完成使命，便先杀了这小鬼，然后一声令下，就屠了你这整个村子。"他还真不是虚言恫吓。当时刀兵四起，交战双方在掠地之余常干些屠城的事。黄回作为羽林军将领，下令杀掉阖村的老百姓确实不算什么。他这话一出口，身后的军士们纷纷亮出暗藏的兵刃。萧道成见双方闹僵了，有些不知所措地立在一旁。

丰天昌额上冒出了一层冷汗，怒道："你敢？"

黄回眼里透着凶光，咬着后槽牙，一个字一个字地道："你看我敢不敢。"说着，右手一用力，锋利的刀锋切入小孩子的脖颈，鲜血登时流了下来。小孩子面容失色，吓得不敢再哭，只是眼泪汪汪地看着丰天昌。

丰天昌面色发青，瞧着杀气腾腾的黄回，踌躇片刻，一跺脚说，"罢了！你们随我来。"说着，转身向草屋走去。

黄回向萧道成使了个眼色。萧道成推开柴扉，走进院子。院里稀稀拉拉扔着几块厚石板，直通到房前，算是一条路。丰天昌踩着一块块石板过去，走到西侧的一间草屋前，回头见萧道成跟过来，便推开咯吱咯吱作响的房门，当先走了进去。

萧道成随后进屋，只觉得一阵强烈的霉味扑面而来。屋内很暗但还是可以看出这里没什么摆设，屋顶上吊着无数的蜘蛛网，迎门一张破桌子上铺着一块破旧的绿绒布，上面摆着几个土褐色的陶瓶。桌旁有几把粗制滥造的椅子，靠墙摆着雕花碗柜，柜门缺了一扇，露出里面的几件器皿。看起来，这就是丰老汉的大部分家当了。

丰天昌在角落里摸索了片刻，捧过一个小木箱子来。这箱子方广径尺，外面乌黑，看不出是什么木头雕刻的，四个犄角儿包的铜有些发绿。他将箱子放在桌上，打开箱盖，从里面拿出一卷赭皮文卷。文卷的颜色发黄，当是陈年旧物。

丰天昌手捧文卷，叹道："你们所说不错。苏将军当年命人用坚实的野藤制成甲胄，可惜的是没有派上用场，败退之前，将藤甲藏在北固山里。这张图上详细标明了藤甲的方位。"

萧道成从丰天昌手里接过文卷，扯断卷外束着的丝绦，将其平摊在桌上，见卷上用曲曲折折的线条出山川路径，一时也瞧不清楚，便对外面扬声道："黄将军，有地图了，请进来吧。"

黄回这才放走了吓得半死的小孩子，大步流星地走过院子，一脚踏进屋来，立在桌前，反复看过地图，沉吟着对丰天昌说："不错，就是这张图。但明天你还得给我们带路。"

丰天昌两手互握，愤愤地说："有了地图，还不够吗？"

黄回转头望着屋外莽莽苍苍的北固山，说："深山大泽，实生龙蛇。这山我瞧着有些邪门，谁知道会有什么怪物。你久居此地，熟悉路径，还是与我们同去的好。"说到这里，缓和了下语气，道："丰老头，你图都拿出来了，还在乎多跑几步路吗？干脆好人做到底。只要我们顺利地拿到藤甲，自然不会亏待你。"丰天昌心里很不情愿，却也无可奈何。

当晚，黄回、萧道成等人在村中隙地搭起帐篷休息。黄回临睡前，特地命人将丰天昌严加看管，竟是拿他当作囚犯一般。

第二天，朝阳升起，山风从高空中掠过，云头猛烈地翻卷。众人简单的吃过早饭，押着丰天昌进了山，一连越过两道山梁，进了一条深沟，渐觉山路崎岖难行。

傍晚时分，萧道成等人俱已疲惫，大家席地而坐，吃了些干粮，便在山中休息。山间的夜晚，静寂得可怕。萧道成躺在帐篷里，空气阴冷。

转过天的黎明，山间凉风轻拂。丰天昌借着熹微的晨光看过地图，对黄回和萧道成说："离这里不远，有个废弃已久的道观，便是藏甲之处了。"黄回等人听了，精神一振，便随之继续赶路。

这一带地形险恶，人迹罕至。山路夹在两侧的树木当中，变得很窄。四周沟壑纵横，中间还穿插分布着些支离破碎的山梁、峁沟，把原本绵延起伏的山岭切割雕刻，形成了很多沟壑风洞。中午时分，萧道成和黄回等人来到后山。

后山的山坡前果然有一座道观，由于年久失修，粗糙的墙壁凸凹不平，布满了裂缝，就像是随时会倒塌。两扇正山门歪歪斜斜的虚掩着。

萧道成上前，正要推门，忽听身后传来一阵惊呼，便猛然停住了脚步，诧异地回头看，见众人的眼光紧紧地盯着山门上方，忙抬头望去，直惊的浑身血液都快凝固了。一条碗口粗细的蛇正从门楣上垂下身子，蛇头距离他不及两尺，正吐着红红的信子。这种蛇叫"过山风"，比竹叶青还毒，而且动作灵敏，被咬到的人顶多活两个时辰！

萧道成脸色苍白，迅速的镇定下来，右手慢慢抬起，缓缓抽出腰刀，腕子猛然发力，将刀甩了上去。长刀闪电般掠出，"嚓"的一声，将蛇头斩落，刀势不衰，"啪"的一声剁在门楣上。蛇头掉在地上，仍是扭曲着动个不停。萧道成这才长舒了一口气，还刀入鞘，又将扭动的蛇身扯下，扔在一旁，然后推开道观的门，走了进去，众人相随而入。

这道观久已无人居住，多数殿堂都已倒塌。大殿顶上的脊兽残缺，瓦片剥落，门板都不知被卸到哪里去了。殿门只留下黑洞洞的一个大口子，向外透着森森冷气，与外面颓败的景象倒是十分协调。大殿左侧歪着一块长方形的石碑，年代久远，磨损得十分严重。碑顶还有半个残缺的兽头，碑上的花纹早都没了，上面的文字也风化严重。

众人随着丰天昌走进殿里，见里面空荡得很。神座上的神像早已不见，地上灰尘堆垒，杂草丛生。墙边筑着一张破破烂烂的石头神案，给庙宇增添了几分凄清。

丰天昌走过去，抬手抓住神案的一角，用力向上一推，就听"咯吱吱"几声，后面的墙壁里传出机簧响动的声音。随后又是一串闷响，神案旁的半堵墙就好像小城门似的，竟向外旋转了开来。墙壁转动间，扬起无数细小的尘土。

众人出其不意，都退后几步，掸去头上落下的灰土。黄回连打了几个喷嚏，见眼前露出一个深不可测的黑洞。洞口有一人多高，在远处一看，如同墙上长出的一块硕大黑斑，周围是用砖砌的，虽然说年代久了，这砖还整整齐齐，再往里就是石壁了。

黄回往跟前一凑，见里面黑漆漆的，只觉冷气逼人，便点起火把，当先走了进去。火把上绑着混合了松脂牛油的易燃物，燃烧的持久。光焰吞吐，照见四壁上渗出水珠。大家往前走不多远，就感到阴寒透骨，又觉得路径极尽曲折，地面也是高高低低、起伏不平。有的地方窄而且低，仅容一人低头通行，有的地方则蜿蜒陡峭，全是四五十度角的斜坡。

黄回正走着，忽觉脚下一陷，身子陡然下沉，心里暗道不妙，两手下意识地平伸，紧紧地扒在地面上，但腰部以下已陷落。萧道成眼疾手快，一手拉住他的手腕子，一手托在他的腋下，双膀一齐用力，把他拉了起来。地面上已出现了一个深深的大坑，周围的碎石正不断落了进去。

黄回惊魂略定，喘了几口粗气，看了看塌陷的石坑，实在是有些后怕。丰天昌在一旁，似是有些幸灾乐祸地说："这就是山内的溶洞，是地下水流长久侵蚀的结果。"原来，北固山临着长江，加之有些山洞地势低下。江水在涨潮的时候，倒灌进来，在洞中的地下冲刷。长年累月，一些山洞的地表便剩下一个薄薄的空壳，其外观却与别的地方无异。人踩到这种很薄的地方，就会掉进去，轻则伤身，重则丧命。

黄回冷哼一声，低低地骂了一句："老东西，看我倒霉，你开心着呢。"说罢，与众人小心翼翼地绕过陷洞，举着火把，继续向前。

石壁上映出许多模糊的人影，似乎是从地里钻出来的鬼魂。大家走着走着，只觉地势越来越低，地面上也越来越潮，走了半天，眼前突然开阔，出现了一条地下暗河。暗河也叫伏流，是因岩溶作用而形成的地下水流。这条

第九章 山中藤甲

暗河在火把的照耀下，可见约有五、六丈宽。黑沉沉的河水深不见底，缓缓地流淌着。

丰天昌又在一旁瓮声瓮气地说："这条河的源头与长江相连，过河后走不多远，前边有个石洞。全部藤甲就藏在洞中。"说着，便取出预先携带的一个羊皮口袋，向袋里使劲吹气。不一会儿，口袋慢慢地膨胀起来，原来是个羊皮筏子。

众人齐力抬起这只筏子，将其扔到潭里。这筏子却也不小，上面足可乘坐十几人，轻轻地落在水面上，左右晃动了几下，在平静的水面激起串串涟漪。丰天昌拿出一只短木桨，交与黄回，抹了一把额头上的汗，与黄回、萧道成等人跳上筏子，便要向对岸驶去。

这时，原本平静的水面，突然像开了锅似的翻滚起来。筏子为水流所激，在河面上打起了转，又剧烈的起伏摇摆着。河水"哗啦"一阵响，从中突然探出一个巴斗大小的头颅。一张血盆大口里露出森森白牙，闪电似地咬住了丰天昌的小腿，将他拖入水中，溅起了尺许高的水花。丰天昌的惨叫声在洞里久久的回旋，良久始散。

筏子上的众人一齐打了个寒战，正不知所措，忽又感到筏子一阵颠簸震动，分明正承受着河中怪物的剧烈撞击。萧道成大叫："筏子随时会翻，快跳到岸上去。"说话间，筏子已经开始倾斜，再晃上几下，非底朝上不可。萧、黄二人连忙跳回岸上，又七手八脚地将羊皮筏子拖了上来。

岸边的军兵们都是脸色刷白，惊恐万状地望着河里。有个军兵已经吓得体如筛糠，哆里哆嗦地对黄回说："将军，我方才见河里是一条龙。"忽又指着水中，胆战心惊地大叫道："不好，又过来了！"说着，连滚带爬的向后逃了几步，躲在了同伴的身后。

黄回脸上露出惧色，沉吟道："这东西估计连丰天昌也不知道，大概是随着涨潮的江水进来的，日久天长，就把这儿当成了家，但绝非是龙。龙有角，这怪物头上却没有，也许是蛟。"

萧道成心里也直打鼓，但还是稳稳地立在岸边，高举起手中的火把，见黑乎乎的河水里有一圆形的东西忽隐忽现。这怪物翻身打了个水花，露出来的身体上布满灰黑色的斑块，瞪着一双绿幽幽的眼睛，正伺机噬人。

萧道成将手里的火把向着混浊的暗河上空中抛去。火把"呼"的一声，飞起丈余，又落在水面上，光焰一闪而没。在这个工夫，众人却也看清河中怪物的形状。它其形如龟，足有磨盘大小，头有磊块如癞，竟是一只硕大的癞头鼋。这只鼋张开大口露出水面，黑色的背部在河水里隐现。丰天昌在不远处的水面上浮沉不定，却不知是死是活。

萧道成从军兵手里取过弩箭，瞄河中的巨鼋，就是一箭。这一箭射的奇准，正中巨鼋的头部，"扑哧"一声，透脑而入。河中的巨鼋中箭后，在水中剧烈翻腾，搅起丈余高的大浪，折腾了一盏茶的工夫，终于翻了个身，露出灰白色的肚皮，缓缓地沉入水底，河里随之泛起了大片的血花。

萧道成射死巨鼋之后，忙与众人用挠钩套索的将丰天昌拖上岸，见他已然溺毙。众军兵在河边挖了个浅坑，将他草草掩埋。

黄回举着火把，在河边静观良久，不见有别的怪物出现，便与萧道成及七八个军兵乘上筏子。筏子在浊流中起起伏伏，迅速驶过河面，到了对岸。众人跳上岸，让一个军兵划着筏子回去接人，便继续前行，走不多远，果然又发现了一个石洞。洞口堵着几块大石，每块石上都布满了碎裂的缤纷花纹。石中的纹理凝腻通透，被光把的光一照，似是在隐隐流转。

萧道成上前仔细看了看，见石块间的缝隙处都灌以铁汁，还以鸭蛋粗细的铁条加固，心里反觉欢喜，知道这里必是藏甲之处了。他回过头来，一挥手。几个军兵们一拥上前，七手八脚的用矛头作铁钎，依次撬开石头，露出一个漆黑的洞穴，就像是个酒瓶子口。军兵们打起火把向内一张，发现里面有一条向下而行的石阶。石阶宽阔，每一层都是整个的大石块堆砌而成。

众人历阶而下，直走了百余级，才到了底，见下面是个石室。这个石室足有五间屋子大小，带有明显的斧凿痕迹，却是下方上圆。洞顶呈穹庐状，洞底经过人工修整，见棱见角，平稳工整，四壁摆满了一个个竹编的箱子。这些箱子有几百个，因久历岁月，所以上面落满了细细的灰尘。

众人点起火把，照得四周亮如白昼。众人的身影清晰的映在石壁上，晃动不已。黄回上前一步，拂去一口竹箱上的尘土。箱盖是纵横交错的深色蔑

第九章 山中藤甲

条制成，紧紧地扣在箱子上，纹丝不差。箱上的竹篾编织流畅，锁口密实，错落有致地交织在一起，接头处藏而不露，宛如天然生成。

黄回蹲下身，打开箱盖，从中取出一副藤盔平放在地上。藤盔的模样，就跟一般的草帽差不多，有着宽阔的帽檐。黄回抽出长刀，用力朝盔上剁了一下，但见上面不过出现了一条淡淡的刀痕，却并无破损，不禁面现喜色，点点头，道："果然是好东西，不枉了咱们奔波这一场。"原来，当年匠人们在制作这批甲胄的时候，精选山中野藤（因野藤柔软而坚韧，可防箭矢），将其晒干之后，再用油浸三日，最后涂以桐油编制而成。这些经过特殊处理的藤甲，虽历数百年，仍保存完好，重量比金属铠甲轻得多，而且不怕水、透气性强，缺点是怕火易燃。倘若不是萧道成、黄回前来找寻，这批甲胄可能就会一直沉睡在地下，永远也不会有重见天日的机会了。

每副藤甲下面还放着些哨子形的物事。黄回随手拿起一个，拭去上面的绿斑，发现是个铜哨，便放在口里吹响。哨声尖厉刺耳，如鬼哭狼嚎，令人不寒而栗。黄回转过头，对萧道成说："这就是'夺魂哨'了，在军前吹响，足以寒敌之胆。"

萧道成慨叹道："苏大将军惊才艳艳，也算是一代枭雄，可惜功败垂成。"黄回也随着嗟叹了一番，拍去手上的灰土，立起身来。

这时，后面的军兵们全已渡过暗河，来到石室中。他们分背起装有藤甲、铜哨的竹箱，随着黄、萧二人出了洞，又依次乘着筏子过河，来到道观之外。

已是半夜时分，天空乌云浮动，月亮在厚重的云层中时隐时现。夜风低啸着掠过树林，摧落一地枯枝败叶。众军兵背着竹箱出了山，回到了村中，在各自的帐篷里安歇。连日的奔波，众人都已经乏了，这一觉睡的都很香甜。

第二天一早，天阴欲雨，几只燕子在空中低飞掠过。唯有袅袅上升的炊烟，为贫瘠的山村平添了几分生气。黄回等人撤了帐篷不要，到附近镇上雇了几辆大车，命军士们将竹箱分别装车，准备回京。

第十章 三千阴兵

萧道成还没去淮阴上任，奉诏率所部策应黄回。他与王敬则、张敬儿、薛渊等人立马江边，看着不远处的半截楼船在江面上燃烧。江面上漂浮着无数蛮人的尸体，更有断臂残肢随波起伏。江水被火光映的通红，如一望无际的血海。江声呜咽，像是蛮人们凄厉的呐喊。萧道成想到刘彧的残忍，不禁打了个寒战。

天色阴沉沉的，冷风从村口刮过，呜呜作响，像是厉鬼哀号。村外不远处便是几块庄稼地。每块地不过二分，是从石地上平整出来的，外面有土围子，围子上栽了树，远处是一堆堆的柴垛，疏疏朗朗地排列在地上。

在军兵们装车的时候，黄回约上萧道成，来到村外打探消息。二人的衣服上染满了尘土，有的地方还被荆棘划的破破烂烂，蓬乱的头发上沾着不少杂草、枯叶，脸上还有不少泥垢，与山里人并无二致。他们向几个过路的山民打听，得来的消息却不容乐观。据说邓琬得到西阳蛮人的支持，已带兵打到了广陵，还封锁了通往京师的道路。萧、黄二人听到这个信，不敢随意离村，有些着急地在村口转来转去。

这时，远处两骑飞驰而来。萧道成与黄回躲避不及，就见一个军官模样的人骑马赶到。这名军官一脸的骄横，身后随着个卫兵，见了萧道成与黄回，还以为对方只是普通村民，便老实不客气的喝道："我们是邓琬将军的部下，大军正在广陵城下拼命。你们两个汉子快回村通知各家，每户都要交一石军粮。"

第十章　三千阴兵

萧道成灵机一动，做出一副怯懦的样子，对他说，"这位军爷，您来征粮可有凭据吗？"

军官不屑地看了萧道成一眼，从怀里掏出一面令旗，高高举在手里。这面令旗的旗杆是根细铁棍，旗面为黄色三角形，外缘镶以齿状红边，上有一条黄色红边的飘带。

军官喝道："不开眼的东西，这就是邓琬将军的令旗，还不快去筹粮！"

萧道成见了令旗，不由得眼前一亮，朝着黄回使了个眼色，纵身扑向军官，劈面就是一拳头，正中他的面门。这个军官直挺挺地从马上摔了下来，当场晕了过去。

黄回也明白过来，朝着那名卫兵冲了过去，由于他人长得结实又有劲儿，一下子就把卫兵从马上揪下来，随即将对方摔了个脸朝天，先用膝盖抵住了卫兵的胸口，又用手压在他的脖子上，用足气力掐住不放，掐的他直翻白眼儿。

卫兵身手倒也敏捷，从腰里拔出短剑，对准黄回的胸口就刺。黄回眼疾手快地躲开，运足全身的力气，在他的太阳穴上擂了一拳。这一拳可着实不轻，卫兵两眼一闭，也晕了过去。

萧道成剥掉军官的军装，穿在自己身上，又拾起地上的令箭。黄回在军官的怀里翻了翻，发现一个银袋，里面装着不少金银，笑道："路上正用得上。"便揣了起来。

二人回到村子里，见兵士们已然将藤甲装在了大车上，便各自上马，押着十几辆大车出了村，大摇大摆地直奔江边。一路上果然遇到几次叛军的盘查，每次萧道成都是把令箭一亮，声称是往前线运送军粮，便即畅通无阻。

一行人在离广陵还有十几里路的时候，经过一个路边村庄。庄外开着一家小酒馆，青色的酒旗在风中摇摆，阵阵浓郁的酒香漫过四周的竹篱。黄回、萧道成和军兵们都想进去喝几碗酒，但又怕耽误了大事，只得咽着唾沫过了酒馆，又向前走了几里路，已能听到滔滔江声，便将车辆赶到路旁。

黄回让萧道成带队留守，自己一个人到前边去找船。

下午时分，天上飘来几朵乌云，随即飘起了细雨。春寒料峭，众人穿得单薄，被雨一淋，都有些瑟瑟发抖。过了好一会儿，黄回头发湿漉漉地从前面回来，抹了一把脸上的雨水，又打了两个喷嚏，称船已找好。

天色越来越暗，冷风一吹，蒙蒙的雨丝又成了无数歪歪的细线。黄回在前引路，众人没去渡口，顶风冒雨，赶着大车，沿江上行了十余里，来到江畔的一处浅滩。

不远处，江里的水浪愈加汹涌澎湃。天上乌云翻滚，远处的闪电预示着一场暴风雨即将来临。军兵们背起竹箱，走过泥泞的江滩，来到水边，就见前面出现了一点黑影，黑影越来越大，原来是一条三桅大船从黑沉沉的江面上划了过来。

狂风大作，天上阴云翻滚，暴雨滂沱，沉雷在云中隆隆作响。江面波浪滔天，大船颠簸着穿过波峰浪谷，尽力的靠近，又搭过一块尺许宽的踏板。众人早已被淋成了落汤鸡，沿着晃晃悠悠的踏板，陆续将一多半的竹箱子运上船去。大船虽然满载，但还是摇摇晃晃的，不时有江水溅进船里。黄回与几十名军兵登上船，先将这部分藤甲运向对岸。萧道成和部分军士留在岸边，看守着剩余的甲胄，等着黄回等人回来接应。

雨势渐小，但江上仍然风急浪大。大船行进很艰难，缓缓地划向江心。

正是黎明前最黑暗的时候，萧道成抬头望向黑沉沉的江面，已看不清船只在哪儿，想到大半藤甲已运过江去，顿然觉得轻松了许多。他全身湿透，连打了两个寒战，忆起途中的那个小酒馆，暗想："上船之后，如果能喝上几碗烧酒，该是多美的事。"又盘算着大船回来接自己还得些时间，便带着几名军兵，转身奔向酒馆的方向。

萧道成来到酒馆外时，天色渐渐亮了，云散雨收，却又起了雾，苍穹像是蒙上了一层厚厚的纱，丈余以外的物体朦朦胧胧，看上去若隐若现，若即若离。酒馆还没开门，两扇门板关得紧紧的。萧道成不管三七二十一，抬开篱笆，进了院子，命手下军兵上前砸门。

不一会儿，酒馆掌柜的睁着惺忪的睡眼，披着件青布长袍，拉开了门扇。他就是本地人，四十多岁年纪，方才晨睡正酣，忽被一阵惊天动地的砸门声吵醒，还以为是强人上门，却又避无可避，只得硬着头皮出来应付，待与萧道成打过招呼，才知对方只是要打酒，登时放下心，自然是倾其所有的殷勤接待。

掌柜的先端上个大肚子酒壶，里面是上好的烧酒，又拿出一盆昨天卤好的熟牛肉。萧道成和随行军兵都灌了几碗酒驱驱寒气，又买了十几坛酒和几十斤熟牛肉，准备到船上和弟兄们享用。

几个军兵合力将酒肉运到店外，准备回江边。四周氤氲的大雾弥漫，朦胧而迷离。篱笆墙突然大起大落地摇摆，好似一条蠕动的大蟒。随后，茫茫的雾气中传来"嗖嗖嗖"的破空之声。一名军兵一头栽倒在地，手里的酒坛子扔在地上，摔了个粉碎。他的同伴还没弄明白怎么回事，便已纷纷中箭，尽数倒地。雾中出现了几十个全副武装的军兵，手持弓弩，敏捷地越过长长的篱笆，迅速将小酒馆包围。

萧道成在店里掏出银子，付给了掌柜的，转身正要出门。忽听外面响起一连串的惨呼，便知道不妙。他倏然抽出腰刀，还没来得及出店，就见有四个人施施然走了进来。为首的是一个锦衣人，三十出头的年纪，脑门宽大，唇边留了两撇小胡子，长得敦敦实实的，手里拿着只射空的弩匣。他身后有两个身形矮壮的护卫，各背着把长刀，像幽魂一般贴近他。最后走进来的人，居然是于道严。

萧道成见了于道严，顿时一惊，如冰水浸身，觉得一阵尖锐的寒意如万千细针，把浑身刺得生疼。

于道严挽着螺旋形的发髻，已换去道袍，穿着一身戎装，脚上是一双长靴，胁下悬剑。他眯着两只眼睛，脸上露出得意的微笑，看了看萧道成，说："萧大人，久违了。"说着，上前两步，右手朝着锦衣人一摆，道："给你介绍一下，这位便是邓琬将军。"

萧道成久闻邓琬之名，素知此人胆大狂热且深谋远虑，不料在这荒郊野外的小酒馆遭遇。

邓琬扔了手里的弩匣，上下打量着萧道成，却不说话。

于道严又对萧道成说："我正随军攻打广陵，听麾下一员将官回报称令旗被抢，听他说了敌人的形貌，便猜到是你，随即点起军兵，追到江边，已将你的人和一批藤甲看押，又听说你在这里打酒，便与邓将军带了一小队人马赶来。"

萧道成不答，冷哼一声，眼睛回转过来，投向邓琬，却撞上了对方充满杀机的目光。

邓琬沉声道："你就是萧道成？今日落了单，不是我们的对手，还是乖乖就擒的好！"说着，便跃跃欲试的要动手。

萧道成生平也经历了不少艰危凶险，但当此处境，竟然一筹莫展，脑中转过了十多条计策，却觉没一条管用，看来只有硬碰硬的打出去了。他左手陡然击在身边的一张榆木桌上。桌子往上一翻，挟风厉啸的飞击向邓琬。邓琬反应却也不慢，迅若星火地拍出一掌，就听喀喇一阵响。一张桌子已是四分五裂。

萧道成不待碎桌子落地，手里长刀闪电般进击。邓琬撤身急退，砰砰两声，把身后两个护卫撞了个趔趄。他身形立定，低头看了看，见腰腹之际的袍子上已裂开一道口子。

邓琬死里逃生，惊得脸无人色，胸膛里发出沉闷的喘息声，嘴里咒骂了几句，又瞪向萧道成，眼里露出阴森的目光，"唰"的一声亮出单刀。

于道严抽出腰间长剑，说，"邓将军，你可要当心。这姓萧的可不好相与，卑职曾几次折在他的手里。"

掌柜的见他们凶巴巴地动起手来，吓得钻进柜台里，不敢露头。

于道严扬声道："咱们人多，先把这姓萧的围起来，让他顾此失彼。"

邓琬道："于道长说得不错。"说罢，两人慢慢移步，直至形成一前一后，与萧道成对峙着。两个护卫各持长刀，在萧道成的左右虎视眈眈，心知这是个必争之功，只待邓琬一声令下，即闪身从侧欺近，然后双刀齐下，便能将萧道成格杀当场。

萧道成见眼前的情形是一对四，自己毫无胜算。他寒着脸，刀脊贴背，转立夜战八方式。

邓琬眼神一烈，双眉一扬，暴喝一声："动手！"话音未落，单刀漾起一阵炫目的寒光，向萧道成劈来。

第十章 三千阴兵

萧道成心头突地一跳，横刀招架，倏觉膀臂一麻，心神骤分。这时，于道严已闪电般地在他身后出剑，长剑的锋芒如毒蛇吐信，直刺萧道成的颈项。他和邓琬配合默契，趁萧道成前后难以兼顾之际，痛下杀手，必要取其性命。

萧道成听到身后动静，但已来不及招架，心里暗道："完了。"

就在这电光火石般的一刹那，于道严那一剑，却擦过萧道成的脖颈，端端正正地刺入邓琬的咽喉！

邓琬闷哼一声，单刀落地，一手捂着喉咙，踉跄后退！

店里的一切，瞬间起了天翻地覆的大变化。邓琬死了，是死在于道严的剑下。他在全力对付萧道成之际，于道严却趁机把他格杀。几乎就在邓琬中剑的同时，于道严的身形一晃再晃，挟带着一股倏忽隐约的金风破空之声。一个护卫前心中剑，砰的一声，跌在地上。另一个护卫见势不妙，转身欲逃，一脚跨出了店门，但后心中了一剑，登时萎倒于地，半身伏在门槛上，鲜血汩汩而流。

屋外的几十个军兵见情形不对，正要冲过来。于道严手疾眼快，从一个侍卫腰里摸出一只弩匣，对准屋外，手指一按绷簧，就听"嗖嗖"之声不绝于耳。一匣子弩箭竟是支支不空，将外面的军兵射倒了一大片，其余的人吓破了胆，又是群龙无首，只得四散而逃。

萧道成看得目瞪口呆，手提长刀，怔在那里，有点摸不着头脑。

于道严一脸的桀骜，随手扔了弩匣，来到邓琬的尸体前，似是自言自语地道："杀你可真不容易。"然后手起剑落，将他的脑袋砍下，提起血淋淋的头颅，对萧道成说："刘骏为武陵王的时候，曾带兵杀过不少西阳蛮人，登基之后，更命将出师，在西阳一带搜山荡谷，恣行诛讨。明帝杀了刘骏之子而临天下，实是替蛮族报了大仇。如今四方动荡，正值用人之际，我愿率蛮族投靠朝廷，从此免得西阳一带兵连祸结、民户流荒。"说到这里，微微一笑，又道："萧大人，你我以前只是各为其主，并无私仇，将来同殿为臣，咱们曾经的过节一笔勾销，如何？"

萧道成这才明白，长吁了一口气，缓缓说道："也好！如今朝廷正缺兵马，有了你这支武装，局面自是大不相同。"说到这里，倒有些佩服对方的心机。

于道严随手轻轻巧巧地耍了个剑花，"嚓"的一声，将长剑还鞘，说："萧大人放心！江边的兵马全是我的蛮军队伍。我回去就下令放了你的部下，然后带兵过江去晋见皇上。"又晃了晃手里血淋淋的头颅，道："这个晋见之礼还不算薄吧？"言罢，得意地笑了两声，出门扬长而去。

十几天后的半夜，月亮隐在云层里。广陵城外黑沉沉伸手不见五指，这里与京口隔江相望，同为京畿战略要地。城外二十里处是一片临时建起来的军帐，外面环绕着一圈半人高的木栅，便成了个规模不小的军营，里面驻扎着刘子勋的逾万名叛军士兵。

雾气起伏跌宕，旋转奔腾，好像大海里的波涛。叛军的几队哨兵正在营里巡逻，手持刀矛，穿插来去。这些日子，叛军包围了广陵之后，见宋明帝的"王师"渐显败象，以为江山即将易主，故而很是放松，忽听营外响起了几声尖锐凄厉的怪声。哨兵们觉得疑惑，赶紧来到外围的栅栏边。

一阵阴风刮过，飞沙走石，将浓雾吹散。随即，狂风一敛，月亮也露出。惨淡的月光下，营外的平地上赫然出现了数千名军兵。这些人仿佛横空而出，都戴着头盔，身上却披着东晋军装，排列的整整齐齐，默不作声地立在那里，最前面还打出一杆军旗。旗上斗大的字迹在蒙蒙的月光下看得分明，题的是东晋将领苏峻的名号，只是字迹呈鲜红色，于诡异中透着鬼气森森。

几个叛军哨兵见此情形，不禁打了个寒战，急忙敲锣，向营中的士兵发出警告。一万多叛军从梦中惊醒，纷纷披衣出帐，各执刀矛，做好战斗准备。茫茫夜色中，营外"东晋将士们"的嘴里突然发出鬼哭狼嚎般的怪叫，令人毛骨悚然，然后就直冲了过来。叛军将领一声号令，顿时万箭齐发，却不见对方有人倒地。

这些"东晋将士"个个面色铁青、面目狰狞，仿佛刀枪不入似的，眨眼间就越栅冲进营里，挥舞着刀斧戟叉，杀得叛军毫无还手之力。叛军们被吓破了胆，扔下几千具尸体，狼狈逃跑。

原来，宋明帝得到黄回、萧道成运回的三千副藤甲后，又获于道严率蛮兵来投，不禁大喜过望。他拿出国库中的大量金银玉帛，在于道严麾下招募

第十章 三千阴兵

了三千名剽悍的蛮人。这些蛮人弓马娴熟，骁勇善战，在作战前，内穿柔韧的藤甲，外着临时赶制的东晋军服，再用锅底灰涂脸，打扮得面目狰狞，口中都有一枚"夺魂哨"。他们除了装扮的面相可怕，最主要的武器是刀枪不入的"藤甲"，在于道严的率领下，每每趁着夜色向叛军发起攻击，一边吹响哨子发出凄厉的怪音，一边砍瓜切菜般地屠杀惊恐万状的敌人。

叛军自然不晓内情，认定刘彧是借了一支由东晋士兵亡魂组成的"阴兵"，从此人心惶惶，对刘彧产生无限的惧怕，以为他能通灵，会法术。朝廷的军队则士气大振，战斗力越来越强，且每遇劲敌，必有"阴兵"前来助战，自然是所向披靡。

数月间，黄回、萧道成所部与各路宋军势如破竹，连克义兴、吴兴、晋陵，一直打到了钱塘。九月十九日，宋军渡钱塘江，破西陵、平会稽，擒刘子勋送京师处斩。叛军领兵官共七十六人，被斩了十七人，其余皆被俘。至此，三吴皆平。薛安都见风使舵，也向明帝投诚。黄回、萧道成等人率兵凯旋回到了京城。

宋明帝从此坐稳了江山，为了自神其事，特意下诏，表彰"阴兵"最高指挥官苏峻，还在下关老虎山为苏峻建了座规模宏大的"苏大将军庙"，继而论功行赏，分封有功将帅，以萧道成假冠军将军、持节、都督北讨前锋诸军事，镇守淮阴（今江苏省淮安市）；以黄回为羽林大将军。

已是深秋，这晚的夜色十分美好，繁星满天。太极殿外高大的梧桐树特别招风，正发出巨大的沙沙声，树影无比清晰的投在窗上。殿内红烛高烧，连墙上描金的饰线都照得清清楚楚。宋明帝披着件九龙袍，四平八稳地坐在龙椅上，脸庞在烛光的映照下显得更加圆润。

于道严穿着一身簇新的朝服，立在龙书案旁，心里虽是洋洋自得，脸上却做出一副恭谨的样子，心想："过去的半年里，我和蛮兵东征破敌，可谓立下了汗马功劳。皇上为了维持'阴兵'的神秘性，不便公然褒奖于我，今晚特诏我入宫，必有殊赏！"

宋明帝仿佛是看透了他的心思，果然没让他失望，开口对于道严说："朕自登基后，东征西讨，平定四方，威怀所被，罩自遐远。于爱卿披坚执锐，与蛮人实是立下了殊勋。今域内澄清，朕特封你为'四山王'。卿可与蛮人还西阳旧居，安堵复业，从此为我朝北境捍蔽。"

于道严听自己被封王，不由得喜出望外，只觉全身轻飘飘的，连忙跪倒谢恩，称："自元嘉以后，朝廷深赋厚敛，天下骚动。西阳蛮族倾资扫蓄，犹有未供。皇上登基以来，扫平叛乱，河晏海清。臣斗胆，敢请免去蛮族五年租赋！"

明帝抚掌大赞道："这是卿一片爱民之心，朕有什么不允的？"

于道严忙又磕头谢恩。明帝再三让其平身，然后就命人颁赐王印。一个太监走到道严面前，将手里的一个锦盒递给他。锦盒约有尺许长，外面镶着红缎。于道严恭恭敬敬地接过，只觉触手有些沉重。

明帝笑吟吟地道："盒中是颗新铸的王印，于爱卿可打开看看。"

于道严躬身道："臣遵旨。"正说着，就听盒子里发出"咔嚓"一声轻响。盒底突然探出一只铁夹，将他的双手十指紧紧夹住。原来这锦盒是高手匠人所制，内藏弹簧机关，带动这把铁夹越收越紧。

霎时间，于道严只觉两手剧痛，指骨几乎折断，满头都是黄豆大小的汗珠，道："陛下，这……这是干什么？"

宋明帝立起身来，两手扶着龙书案，阴森森地对他说："'非我族类，其心必异！'你麾下有三千精兵，又有蛮族为后盾，怎么能让朕放心呢。朕想来想去，为了江山社稷，只得将你除掉。"话音刚落，一个人影从于道严身后出现，闪电般的将一条细麻绳套在他的脖子上，并全力迅速收紧。

于道严什么都明白了，脑海里有"鸟尽弓藏"四个字一闪而过。他的呼吸被阻断，脸痛苦地扭曲着，两个眼珠子突出，恶狠狠地瞪着刘彧，喉咙里咯咯直响，却是一句话也说不出来。

宋明帝冷冷地看着他，又道："朕知道你想说什么，指望着那些蛮兵替你报仇是不是？他们现屯扎在城外的楼船上，但船舱里已堆满炸药。你死之后，朕就派人发出信号，很快就有人送他们去见阎王了。"

于道严听了，绝望地吐出最后一口气，脑袋耷拉下来，整个人软绵绵地倒地身亡。他处心积虑地想要飞黄腾达，也干了些轰轰烈烈的大事，到头来

第十章 三千阴兵

却落了这么个下场。

月亮怕冷似的，隐进了厚厚的云层，连星光也暗淡了许多。建康城外，风声瑟瑟，树影幢幢。深秋的夜晚，另有一种苍凉的意味。狭长的江岸边，不见货船和打鱼人的小舟，只停泊着一艘楼船。楼船上空猎猎飘扬着几面五色旌旗，船身两侧整齐地排列着十六对艄桨。

三千"阴兵"正在楼船上，已全都领了赏赐，正等待着他们的首领于道严归来，然后就连夜乘船启航，用不多久就能回到西阳了。他们想到能够衣锦还乡，一个个正兴高采烈地憧憬着将来的美好生活。远处，是隐隐约约的京城。高大的城墙黑沉沉的，城头上却燃起了一堆篝火，红艳艳的火苗，在暗夜里显得分外显眼。

几个蛮兵喝过了酒，带着酒后的微醺，舒坦地扶着船舷，遥望着城头的篝火，指指点点，说说笑笑。但他们并不知道，此时在他们头顶的桅杆之上，一个船工也在凝望着那堆火焰。这船工肤色黝黑，光着头，身披青布裤褂，面无表情地攀住横杆，一手搭起凉棚，见到远方的篝火后，便灵巧地顺着桅杆滑落到甲板。船上像他这样的船工，至少有几十号人，任谁也不会特别留意。这个船工在甲板上钻来钻去，来到中央的舱口处，哈腰钻了进去，用两只光脚轮流踏住船舱内的木梯，悄无声息地来到甲板下方的舱里。

船舱颇为巨大，建造得也很精巧，绝没有一寸地方浪费，里面分割成多个舱室，有伙房、水手歇息的号房及存放物资的库房。周围一片晦暗，潮湿的空气中弥漫着一股霉腐的气味，却空无一人。外面的喧闹声透过舱壁，隐隐传来。这名船工打着了火折子，便有一簇小火苗在掌中悄然绽放，打破了这片沉滞的黑暗，将他飘忽不定的身影映在舱壁之上。

他借着这微光，径直来到最近的一间舱室前，取出钥匙，打开舱门上的铁锁，推门走了进去。这间舱室的空间并不逼仄，里面本应放着几百块压舱用的石头，如今却只有百十个柏木大桶。每个木桶都有一人多高，体型巨大，底下铺着厚厚的草垫，在舱里堆的密密麻麻，几乎填塞了整个舱室，从里面散发出一股火药味。

船工抬手掀开最外面一个木桶上的盖子，从桶里扯出一根长长的火绒绳，小心翼翼地直扯到木梯前。他侧耳听了听甲板上的动静，然后毫不犹豫的用火折子将绒绳点燃，随手扔了火折子，飞快地沿着木梯上到甲板。

一阵冷风迎面袭来，外面已经黑透了。船老大正用简洁的语言发出几个信号。水手们按他的指令，有节奏地喊着号子，齐心协力地调动帆面，做着启航前的最后准备。这个船工不管不顾地推开众人，头也不回地冲到舷边，一个鱼跃就跳进了江里。

周围的人见此情形，面面相觑，不明所以，然而过了片刻，就觉脚下一震，爆炸发生了。整个船肋像是吹气似地鼓了起来，随即在"咯吱咯吱"的悲鸣声中向外爆裂弯折。龙骨、翼梁、中舷等化作片片碎木，混杂着人们的残体激射而出。紧接着，一团无比炽热的火焰自底舱升腾而出，顺着橹口喷发，吞噬了两舷。火焰快速的攀升，把船上的木楼变成一根耀眼夺目的火炬。硕大无朋的楼船樯倾楫摧，很快就断为两截，舰首和舰尾均高高翘起，直立在江面上，又缓缓地向深青色的江水里沉去。断成几截的桅杆、帆布、碎木条和大量衣物漂浮在水面。江上弥漫着一股刺鼻的硝烟味道。

黄回带麾下精兵埋伏在江边，一听到爆炸声，立即封锁了江岸。不一会儿，百十个侥幸逃脱的蛮兵，浑身湿淋淋地爬上岸来。他们脸面漆黑，头发被烧去了一多半，遍体鳞伤，浑身衣物被炸得残缺不全，甫一上岸，跑的跑，挤的挤，乱成一团，随后，便被黄回与他的部下悉数擒杀，无一例外的陈尸江滩。

萧道成还没去淮阴上任，奉诏率所部策应黄回。他与王敬则、张敬儿、薛渊等人立马江边，看着不远处的半截楼船在江面上燃烧。江面上漂浮着无数蛮人的尸体，更有断臂残肢随波起伏。江水被火光映的通红，如一望无际的血海。江声呜咽，像是蛮人们凄厉的呐喊。萧道成想到刘彧的残忍，不禁打了个寒战。

本章注：《南史·建安王休仁传》载：明帝初与苏侯（苏峻）神结为兄弟，以祈福助。及事平，与休仁书曰："此段殊得苏兄神力。"故民间有宋明帝借助冥府阴兵平定叛乱的传说。

第十一章　出镇淮阴

萧道成骑马在前,听到身后异响,忙回头看时,就见一个身形正纵上车顶,便知不妙。他当下不及多想,双手一按马鞍,整个人倒纵而起,空中一个转身,如离弦之箭似的向着刺客扑去。

南朝宋泰始三年(467年)七月,烈日当头。淮阴码头前舰船往来,桅帆林立。大大小小的船舶接旗连旌,从四面八方汇集在码头前,又很有秩序的排成长长的一列,交错挪动着,准备在码头上接受检查。这个码头距淮阴城三十里,是两淮的漕运枢纽,附近是鳞次栉比的商铺、工坊,更有柳荫成排,旁边的滩里生长着大片芦苇。

淮阴城(今江苏淮安城北)中所需物资,多仰仗着荆州和江州这两个鱼米之乡的供应。荆、江二州的船队每天经淮河来到码头,再将所载的物资转运进城。张敬儿随萧道成来淮阴已有大半年,虽然才二十出头,但还是顺顺利利的升了副将,负责检查进入码头的所有货船。

张敬儿的身量也长高了不少,顶盔挂甲,手按腰刀,两只眼睛溜溜地转着,神气活现地站在一艘官船上。他为人聪明,乍来码头时虽觉满眼混乱不堪,但很快在这一片狼藉嘈杂中,摸出了其中蕴藏的秩序,并能有条不紊地查验船队上的物资。

中午时分,晴空万里,太阳越升越高。淮河上无风无浪,泛起万道金光。远处又浩浩荡荡地来了一只船队。十几条船吃水线都很深,船头高高昂起,像一匹匹脱缰的野马,劈波斩浪而来,甲板上都堆放着成袋的粮食、布匹等物资。船队抵近码头后，放缓船速。张敬儿挥了挥手，命舵手划着船迎了上去。对面船上的人自觉地下锚停航，将船停稳，又搭过一条跳板。张敬儿与十几个军兵走上跳板，来到对面船上，准备点验货物。

淮河里水平如镜，河面上腾起丝丝缕缕的湿气。一个穿丝绸长衫的中年客商立在船头，他头上梳着发髻，脸颊瘦削，下颌留着一圈硬邦邦的络腮黑胡，整个人足有七尺多高，看起来很是精明，客客气气道："张将军，又碰上您老人家了。这批货的手续都在这儿呢，一样不少。"说完把手里的货单递了过来。

张敬儿认得他是淮阴城中一家粮店的掌柜，顺手接过那几张薄薄的纸片，用一副例行公事的口吻问道："陈掌柜的又是亲自去进的货？路上的各关口都查验过了吗？"

陈掌柜黝黑的脸上挂着讨好的笑容，道："小人在江州进的上好大米，一路上都抽查过了。不过话说回来，咱这些货，一不违禁二不逾制，没有任何问题。"

张敬儿出身低微，其实并不识字，装模作样地翻阅了一下货单，见上面有各地关隘的勘过签押，便将其递回陈掌柜手里，不动声色地在船上转了两圈，打量着堆在船头上的米袋，没发现什么异样，再盘问了陈掌柜几句，听对方倒也答的滴水不漏，便又到其他的几艘船上检查了一遍。

各船上的货物没有任何问题，除了大米就是蔬菜。每条船上都有十几个年轻的伙计，身体健壮，穿着各色衣服，垂手立在船舷，默不作声听凭检视。

中午时分，炽热的阳光投向大地。湖水好像要沸腾了似的，热的有些烫手。陈掌柜额上汗津津的，一直随在张敬儿身后，悄悄地从怀里掏出几枚金瓜子，趁人不备，塞到张敬儿手里，压低声音道："张将军，咱们都是老熟人了，一点儿小意思，请您笑纳。"

张敬儿捏了捏这几枚金瓜子，估摸着足有一两，心里暗喜，便揣起了金子，让军士填了张凭据，一式两份，一份交与陈掌柜，另一份准备上报存档，然后带着人返到自己的船上。

第十一章　出镇淮阴

　　陈掌柜立在货船的舷边，抱拳致谢。船老大不待吩咐，已老练地指挥着回船靠岸，将船队稳稳地驶进码头。穿着短褂的船夫和伙计们一拥而上，在船老大的呼喝声中抬下成袋的货物，又踩着长长的踏板，将货卸下船再装到岸边停靠的十几辆大车上。

　　陈掌柜也下船上岸，警惕地朝左右望了望，便钻进一辆带篷子的马车。随着一阵马骡嘶鸣之声，众伙计前呼后拥，随着车队向东边的淮阴城行去。

　　下午时分，河面上渐渐起了风，到来的货船明显少了起来。张敬儿将查验工作交与手下的一名校尉，骑上马，带了几名亲兵向着淮阴城而去。三十里的路，一会儿就到了。淮阴城方圆十余里，外有巍峨的青砖城墙，四面各开有一道城门。南门又称射阳门，上面建有三丈多高的敌楼，敌楼的顶脊上覆盖着密密层层的乌瓦。

　　张敬儿等人经由射阳门进城，走过长长的门洞，又踏上一条五、六丈宽的街道。路面非常平整，是用一条条青色石条拼接而成。路上车马络绎不绝，行人摩肩接踵。两边有一排排的钱庄、当铺、酒肆、食摊、杂货店等，旗幌交错，牌匾接连。

　　淮阴太守府位于城南，临着一条长街，这里不似北城繁盛，民居寺观不甚密集。太守府外高墙苍瓦，门前左右两个石狮子守门，还有百余名武士持戟肃立，却没有行人，只有一辆四轮马车停在大门之外。这是一辆装潢华贵的车，前有四匹白色骏马驾辕，两侧垂遮帷帘，看不清里面，车厢上雕刻着繁复的花纹。车后有十几名披甲武士，每人手里都打着各色旗幡。

　　张敬儿见府外已然净街，就知道必有贵官到来，连忙下马进府，走过宽敞的庭院，来到前厅。前厅也是府衙，迎门摆着一张阔大的桌案，案上堆着不少簿册、公文。萧道成已近四旬，眼角微微出现了鱼尾纹，披着件黑色锦袍，坐在桌案一侧，身后立着薛渊和王敬则。案子后的交椅上坐着一位中年官员。这人白白净净的面孔，颔下三绺长须，穿着一身崭新的官服，腰系玉带，浑身散发着一种与地方官员完全不同的气质。

　　萧道成脸上带着少有的恭谨之色，似在与之商量着什么重要的事，见张敬儿到来，便道；"敬儿，你来得正好。徐州刺史薛安都又反了，朝廷诏令我们出兵。"又向张敬儿介绍道："这位便是前来传诏的使者袁彬大人。"袁彬祖籍陈郡（今河南省周口市一带），是吏部尚书袁粲的兄弟。陈郡袁氏是当时的高门大族，与琅琊王氏、陈郡谢氏、兰陵萧氏并称四大侨姓。袁彬门第高华，本人又很有本事，入仕之后历官清显，数年之间便平步青云，现任尚书吏部郎、侍中，是宋明帝的亲信。张敬儿在京期间就听过袁彬之名，当下忙上前见过。

袁彬捋着颌下不多的几茎胡须，道："薛安都反复无常，降而复叛，由彭城出兵，率马步万余人，自睢陵渡淮，有入寇淮阴的企图。袁某奉诏到此节制诸路军马，还望诸公襄助。"淮阴东临黄海，西接江淮平原，北有淮泗两条大河，境内虽没崇山峻岭，却控制南北交通要道，地理位置非常重要，称得上是两淮重镇。如今有了战事，明帝派亲信到这里督军，倒也并不奇怪。

张敬儿刚过了半年的舒坦日子，俸禄所积加上码头船主们的"孝敬"，已攒了几百两银子，正准备着买房置地，想不到又要打仗，便问道："这薛安都刚投降不久，为什么又要造反……？"刚说到这里，就觉得旁边的王敬则捅了他一下，便住了口。

袁彬却没有留意张敬儿的问话，只低着头看萧道成递过来的一本簿册。

王敬则附在张敬儿耳边，嘀咕道："皇上不仅杀了刘子勋，还宰了他的二十八个兄弟，薛安都能踏实得了？不反才怪！你少乱打听。"

张敬儿这才恍然大悟，不敢再多话，闷着头听着萧道成与袁彬调遣军资器械，良久方罢。

已是傍晚，落日余晖被层层叠叠的树叶过滤，透进厅来，在地上变成了淡淡的光晕。萧道成命人献茶，道："薛安都虽狡猾有余，但才识不足。今有袁大人运筹帷幄，再加上众军猛锐，何往不克？还请大人不必过劳。"说着，又命人摆酒。

袁彬从仆役手里接过茶杯，轻轻呷了两口，撂下杯子，道："薛安都已抵近百里之外，对淮阴城是志在必得。淮阴若是有失，则两淮危矣。兄弟不敢自逸，还要巡视城防，回来再与诸君痛饮。"说着，便振衣而起。

萧道成忙也站起，道："袁大人勤勉之至！萧某很是佩服，自当携属下奉陪。"即派人在府外备马，又与王敬则等随着袁彬出厅，来到府外。

夕阳慢慢坠下城头，满天的红霞。微风里带着道边槐花的清芬，轻轻地吹拂着人们的面颊与发鬓。袁彬向着萧道成一拱手，低头钻进了马车。萧道成等人骑上马，在前引路。

车夫斜坐在车辕后，轻轻地甩了一下手里的皮鞭。四匹辕马同时转动了一下耳朵，喷出不安的鼻息，扬蹄迈步，拉着马车向前直奔，十几名披甲武士在后紧随。车队辚辚启动，眨眼间就到了这条大街的东头，前面是个十字路口。

街道上方陡然传来一阵衣襟破空之声，一个黑衣人如一只大雕，从一处屋顶纵落到疾驰的马车上。路面不怎么平，马车驶的又快，车厢自然颠簸得厉害。那人的两脚却像钉子一样，牢牢地立在车顶上，整个人稳如泰山。他甫一站稳身形，便朝车顶上重重地踹了一脚，登时将车顶踹破了一个大洞。

袁彬正坐在车厢里，闻声抬起头来，正与刺客看了个对眼。刺客脸上蒙着黑巾，只露出一双犀利如鹘鹰的眼睛，哈哈一笑，笑声里充满了邪恶之意，然后右手腰刀向下直刺，正中袁彬的额头。袁彬连一声惨叫都没来得及发出，便倒在血泊之中。

萧道成骑马在前，听到身后异响，忙回头看时，就见一个身形正纵上车顶，便知不妙。他当下不及多想，双手一按马鞍，整个人倒纵而起，空中一个转身，如离弦之箭似的向着刺客扑去。

刺客一刀得手，正想再补一刀，却见萧道成扑到，反手一刀就剁了过去。萧道成人在半空，右手一振，擎出腰刀招架。两刀相撞，就听"当"的一声，溅出几点火花。萧道成只觉对方腕力极大，在这一瞬间，瞥见对方的眉骨上有一道细微的伤疤，便顺势落到地上。刺客不再恋战，腾身而起，轻捷地越过一片屋脊，踩的屋瓦一片乱响，很快就消失得无影无踪。

萧道成挂念着袁彬，也不去追赶，还刀入鞘，疾步回到马车前，从敞开的车门处向里一望，发现袁彬斜侧着身子靠在车厢上。他的额头上出现了个血洞，鲜血正汩汩的从里面流出。

王敬则等人也都赶了过来,一个个面色凝重地围在车旁。张敬儿向前一步,伸手探了探袁彬的鼻息,回过头来,对着萧道成,缓缓摇了摇头。

薛渊搓着手道:"卑职这就派人封锁四城,不许闲杂人等出入,挖地三尺,也得把刺客找出来。"

王敬则却持异议,道:"淮阴城里人口众多,挨家挨户的搜捕得需要多少人马?这样的阖城大索,会让整个城市都扰动不安,而且未必能找到凶手。"这话倒是不错。淮阴城里近万户,三教九流等各种势力交错纠葛。薛渊想在偌大的城市里穿梭寻人,未免太不现实了。

张敬儿道:"王大哥说的是,公然搜捕绝不可行,不妨调遣少量精锐,暗中擒贼。"他早年本是王敬则手下的兄弟,如今称呼起来仍改不了旧日的习惯。

薛渊有些不服气,反唇相讥道:"你若只带那么点子人在城里找寻刺客,和大海捞针又有什么区别?"

天边的晚霞渐渐没了色彩,四周的景物开始模糊起来。萧道成伫立在马车前,颔首低额,任由夜风吹过发丝。他也听到了薛渊等人的争执,却似充耳不闻,思索良久,才抬起头来,说:"大伙儿先别吵了,我倒是有个主意。"

王敬则等人听了,一齐收声。三个人六只眼睛,全都望向萧道成。

萧道成朝左右看了看,见周围并无闲杂人等,便低声说:"这个刺客下手匆匆,未必知道袁大人的死活。咱们不妨来个将计就计,或许有效。"说着,将王敬则、薛渊与张敬儿招呼到身边,低声嘱咐了几句。

淮阴城的大街小巷里都传遍了,称前来督军的袁大人被刺客刺瞎了一只眼,伤及脑部;太守府里重金悬赏,征求名医前来诊治。

所谓"重赏之下,必有勇夫。"淮城中一等一的名医,当属"回春堂"的陆大夫,此人五十多岁的年纪,行了大半辈子医,听说酬劳丰厚,当即兴兴头头的赶来,使出浑身解数,为太守府里的伤者用药调治。据陆大夫自己说,用不了仨月,就能使伤者康复如初。

几天之后的一个清晨,朝阳爬上了城头。阳光透过树枝、在地面上投

第十一章 出镇淮阴

下稀疏斑驳的影子。淮阴太守府的门前来了个大夫打扮的人，手里提着只小药箱。薛渊吃过早饭，正带队在门前巡逻，见此人并非陆大夫，便上前拦住盘查。

来人满脸都是笑，点头哈腰的道："敝姓赵，与陆大夫同在'回春堂'。今日陆大夫家里有事，暂时不能来了，好在袁大人的伤势已大为好转，故命小的前来。"

薛渊上下打量了对方两眼，见对方是个三十出头的中年人，又三言两语盘问了几句。这人讲起医术，倒也说得头头是道。薛渊挑不出什么毛病，便引着他进了府，绕过照壁，到了院子里。

庭院占地半亩有余，西墙下植着些花草，还有二十几根竹子。每根竹子足有五、六丈高。竹枝上歇息着许多小鸟，因为茂盛的竹叶可以为鸟儿们遮阳挡雨。

薛渊引着赵大夫走进竹丛对面的厢房。厢房四壁粉刷的雪白，窗上糊着五色纱。一张雕花大床摆在窗前，上面垂着青色的帐幔。一个人头上缠着厚厚的绷带，紧闭着双眼，呼吸时急时缓，身上盖着块毛毯子，正躺在床上，突然又呻吟了几声，似乎要从昏睡中醒过来。

薛渊漫不经心地上前，随手将帐子撩起，请赵大夫坐在床前的一把椅子上。赵大夫将药箱搁在地上，仔细地号过脉，向着薛渊点了点头，意示无碍，又俯身从药箱里取出一粒黑乎乎的药丸，道："这颗小店特制的人参续命丸，有起死回生的奇效，是陆大夫特命我捎来的，请将军去取碗温水来。"薛渊依言，匆匆而出。

赵大夫见屋内再无旁人，又侧耳倾听，没听到外面有什么动静，脸色突然变得有些狰狞，顺手从腰间摸出一把匕首，恶狠狠地朝床上的病人刺去。刀尖闪烁着寒光，马上就要触及病人的胸口了。毯子下突然伸出一只手，那手快如闪电，一下子就钳住了大夫的手腕。紧接着，布单一掀，原本躺在床上的病人竟坐起身来，咧嘴笑道："'医者仁心'，你为何却要杀我？"这人却是王敬则，刚才的一切是与萧道成等人商议后，做的一出好戏。

赵大夫情知中计，脸色一变，右手回夺，左掌全力劈出，直击王敬则的太阳穴。王敬则侧脸闪过，一脚踢了过去，正中对方的小腹。赵大夫闷哼一声，整个人带着椅子朝后倒去，一头摔在地上。虽然疼的眼冒金星，但还是顺势打了个滚，到了门边，像只皮球似的急弹而起，顾不得捡地上的匕首，头也不回地逃出屋外。

正在这时，竹丛里弓弦急响，一箭急射而至，竟将赵大夫的小腿射了个对穿。赵大夫直挺挺地摔倒在地，如同一只废弃的麻包袋，鲜血从他的小腿上汩汩流出，很快浸透了他的裤子。早已埋伏在屋外的张敬儿、薛渊等人扑过去，把他五花大绑起来。

萧道成手里提着张弓，从竹后走出，健步来到近前，低头看了看赵大夫眉骨上的刀疤，道："那天刺杀袁大人的也是你吧。"这"赵大夫"自然是刺客假扮的，他紧抿着两片薄薄的嘴唇，疼的脸上的肌肉扭曲，却只是一言不发。萧道成冷哼了一声，便让人将其押至刑房讯问。

中午时分，万里碧空中飘浮着朵朵白云，阳光照在淮阴太守府上，也给刑房的屋瓦上镀上了一层金色。刑房是一栋低矮的砖屋，四面的砖墙上挂着皮鞭、铁索。萧道成面色凝重与张敬儿立在房中，身旁还有几个膀大腰圆的打手，都拿着各式各样的刑具。

刺客颈中戴着大枷，四肢有镣铐锁住，脚上还有木棍支开，这样在受刑时就不能挣扎。他经过半日的严刑拷打之后，已是遍体鳞伤，两个膝盖骨全被削掉，浑身瘫软倒在地上。

强烈的日光透窗而入，占据着房间的每个角落。刺客的眼睛受到光芒刺激，眼睛闭上，随后又张开，脸颊肌肉不时轻轻地抽动了两下。

薛渊擦着额头上的汗，从外面进来，对萧道成说："大人！派到'回春堂'去的人回来了，说陆大夫全家被杀。"

萧道成早有预料，听了薛渊的话，倒也并不意外，只是微微点了点头。

薛渊又瞧了瞧奄奄一息的刺客，谨慎地问道："这家伙还没招？"

王敬则正从屋外进来，手里提着一桶沸水，大概是刚在厨房里烧开的，道："薛兄弟，你看我今天给你玩个新花样，保管他乖乖的招供。"

张敬儿上前一步，将刺客的裤腿撕开，露出他的两条小腿。王敬则提起木桶，将半桶滚开的水泼在他裸露的小腿上。刺客被烫的龇牙咧嘴，胸口剧烈地起伏。

刺客虽然凶悍，但还是疼痛得不停扭动，却又无法挣脱，最后鬼哭狼嚎般地叫道："住手！我……我招了。"王敬则得意的一笑，这才停手。

萧道成上前一步，问道："你们来了多少人？"

刺客喘吁吁的道："城里有一百多人。"

萧道成心里一沉，道："这么多！你们是怎么混进来的？"

刺客却又沉默了。王敬则早有准备，从怀里掏出一包大粒盐，一下子全抹在刺客血淋淋的伤口上。

刺客杀猪般的惨叫起来，只得吐供："我和两个弟兄受薛安都将军的指派，先进的城，躲在西关街陈家粮店里，伺机刺杀袁彬。另有一百多弟兄，假扮成运粮食的，前几天才进的城。"

张敬儿听到这里，插言道："你们那么多人，是由谁领进来的？"

刺客道："便是陈家粮店的陈掌柜！此人收了我们二百两赤金，答应做我们的内线。"

张敬儿一跺脚，脱口而出道："这家伙的话不假。"

萧道成等不明所以，一齐望着他。

张敬儿是个直脾气，不待别人问询，便将那天的事情和盘托出，说："几天前，城中的陈掌柜确实押着十几船的粮食，带着许多伙计打扮的人到了码头。我当时也是大意，没有仔细搜检，便放他们上岸进了城。"说到这里，心里暗想："老陈收了二百两黄金，不过贿赂我几枚金瓜子，这样算下来，他自己可是血赚不亏。"

萧道成等人听了他的话，都大为紧张，因为谁也料想不到，这些敌人会在城里闹出什么样的乱子。

薛渊急切地说："咱们既已知道敌人藏匿的所在，那就别再耽误时间了。卑职请令，愿带兵去捉。"

萧道成暗想："这些人受薛安都之命，既敢冒险深入，必是悍不畏死的敢战之士。薛渊去了，未必拾掇的下。"想到这里，便道："薛兄弟，事关重大，还是我亲自走一趟的好。"说到这里,与王敬则等人匆匆出了刑房,仓促之间,不及召集城防部队,只集齐了府里的三百亲兵。

萧赜在后院听到消息,也奔到前边来。他今年已二十出头,一头乌黑茂密的头发被竹冠高高挽起,白白净净的面孔显得很清秀,两只眼睛不算大却很有神,笔挺修长的身材,穿着一身墨绿色劲装,内松外紧十分合身。他自幼受到父母的严格管教,单日习文,双日练武,于刀法已得乃父真传,这会儿便想随众同去。

萧道成瞅了一眼儿子青涩的面孔,不肯让他涉险,只命萧赜在府里留守,然后便和王敬则等人带着亲兵出了府。

府外的树木低垂着无精打采的枝干,叶子都打了卷。萧道成带着队伍,轻车熟路地穿街过巷,到了傍晚时分,就来到西关的陈家粮店。

长街上笼罩着一片茫茫的暮色,两边只有稀稀落落的几点灯光在眨眼,显得空蒙而落寞。粮店已关门下板,门外冷清清的。街上还有不多的行人,或提篮或担担,并没有意识到敌人就潜伏在身边,见萧道成的大队人马奔驰而至,都露出诧异的神色,一个个走避不迭。

萧道成也不去管他们,立在店前一挥手,王敬则、张敬儿、薛渊各领军兵呼啦啦散开,将店铺团团包围。一个军兵上前砸门,良久,却不见有人来开门。薛渊手执一根镔铁大棍,不耐烦起来,迈步走上台阶,将军兵推到一旁,将手中铁棍朝着门上狠狠地砸了过去。就听"呼呼"几声。两扇门脱枢飞起,又落在地上。几十个军兵各执刀枪,随在萧道成、薛渊等人身后,一拥而入。

店内也不过两间屋子大小,迎门摆着一架五尺多高的木制屏风,上面雕刻着精美的花纹。众人绕过屏风,环顾四周,发现两侧的墙边摆放着红木的货架。货架上的罗屉半抽出来,里面空空如也。许多物件凌乱地散落在地上,其中有一件摔成两瓣的鎏金茶盘。一个伙计的尸体靠墙倒着,胸口血迹斑斑。货架旁的柜台前还倒着一个人,已没了呼吸,嘴角处犹自渗出血迹,看来死去未久。张敬儿一眼就认了出来,这人正是陈掌柜。他虽然将刺客带进淮阴城,却还是被人灭了口。

第十一章　出镇淮阴

萧道成鼻子里闻到一股浓烈的血腥味儿，右手一探，"呛啷"的一声抽出腰刀，快步绕过柜台，见眼前是一扇虚掩的小门，门上挂着一把拳头大小的铜锁。黄澄澄的锁头已被打开，锁眼上还插着一把铜钥匙。萧道成抬脚踹开小门，侧身闯了进去，王敬则和张敬儿紧随在后。里面是间库房的样子，却已没有了人，只有些成袋的大米被丢弃在地上。另外还有一只包着铜角的木箱子，半开着箱盖，露出里面的财物。

萧道成知道扑了个空，嘴里像含了苦胆，只觉又苦又涩。他难抑烦躁的心情，挥刀砍在米袋子上。布袋裂开了一个大口子，里面白花花的大米"哗啦"落在了地上。

张敬儿小心翼翼地说："大人不必焦虑，我与王大哥这就带人四处搜捕，必要寻得这帮狗贼的踪迹。"

萧道成也没有更好的办法，只好让王敬则等人分头领兵在城里四处寻查。他安排妥当之后，离了西关，穿过寥落的街道，回到府里，准备再调些人手去增援王敬则。

城头隐隐传来更鼓的声音，在寂静的夜空中响过，随后便是一片沉滞的寂静。萧道成的脸上微带着疲惫之色，进了前厅，立在桌前的烛光影里，刚取出调兵的令箭，忽听窗外传来一阵扑落落的翅膀拍动声。紧接着，一群栖息的鸟雀从院里的竹枝上惊飞而起。他顿然觉得不对，一口吹熄了桌上的蜡烛，将令箭揣进怀里，快步走到窗前，从窗户的缝隙里向外窥视。

外面的夜色像一张黑漆漆的大网，悄悄地撒落下来，笼罩了一切。太守府数丈高的院墙上已跃上十几条黑衣大汉，他们先后纵落到地上，从里面打开了大门。外面有一百多人，手里都持着兵刃，鸦雀无声地涌了进来。这些人全着黑色的衣服，沉默却又坚决的向前厅逼近。太守府里的精锐尽出，正在武备废弛的时候。仅剩的两个亲兵在厅外值守，见此情形，拔刀上前，没几个照面便被来袭者杀掉，陈尸在厅外的冬青丛里。

萧道成这才明白，原来这批潜入城中的敌人不仅要刺杀袁彬，还要来杀掉淮阴的军政首脑。他虽置个人生死于度外，但也懂得"覆巢之下无有完卵"的道理，想到后院的妻儿，急出一脑门子的汗，转身飞快地来到后窗前，奋力向外一跳，撞碎窗棂而出，又在地上打了个滚，起身疾奔回后院。

后院占地极广，四处假山藤萝，错落有致，中间是一座翘檐亭子，左右各有十几间宽窗平顶的厢房。七间正房东西朝向，里面透出朦胧的灯光。

萧道成一脚跨进后院的月亮门，便喊着："萧赜！"萧赜还没睡下，听到父亲呼唤，大声应着："儿子在！"即从一间厢房里奔了出来。

萧道成一把扯住儿子，仓皇地拉着他进了正房。正房里收拾得干干净净，每一件物品都摆放在它应该在的位置。迎门的一张红木桌上烛影摇摇，雷娇与刘智容分坐在桌旁的两张椅子上，正叙着话。刘智容穿着件掐腰的翠绿绣袍，头上斜插着一根玉簪，手里拿着一只银剪，悠闲地剪着烛花。雷娇穿着一身宽袖对襟女装，鬓角插着一对葵花形金簪纽，怀里抱着小儿子萧嶷。

刘、雷二位夫人自从京师搬到淮阴，一直分住在正房里，平时相处的也很是融洽，这时忽见萧道成父子闯了进来，都是一愣，一齐立起身来。

萧道成满脸通红，汗珠子直往下掉，急切地说："有敌人进府，他们马上就要到这里了。"说着，又心急如焚地对雷娇说："师妹，你和智容带着两个孩子马上逃出府去！"

刘智容闻言，惊的说不出话来。雷娇很少见萧道成这么慌张，意识到事情的严重，忙将萧嶷交与刘智容，对丈夫说："不！我要和你在一起，咱们夫妻同生共死！"说着，从墙上摘下一把宝剑。

"你明知道不行！"萧道成断然道："你们先走，我为你们留拒追兵。要是一起走，咱们谁都活不了。"刚说到这里，就听屋外传来凌乱杂沓的脚步声，顿觉心脏快要蹦到嗓子眼了，低声道："现在想走也是来不及了！"

他心里焦切到了极点，但也知道，临危处险之际，若不能稳住心神，只会使情形更糟，便极力地镇定了一下心绪，连打了几个手势，让刘智容抱着萧嶷躲在墙角里。刘智容瞪着一双惊恐的双眼，抱着萧嶷，极力克制着恐慌的情绪，但全身还是忍不住发抖，紧张的脸色由焦黄变成蜡白，嘴唇也变得苍白。

萧道成又熄灭了屋里的灯烛，与雷娇、萧赜各自在门边、窗边埋伏，随后就听"砰蓬"一声,屋门被人撞开,从外冲入两个敌人。萧道成正守在门旁,突施辣手,把二人都杀了。外面的敌人乱叫了一阵,又有两人以盾牌护身,冲了进来。

雷娇银牙紧咬,反手抽出宝剑,明晃晃的剑锋直朝敌人劈去。萧道成持刀上前,也与来袭的敌人交上了手。刀风破空,发出"嗡嗡"的余音。萧赜生怕母亲为兵刃所伤,提刀退到刘智容身前,见有敌人靠近,便是一刀!

随后又有三个敌人冲了进来。萧道成与雷娇势同拼命,拿着刀剑东砍西砍。敌人一时之间,也觉难以抵挡,居然被他们杀得连连后退。打了半盏茶工夫,雷娇抽个冷子,在一名敌人的背后捅进一剑。他的一个同伙见状,有些心慌意乱,被萧道成用脚一绊,便合身扑在地上,旋即被旁边的萧赜刺杀。这次来袭的敌人虽然十分勇猛,但不能尽数冲到屋内,便发挥不出人多势众的优势,在萧道成、雷娇等人的顽强抵抗之下,竟没占了便宜,只得丢下两具尸体,暂退了出去。

萧道成等人未及喘息,就听几声厉啸。十几支利箭破窗而入,乱纷纷的钉在西墙上。萧赜的临敌经验毕竟少,不小心被一支箭从肩头擦过,登时鲜血直流,痛的哼了一声。

刘智容本是哆嗦着蹲在墙角里,两眼发怵地盯着门窗,听到儿子的痛叫声,不知从哪里来了力气,忙将萧赜扯到自己身边,让他蹲下,又随手撕下块衣衫,给儿子包扎伤口。

没多大工夫,又是一轮箭雨。萧道成等人只觉"嗤、嗤"之声响不绝于耳,就似有无数条毒蛇一齐噬来。这轮急骤的箭矢堪堪射完,四周又陷入一片寂静。外面是连天漫地一片黑,海似的。

萧道成单手提刀,全身戒备着,明白敌人马上便会发起更猛烈的冲锋,扭头看了看雷娇,又看了看受伤的长子和惊恐万状的刘智容,自知敌众我寡、殊无胜算,心头益发的沉重。

正在这时,太守府外响起一阵呐喊之声。有一队军马飞驰而来,刹那间就冲到了后院,为首的竟是王敬则。原来,王敬则久候萧道成不至,回来催促,一见眼前的情形,大吃一惊,一边命人去向薛渊等人求援,一边与麾下夺门而入，不要命似的直往里杀来。

刘智容听到外面来了援兵，真是喜出望外，这辈子都没这么激动过。

在后院缠斗不休的敌人们见萧道成来了帮手，纷纷停手，像是见到了鬼似的，转头就跑，一哄而散。

萧赜所受的只是些皮肉之伤，并无大碍。萧道成与雷娇也定下神来，二人各自拄着手里的刀剑，喘着粗气。

不一会儿，王敬则撸着袖子，匆匆提刀进来，额头的汗水像千百道小河般淌下颈项，见过萧道成等人，这才放下心来，又招呼进几个军兵，让他们将敌人的尸体拖出屋外。

清晨时分，沉重的墨蓝色天幕正一点点地撤去，太守府上的天空露出鱼肚白，淡白天光布满了庭院。萧道成环顾着室内，见眼前是一片触目惊心的凌乱。所有的杯子都被打碎了，桌子被人用力冲乱、撞垮、推翻了，屋子中央还倒着两把椅子，花瓶摔成了碎片，水果滚得满地都是，其中有几枚被脚踩烂了。桌布、窗帘上血渍斑斑。十几只利箭犹自钉在墙上，每只箭长约二尺，黑簇四棱，锋锐的箭头上刻着三道血槽，而黄褐色的箭杆是用竹子做成。这种箭镞锋锐利，穿透力强，绝对是军中精锐使用的货色。

这一切都表明，屋内曾经发生过一场异常激烈的殊死搏斗，也让萧道成觉得一阵后怕。他心头怦怦直跳，在屋里出来，先命薛渊在府第四周设好了警戒，又与王敬则、张敬儿领兵四出，肃清了城内的残敌。

转过天来，城中形势大定。萧道成已命人将袁彬的尸体装敛，这才派专人将其灵柩送往建康。朝廷的圣旨随后来到，命萧道成出兵征讨薛安都。

第十二章　两淮建勋

萧道成击败薛安都后,迁督南兖、徐二州诸军事、南兖州刺史,持节、假冠军、督北讨如故,两年后,又进督兖、青、冀三州,自此"恩威北被,感动三齐。青、冀豪右,崔、刘望族,先睹人雄,希风结义。"(《南齐书》卷28)极大的扩充了实力。到了泰始七年(471年),宋明帝病重,遂征召萧道成入朝。

南朝宋泰始三年(467年)九月的一天,秋风阵阵。淮阴太守萧道成率所部军马出城,一路向北开拔,各色旗帜飘扬在浩荡苍穹之下,参差的兵刃闪烁着冷冽的寒光。薛渊和萧赜率领五百骑兵,当先而行。整支队伍军容整肃、刀光耀眼。

数日之后,队伍来到睢阳(今江苏宿迁市东南十里)。睢阳城外不远处有睢水入境,故而得名。太守申令孙四十出头,脸形方正,皮肤微黑,大目浓眉,很有风度。他穿着一身整齐的官服,率僚佐在城门前迎接。

萧道成跳下马,与之寒暄。申令孙满脸堆笑道:"萧太守,久仰了。敝人只会写几个墨字,别无所长,坐到这个职位,全仗上峰栽培,只知守土保境,令您见笑了。"

萧道成看出对方是个官场老油子,一边寒暄,一边探听前线军情。申令孙随口道:"昨日接到军报,称济阴太守傅灵越叛变,下邳太守裴祖隆阵前倒戈。薛安都唾手连得二城,现正一路南进,大概再三五天就要打到睢阳了。"

萧道成知道济阴、下邳都是淮南重地,想不到竟已接连失陷,不由得心里一沉，又见申令孙谈及此事却透着一脸的轻松，觉得有些不可思议。

申令孙不容他细想，便热情地邀萧道成进城，声称已在客馆摆宴。萧道成有些盛情难却，只得命王敬则与萧赜领兵在城外安营，又派薛渊采购物资劳军，然后与张敬儿随着申令孙进了睢阳。

秋天的太阳像被罩上橘红色的灯罩，将柔和的光线投在睢水河上。王敬则、萧赜等人奉命，在河畔安营已毕，薛渊也带人到附近的村镇买来猪、羊，开始犒劳三军。将士们在各自的帐篷里，大口吃肉，大口喝酒，热闹了半天。

傍晚时分，暮色四合。萧赜要进城向父亲禀报安营的情况，向王敬则等人打过招呼，带着几名亲兵，离了睢水河畔，赶在关城前进了睢阳。睢阳虽是个不大的城市，但也有十几条街巷胡同。萧赜并不熟悉路径，又是喝了酒，在城里东一头、西一头的乱撞了一阵，不知不觉，已到了定更时分。

空中乌云密布，月光朦朦胧胧，连路也照不清楚。萧赜觉得有些酒意上头，摇摇晃晃地骑在马上，沿街走过一家家已经上板关门的铺子，七拐八拐，来到一处庙宇外。

庙宇的两扇大门半敞着，门楣上悬着一破匾，依稀可见匾上有"土地祠"三个斑驳的大字。萧赜隐隐听到祠中有挖掘之声传来，便带住缰绳，侧耳细听，却又没了声响。

雾气深重，夜色昏朦。萧赜怀疑自己酒后听错了，然而挖掘声又传入耳际。这次绝不可能听错，是铁铲掘土的声音。他拢目光望向祠中，见里面似有影影绰绰的人影晃动，但又看不清楚，暗想："这大半夜的，居然有人在土地祠里挖坑，真是见鬼了。"想罢，跳下马来，叫上几个亲兵前去打探。

挖掘声不断，还有土块滑落的声音。萧赜几个人悄悄靠近，小心翼翼走上祠堂的台阶，并没有发出吆喝，打算过去看个究竟，亲兵紧随在他的身后。但等到他们贴近祠堂大门时，声音又倏然而止。

萧赜一皱眉头，周围是一片漆黑，什么也看不清楚，什么也听不见。云层渐被风吹，月光稍微明亮了一些。萧赜瞪大眼睛，小心翼翼地潜进院里，见四周雾气氤氲，地上有一堆被掘起的黄土，还有铲子、铁锹……却没

第十二章 两淮建勋

有人！

萧赜心里纳闷："半夜三更，是谁带这些工具到这里？是要做什么？"又往前看了看，目光透过幽冷的寒雾，见地上尽是些紊乱的落叶。他虽然胆子大，还是不由自主打了一个寒噤。就在这时，"嗤"的一声，一道剑光直刺他的前心！萧赜手疾眼快，右手握刀顺在胸前，将袭来宝剑磕开。对方迅即撤剑，剑光一闪，又刺向萧赜的咽喉。萧赜的刀也立刻上撩，"呛"的一声，刀剑相撞，火星四溅。

就在这星火激溅的刹那，萧赜已见对方一身黑衣劲装，蒙着头和脸，只露出一双精光闪闪的眼睛。几乎是在同时，另一团龙卷风似的魅影，已掠近萧赜的身后，手中长剑"嗤"的一声急响，已是疾刺而出。亲兵大叫一声，后背中剑，委顿倒地。萧赜倒踩七星，身形斜退，见背后来袭者与刚才那个劲装蒙脸的夜行人是一样的装扮。

萧赜见亲兵被杀，自己是以一敌二，登时落了下风，心里暗自叫苦，只能回刀招架，边打边撤向土地祠的大门。但敌人岂能容他这么全身而退，一路紧紧追杀。不大一会儿，萧赜身中数剑，好在已出了土地祠。他立在祠前的石阶上，胡乱劈出数刀，将对方逼退了几步，此时，他已看见自己的马匹，随即身子陡然拔起，向后一连几个倒跃，来到自己马前，用尽力气，跨上战马，双腿用力一挟，那马奔驰而去，片刻间没入黑暗之中。

在这昏沉沉的夜里，萧赜策马狂奔，只觉两耳生风，不知奔了多长时间，也许是失血过多的原因，头脑一晕，在马上晃了几晃，便栽于马下。马匹脱了缰，眨眼间便跑得无影无踪。萧赜在冰凉的地上挣扎了两下，便倒在了黑暗之中。四周静悄悄的，又恢复了平静。

萧赜再睁开眼睛的时候，已是第二天中午，就发现自己躺在帐篷里，身下是简易的木板床，前胸和后背都缠着绷带。萧道成、王敬则、薛渊和张敬儿都立在床前。原来，王敬则等人一觉醒来，不见萧赜归来，便派薛渊进城来找。薛渊进城之后，在客店见到萧道成，才知萧赜昨晚根本不曾来。二人登时都慌了，带人在城中四处搜寻，终于在一条荒僻的街巷里发现了昏迷的萧赜。萧道成忙派人把萧赜抬回军营，命随军大夫抢救了大半天，才救回萧赜这条命。

萧道成已是担了半天的心事，眉头拧成个疙瘩，见儿子醒了，终于松了口气，俯下身，轻声问道："赜儿，你觉得怎么样？是谁伤了你？"

萧赜虽然浑身痛的不得了，但还能回忆起昨晚发生的事，便将自己昨晚的经历断断续续地说了一遍。

大家听了，觉得此事颇不寻常，都有些不安。萧道成好言抚慰儿子，让其安心休养，又与王敬则等人退到帐外密议了一番，决定由王敬则和薛渊留守军营，自己与张敬儿进城查看。

秋风透着丝丝凉意，拂过路边的树梢，摩挲着树上的枝条。萧道成与张敬儿打马进了睢阳，沿途向路人打听着，找到这座城里唯一的土地祠。土地祠位于一处荒僻的陋巷内，城中百姓有事时前来祈告，平时里面空无一人。两扇油漆斑驳的祠门犹自虚掩着，左右墙上镶嵌着些石雕的奇花异卉、飞禽走兽。

萧道成等人推门而进，听得祠中静悄悄的。院内植着一株老槐，枯黄的叶子落了一地，也无人打扫。萧赜的亲兵果然俯卧在树下，身上的血已经流干了，一动不动的，身前不远有一个土坑。土坑只有三尺深浅，底下落了不少泥块。

萧道成、王敬则领着七八名军士，仔仔细细地在祠中巡视了一圈，并没发现什么异样。

张敬儿无意间发现地下有一物件，便弯腰拾起，道："这是什么？"萧道成从他手里接过去，只觉触手坚硬，竟是块铜牌。这块铜牌圆首束腰，两端微翘，本被压在亲兵的尸体下，一半被压进了土里，另一半上面还沾着星星点点的血迹。

萧道成拂去铜牌上面的浮土与血迹，发现这块铜牌原来是块腰牌。腰牌上有字，记录的是持牌人的姓名、职务等。张敬儿也看清楚了牌上的字，脸上满是诧异，喃喃地说了一声："见鬼了！这块腰牌本是睢阳军中的将领所有，怎么会出现在这里？"萧道成满腹疑云，摇头不答，将腰牌揣进怀里，准备去找申令孙查问。

第十二章 两淮建勋

下午时分,阳光斜照。萧道成与张敬儿离了土地祠,赶往睢阳太守府。二人正默默骑马走着,忽见前边一阵大乱,街道上拥挤着不少人。前边一个人气喘吁吁地跑着,还有人喊着:"不好了……有人……潜入绸缎铺……掳了一个女子……"。

又有一个粗壮的声音厉吼道:"你这畜生,快放了我的妻子。我不为难你,你要什么,我都给你!"

然后是一个阴阳怪气的声音:"大爷有的是钱,不稀罕!就稀罕你家这位小娘子,今天要带她到酒楼上喝杯酒,快把路让开!"

那个粗壮的声音又吼道:"你但敢无礼,我就宰了你!"

萧道成与张敬儿相互对视了一眼,打马赶了过去,就见前边的人群里站着一个三十多岁的汉子。这个人一张瘦长面孔,脸色白里透青,一对刀眉下的细眼里尽是淫邪之意,浑身酒气,外面穿的却是蓝色战袍,竟是个军官。战乱之时,兵匪不分。军中悍将趁机掳掠的事倒也常见,只是少有这么明目张胆当街抢人的。

这军官大概喝了不少酒,才敢这么肆意妄为。他左手揽着一个女子的腰,右手却将一柄匕首横在她的颈下。女子清秀的脸庞垂下了几缕青丝,云鬓有些凌乱,脸色苍白,星眸含泪。

不远处站着个穿长袍的年轻人,手里拿着根木棒子。这小伙子本是城外的人,父母双亡,苦积苦业的存了一点儿钱,在街边开了家绸缎铺子,不想被这花花太岁将妻子掳了去。他急得似被薪火煎熬一般,一脸的情切与心焦,忍不住走上前两步。

蓝袍军官手突然一紧,醉醺醺地道:"你再过来半步,抢回去的可就是个死美人了。"说着,笑嘻嘻地说:"这娘子艳名远播,今日一见,果然不差。本军爷看上你家娘子,是你的福分。"说着,左手入怀,掏出锭银子,叫声:"小子,接着!以后再短钱花,尽管找我来。你家大爷行不更名,坐不改姓,便是睢阳副将申阐。"说着,便将银子抛了过来。那银锭在阳光下拉出一条白色的弧线,斜斜地坠下。

萧道成骑在马上,本在人群的外面围观,一听申阐自报家门,登时眼前一亮，跳下马来，挤入人群，站在三尺开外的地方，上下打量申阐。

申阐虽喝得大醉，一抬头看见萧道成正打量自己，同时他也仔细打量萧道成，见萧道成气度不凡，不禁面露惶恐之色，正想说什么，忽然怪叫一声，身子飞了出去！原来是张敬儿悄悄靠近，陡起一脚。这一脚突如其来，申阐全无准备，被那股大力撞得翻跌出去。他在地上滚了几下，刚站起身来，但见一人手持一柄锋利的长刀抵在自己的眉心间！持刀之人正是萧道成。

申阐虽是酒后，反应竟也不慢，一感觉到刀尖的寒气，腾身躲开，右手的匕首在身前挥舞，便想夺路而走！不料萧道成的刀更快，刀光闪过，挡住了申阐的退路。申阐一惊，用手中匕首格挡，萧道成一刀不中，又劈一刀。申阐在地上打滚，狼狈的一滚数尺，才躲过要害。萧道成紧跟上前，一脚把他踏住，厉声道："你这百死不足以赎其罪的家伙！我来问你，你可要如实回答。否则，定要你狗命！"说着，扬刀作势。

申阐酒醒了许多，也没了方才的气焰，吓得磕头如捣蒜，连声求饶。

正在这时，萧道成忽听身后有人道："萧太守手下留情。"回头看去，只见来人竟是申令孙。申令孙一脸的惶急，身后随着十几名衙役，忙道："萧太守，这人实为有过，但罪不至死，况且又是用人之际。请萧大人将他交给下官发落吧！"说着，行礼谢罪。

那少妇吓得脸色苍白，说不出话来，被丈夫搀扶着回了铺子，再也不敢出来了。萧道成见申令孙赶到，有些讶异，徐徐收刀，说："原来这家伙果然是申大人的部下。"

申令孙一脸愧色，指着伏在地的申阐道："这丢人现眼的东西，说起来还是我的侄子，前两年才当上了副将，如今竟在城里放肆，说到底，都是我教诲无方，还请萧太守高抬贵手，饶恕这东西一命。"谁都可以看得出，他已是极力压抑着自己的脾气。

萧道成本不欲与申令孙为难，但转念一想，冷冷地说："申太守的部将众多，难免良莠不齐。但我有一事不明，还要请教。"说着，从怀里掏出那块腰牌，在众人眼前一亮，道："申大人，昨晚犬子的亲兵在土地祠里被杀。这块腰牌却是我在土地祠里寻到的，牌子上刻的却是这位申阐的名号。这是怎么

第十二章　两淮建勋

回事呢？"

申令孙一听，讶异地道："有这等事？"上前两步，从萧道成手里接过腰牌看罢，脸色一阵黄，一阵绿，又瞧了瞧周围越聚越多的人，上前一步，低声道："萧太守治事精密，明察秋毫，只是还请顾全我的面子，让我先带这孽障回去。我一定严查此事，决不徇私，明日必给您一个交代。"

萧道成在申令孙的地盘上，也不好强人所难，只得允了。申令孙连连道谢，揣起腰牌，押着申闸去了。

萧道成与张敬儿骑上马，自回客馆。半路上，张敬儿问："大人，怎么就这么把人放走了？这申闸嫌疑很大。"

萧道成说："申太守步履稳健，双目中神光充足，手底下一定有功夫，恐怕是个扮猪吃老虎的角色。如今我们身在睢阳，还是尽量不要与其撕破脸的好。"说着，二人到了客店，简单用过晚饭，思来想去，觉得这件事没那么简单，杀害亲兵的凶手仍在潜伏。二人在客店里并不安全，遂决定连夜出城。

他们说走就走，叫起亲兵，出门骑上马，疾走奔驰，到了城门前。守城的军兵识得萧道成，不敢阻拦，便打开了城门。

风在狂啸，黑夜如墨。萧道成等人一提缰绳，催马出了城。城外不远处就是弯弯曲曲的睢水，河的上游有一座小桥，是通往军营的必经之路。萧道成等人骑马奔往河的上游，正走着，就听前面传来一阵尖锐的声响。萧道成等人急忙镫里藏身，躲过迎头射来的一轮箭矢，但胯下的战马悲鸣倒地，却是连中了数箭。

萧道成和张敬儿等人一见战马倒地，身子斜斜的纵起，躲在道旁的树后！

城外的野风吹来，吹得几人衣袂翻动，而四周漆黑一片，只听见树叶被劲风吹得猛翻的声音。河上渔火数点，在风中透着几分凄迷。岸上也有数点篝火，在芦草丛中忽隐忽现。萧道成拔出长刀，断喝一声："既然来了，就现身吧。"声音滚滚荡荡地传了开去。话音刚落，河上的火光以及岸上的火光，迅速地向这边围拢结集。

萧道成沉声对张敬儿道："四面都有人，走不了的。这些人来者不善，小心应付。"

张敬儿应声道："卑职明白。"说着，掣刀在手，凝神待敌。

北风急啸，骤然之间，一道急风，疾打张敬儿。萧道成大喝一声，"叮"地一响，长刀劈出，将来袭之箭削为两半。

这时，几十个大汉，全着紧身蒙面窄袖黑衣，只露出炯炯有神的双眼，左手拿着火把，右手提着刀枪，很快逼近。他们衣袂猎猎，移动的既快又急，但绝不混乱。火把的光在狂风中晃摇，在黑暗显得格外刺目。

为首一人，穿着长长的黑袍，将全身遮得严严实实，在腰间随随便便的系了一根麻绳，头上戴了一顶竹笠，竹笠垂得低低的遮住了他的大半个脸孔，只露出一个尖削的下巴和三绺长髭。

云里的月色映出一点灰蒙蒙。萧道成深深吸了一口气，朗声道："申大人，不用遮掩了，现出真面目吧！"

对面的人全身一震，犹豫了片刻，摘下斗笠。他脸颊清癯，身材瘦长，眼神仿佛厉电一样，正是申令孙。申令孙抚髯道："我是薛安都将军的旧部，这七八天里，募集了五万两军饷，准备运往淮北，不想你们来得太快，打乱了我的计划，本想连夜将军饷埋藏在土地祠中，不料被你的儿子撞见。"说到这里，冷笑着道："嘿嘿，当时我本想杀人灭口，却被他逃脱，只杀了他的一名亲兵。"

风渐渐地止了，四周的火把光焰吞吐，发出"噼噼啪啪"的轻响。萧道成这才知道儿子的亲兵是死在他的手里，缓步从树后走出，沉声道："那一晚你是同申阐一起去的吧，只可惜他不小心丢了腰牌在祠里。第二天他又色胆包天，当街调戏民女，这才被我发现。你带申阐回衙门之后，总觉得不踏实，今晚埋伏在这里，大概是来灭口的吧？"

申令孙点了点头，道："不错！我本不想杀你，但形势紧急，只得送你上西天。周围全是我的人，萧太守今日可是插翅难逃！"

萧道成淡淡地说："想要杀我？没那么容易吧！"话音未落，一挥手，身边的亲兵就向空中发了一支响箭。原来，萧道成自刺史府遇袭后，大为警惕，虽不在军中，但必与王敬则等人有约，令其一见响箭，即驰兵来援。

申令孙一见响箭升空，顿然意识到不妙，下令道："上。"几十名黑衣人迅

第十二章 两淮建勋

速围拢了过来,一齐出手。随着一阵火光急闪,睢水河畔爆出一阵密集的兵刃相交之声,其中夹杂着几声低喝和怒吼。

萧道成舞动长刀,身形东倏西忽,凌厉的刀风过处,敌人纷纷倒地。不多久,远处马蹄声响起,正是王敬则等人带兵来援。申太守的手下有些慌乱,开始后退。张敬儿精神大振,持刀连续砍翻几人。这时,一个人过来举刀便砍,张敬儿举刀挡开,几个回合下来,张敬儿砍倒对手,蒙面的黑纱掉落,却是白天撒野的申闸。

申令孙见状,陡地飞身扑起,长剑直奔张敬儿刺过来!他脸上的肌肉抽搐着没有任何语言,必欲杀张敬儿而甘心,就在长剑快要刺中张敬儿的刹那间,忽觉耳际生风,萧道成手持长刀从斜刺里截住了他。没几个照面,申令孙发出了一声惨叫,捂着心口,晃了几晃,仆倒在地,一命归西。

不一会儿,王敬则、薛渊率兵合围。申令孙的余部或死或降,无一漏网。天亮后,萧道成等人在河畔搜出申令孙埋藏的五万两银子,又在睢阳募兵万余人,然后引军继续向前推进,不久便与薛安都遇于石梁(今江苏兴化市境内)。萧道成编棕皮为马具装,抚恤将士,均其丰俭,吊死问伤,部众莫有离心,遂率兵鼓行结阵,大败薛安都所部。薛安都率数百残兵逃进了锅底山里,在山上扎起营寨,据险防守。

锅底山海拔五百多米,很像一个翻转的烧饭用的大锅,由此而得名。山体呈东西走向,长十余公里,宽九公里。山间多红松、桦、杨等林木,溪流潺潺,峰峦苍翠。山腰盘旋着一条曲折蜿蜒的实木栈道,如缕缕飘带缠绕在幽深的峡谷之中。此山地势险要,地形复杂,东面、北面都是一片广阔的水乡平原。

这天,晨雾聚成片片白絮,随着清凉的风弥漫开来,如白雪般晶莹的大氅,溢满了河谷,又升腾到高不可攀的山巅,辽阔的天际是一层层闪着银光的云彩,点缀着头顶一望无际的蓝色穹隆。

锅底山的山脚下扎起了一座兵营,绵延数里。大营四周环绕着一人多高的木栅栏,中间是成千上万座蘑菇般的帐篷。军兵们在帐中放下刀枪,又在帐篷的间隙里搭起行军灶,开始准备早饭。一股股的炊烟升入半空,与越来越浓的雾气融为一体。

萧道成骑马在营里例行巡视了一圈，回到自己的帐前，跳下马来，将缰绳交与亲兵，信步走进帐内。帐篷里面陈设简单，除了桌椅，便是帐后的一张简单地铺。他解掉盔甲，只穿着一身青布夹衣，背着手在帐中踱了几步，这才觉得两腿隐隐有些酸疼，毕竟是四十多岁的人了，体力与年轻时不可同日而语，连日骑马也真是煎熬。

萧道成伸了个懒腰，便在桌后的椅子上坐下，就听外面传来一阵脚步声响，紧接着是亲兵的声音："什么人？……啊！原来是王将军。"随后，王敬则在帐外道："萧大人在里面吗？"

卫兵道："大人刚刚进帐。"王敬则道："劳烦你去通报一下，就说我有事要见。"

萧道成听到这里，扬声对帐外道："敬则，进来吧。"王敬则在外面答应了一声："是！"紧接着，撩起帐帘，迈步走了进来。

萧道成请其落座，道："敬则，找我有什么事？"

王敬则说："大帅，薛安都仓皇进山，携带的粮食不多，不可能一直待在山里。卑职有一计，兴许可以奏效。"遂附耳低言了几句。

萧道成闻听大喜，第二天便指挥将士们沿山举火，令敌人猜不透宋军的兵力，又不停地鸣锣敲鼓，弄得薛安都残军夜夜惊恐，不得安宁。如此相持了近两个月，萧道成估计薛安都的粮草将尽，军心浮躁，便命主力假装班师，只在山下留下少量兵士侦察监视。

这天上午，太阳升上半空，驱散了半空中的云雾。山巅生着一排排的柏树，树干笔直，直指蓝天，树枝紧紧靠拢，全部向上。树叶短短的，圆圆的。

薛安都率残部就藏在柏树林中，他四十出头的年纪，身躯魁梧，全身披挂着立在那里，倒也有几分威风，只是最近战事不利，大大影响了心情，黑黑的脸膛很有些憔悴。

薛安都从山顶向下望去，可将数十里内一览无余，于蓝天白云之下，隐约看到山下大路上一溜儿摆开了数百辆大车，一队队宋军扛着沉甸甸的麻袋，正在忙忙碌碌的装车。薛安都先见大批宋军撤走，已放松了警惕，如今

第十二章　两淮建勋

又见这一情形,便将儿子薛索儿找来,命其带几个哨兵前去打探。

薛索儿上次被萧道成打断了肋骨,好不容易才养好了伤,便与哨兵悄悄摸下山来,潜至路边的灌木丛里,偷偷向外窥探,见不远处的宋兵还在往车上装着一个个麻袋。有些麻袋口扎得不牢,从里面漏出小麦、玉米、豆子等各色粮食,撒得满地都是。

到了中午时分,几百辆大车都装的冒尖,这才辚辚向北驶去。

薛索儿等宋军去后,抓了几把落在地上的粮食,兴冲冲回到了山上向薛安都报告:"父亲!山下宋军足足装了几百车的粮食,已经运走了,车上打着辎重营的旗号!"

薛安都无精打采地倚坐在一棵柏树下,正为缺粮的事犯愁,听到这个消息,不由得精神一振,站起身来,道:"你确定辎重车上装满了粮食吗?"

"确定无疑,不信您看!"薛索儿说着,从衣袋里掏一把麦粒,"这都是儿子方才下山时,趁敌人不注意,从地上捡来的。"

薛安都率残兵逃到山上已有数月,所带的军粮早已消耗殆尽,这几天只靠着山中野菜度日,已饿得饥肠辘辘,如今听说山下有大批粮食正运往外地,不禁眼冒绿光。

他当即召集部属,双手叉腰,对大家说:"弟兄们,山上的粮食已经吃完了,再这么下去,早晚得饿死。山下宋军的运粮车刚刚离开,还走不多远。傍晚的时候,咱们悄悄地由后山下去,到明天上午,估计就能追上。待抢了这批粮食,大家饱饱的吃上一顿,再做打算。"众人都饿得头晕眼花,宁愿战死也不愿饿死,听了他的话,自无异议。

黄昏时分,夕阳落下了地平线,漫天的云霞由红变灰,天色渐渐暗了下来。茫茫暮色里,隐隐约约的透出群山巍峨的轮廓。一阵山风刮过,万木萧萧,归巢的鸟儿成群的在山林上空盘旋着。

薛安都集结起麾下,从后山下来,直走出几十里,觉得远离了宋军营地,才转上大道,随即就在路上发现一道道的车辙,正是向睢阳方向而去。看样子,宋军的运粮车刚过去不久。

薛安都大喜,带兵沿着车辙,兴兴头头的一直追了下去。天蒙蒙亮了,路上开始有了零星的行人,见了这队人马,都纷纷躲避不迭。薛安都等人一心抢粮,也无意劫掠,向前走不多远,就看见数里之外的大路上缓缓地行进的车队。三百多辆大车都打着宋军旗号,车上盖着厚厚的苦布,苦布下面装的鼓鼓囊囊的。车队旁有几名宋兵护送。

清晨的天空是淡蓝色的,布满了大朵大朵的像棉花团一样的白云。朝阳从东方升起,金色的阳光给白云镶上了一条闪亮的金边,给路边的绿树、小草罩上了一层淡淡的金光。薛安都"唰"的一声抽出腰刀,带着手下这帮饿急了眼的兵士冲了上去。车旁护送的宋军见敌人来抢粮,略加抵抗,便四散而走。

薛安都不费吹灰之力就大获全胜,看着眼前几百辆满载的运粮车,心里一阵得意,暗想:"萧道成想运粮回淮阳,不想却落在我的手里。"

薛索儿纳刀还鞘,率先跳下马来,几步走到一辆大车旁,打算瞧瞧车上装的粮食,不料刚一伸手撩起车上的苦布,就觉眼前寒光闪动,心里暗叫不妙,却已无从躲闪。苦布下哪有什么粮食,却赫然藏着一个个健壮的宋兵,苦布掀开的瞬间,这些士兵纵身跃起,一把把明晃晃的长刀纷纷举起。薛索儿来不及躲闪,瞬间中刀,惨叫一声,随即倒在道上,血如泉水般地喷涌出来,当场毙命。

几乎是在同时,几百辆大车上的苦布纷纷被人从里面掀起,每辆车中都躲藏着全副武装的勇士,共有几千人。这些勇士各执利刃,向薛安都等人杀来。

薛安都和他的部下下毫无防备,吃了大亏,有百余人当场被杀。其余的人见势不妙,正欲四散逃跑,忽听周围喊杀声大作。早已埋伏在此的萧道成、王敬则、张敬儿率大队人马,将他们团团包围。薛安都舍命杀出重围,投北魏去了,余部被杀得干干净净。

萧道成击败薛安都后,迁督南兖、徐二州诸军事、南兖州刺史,持节、假冠军、督北讨如故,两年后,又进督兖、青、冀三州,自此"恩威北被,感动三齐。青、冀豪右,崔、刘望族,先睹人雄,希风结义。"(《南齐书》卷28)极大的扩充了实力。

到了泰始七年(471年),宋明帝病重,遂征召萧道成入朝。

第十三章　新亭克敌

萧道成手扶佩剑柄，仔细观察叛军营垒后，放下心来，暗想："明帝虽然残忍，但眼光还是有的，在诛戮蕃戚之际，以刘休范为人平庸，故而放过了他。如今刘休范虽兴兵造反，但其举措纷乱，果然难以成事。"

南朝宋泰豫元年（472年）四月的一个上午，天气阴沉，满天是厚厚的浊云。灰色阴凉的气息在建康的大街小巷间徘徊。萧府墙边的几棵槐树，在灰蒙蒙的天幕下，直愣愣地伸展着刚冒出嫩叶的枝杈。

萧道成立在后院的正房里，穿着一身整齐的朝服，准备入宫。他今年已四十五岁，鬓角的头发有些斑白，但双目炯炯有神，下颌留起了三绺长髯。雷娇立在一旁，将手里捧的一顶官帽递给他，想到宋明帝刘彧为人阴险，不知丈夫这次进宫是吉是凶，心里仿佛被一块沉重的石头填充着。

这几年，宋明帝刘彧的身体每况愈下，却又生性猜忌，在杀尽孝武帝的子嗣后，毫不留情地将屠刀挥向了自己的兄弟。文帝刘义隆的十八个儿子，先是被孝武帝刘骏杀了一批，剩下的又被宋明帝宰了四个，仅余桂阳王刘休范。

东海王刘祎是文帝刘义隆的第八子，在明帝朝任司空，被明帝削去官爵后，接着就被逼令自杀，年仅三十五岁。

山阳王刘休祐是宋文帝的第十三子，在明帝朝曾统军西征刘子勋。刘彧怀疑他有异志，便约刘休祐出城打猎，暗中却安排武士将他乱棍打死。刘休祐死时年仅二十七岁。

巴陵王刘休若是宋文帝的第十九子，于明帝朝任征北大将军、开府仪同三司、南徐州刺史，后为刘彧赐死，殁年仅二十四岁。

建安王刘休仁是宋文帝的第十二子，也是为明帝立下汗马功劳的一个，所以死的最晚。废帝刘子业在位时期，酷虐刘彧、刘休仁和刘休佑。三王当时的处境极为凶险，随时都有被杀的可能，多亏刘休仁能阿谀取悦于刘子业，使得刘子业暂时未动杀机。后来，刘彧杀了刘子业登基。刘休仁为司徒辅政，威望素著，朝野四方，莫不辐辏。刘彧晚年多恙，朝野多属意于刘休仁，这更加重了刘彧对他的疑忌。刘彧于泰始七年（471年）五月召刘休仁进宫，命人持毒药赐死了他。

雷娇深悉刘彧的狠毒，扭头望了望外面阴沉沉的天空，又看了看丈夫，有些忐忑的说："皇上久病，一直没有上朝，为什么今天召你进宫呢？"

萧道成戴上官帽，语气平淡地说："皇上这几天略见痊愈，派人来传旨，命众大臣今日进宫，也许是商量国家大事，我去去就回。"他看了看雷娇，瞧出她的心事，又低声道："主上以太子幼弱，正在诛杀宗室诸王，这是皇室内部的权力斗争，与朝臣无关。如今若在外犹疑观望，反而会引起猜忌。"说罢，向雷娇点了点头，便出了屋子。

这座宅子是萧道成此次回京后购置的，坐落在北直门大街上，前后三进，大大小小有百余间房屋，倒也轩敞。萧道成踏着一条青灰的砖石甬路出了府，骑马带着几个亲兵，走过冷冷清清的街道，直奔皇城，在朱雀门前下了马。

朱雀门前已停着一乘四人大轿，吏部尚书刘秉正从轿里出来。刘秉，字彦节，是长沙景王刘道怜之孙，以著作郎之职起家，历任左卫将军、丹阳尹、侍中等要职。他从容出轿，一抬头也看到了萧道成，忙上前两步，拱手说："萧帅在两淮期间，亲当矢石，大勋克建，今日荣升回京，敝人还要多多的借重。"说话间黑髯飘扬，倒有几分洒落的威仪。

萧道成现任卫尉，参掌机要，诚属朝中的实力派，听了对方这几句恭维之辞，不失沉稳地谦谢道："不敢！刘尚书任总百揆，亲寄甚隆，以后若有用得到萧某之处，尽管盼咐。"

第十三章　新亭克敌

　　二人谈谈说说，过了朱雀门，来到太极殿外。大殿的四周，古树参天，殿顶铺着金黄的琉璃瓦。萧道成与刘秉并肩走进殿内，见司徒袁粲、羽林大将军黄回已到。四人都是朝中重臣，稍事寒暄，便与其他人分左右站立。

　　殿内云顶檀木作梁，地上铺着平整的大理石，正中央是龙书案和金漆雕龙椅。不一会儿，几个太监抬着一乘肩舆，绕过宝座后的玉石雕花屏风，来到殿里。明帝刘彧头戴冕冠，披着件黄色九龙袍，慢慢地下了舆，在龙椅上落座。萧道成等人上前参见，行三拜九叩的大礼。

　　宋明帝眼里带着血丝，昔日圆润的脸颊变得瘦削，两个颧骨高高突出。他先命众人平身，又与大臣们商议了一阵子国家大事，不知不觉便到了中午。

　　刘彧与众人谈论了一上午，倒觉得有了些精神，便下令摆宴。十几个太监鱼贯而入，在大殿两侧放下一张张矮桌，桌上罗列珍馐。萧道成等人不好扫皇帝的兴，只得先谢过皇恩，然后恭恭敬敬地分坐两边。

　　这时，殿外丝竹韵乐奏起，先是细吹细打，转而黄钟大吕，似鸾凤和鸣，铿铿娱耳，接着乐声转为甜柔，有种说不出的靡靡之意，几个纤巧的身影如蝶之翩翩，旋舞而来。她们都是宫中的舞女，一个个活色生香、温柔美丽，身体软如云絮，双臂柔若无骨，舞姿轻灵，身上的絮带、裙摆飘起，如柳絮随风般的轻盈。

　　为首的一个红衣舞女不到二十岁，眼神柔和如梦，双颊像天上的彩霞，一双如烟的水眸欲语还休。她旋舞之际，犹如隔雾之花，朦胧缥缈，如玉的素手婉转流连，裙裾飘飞，好像一朵花蕾越绽越盛，身上传出环佩叮咚之声，煞是好听。

　　刘彧坐在龙椅上，看得心旷神怡，土灰色的脸上露出一丝笑容，轻轻拍了拍掌，众大臣也跟着凑趣，齐声叫好。

　　彩声方起，猝然，红衣舞女的彩服里透出一道夺目的寒光，直射宋明帝！一支锋利的弩箭挟空劈来，直刺向刘彧。这一场曼妙的宫廷乐舞，到头来竟成了一场刺杀！

　　众人见大变猝起，却都来不及发出一声惊呼。宋明帝刘彧显然也意料不到,眼看就要被这突如其来的一箭射死!

黄回坐在丹墀左侧,离宋明帝最近。他毕竟是武将出身,眼疾手快,将身旁的一个小太监猛力向前一推。小太监身不由己地冲向殿中,随即惨叫一声,已被那一箭射中穿心。

黄回在这一瞬间救下了刘彧,又横身拦在龙书案前,刘彧这才回过神来。其余的舞女尽皆愕然,一齐罢舞,四散而逃。几个太监大惊失色,有人扯着公鸭嗓子大叫道:"有刺客!"话音未落,人影倏现。殿外的众武士纷纷冲进殿来,"呛啷啷"一阵连响,亮出兵刃,将红衣舞女团团围住。

红衣舞女脸色煞白,彩衣倒曳,右手亮出一支精巧的弩匣子。这弩匣子比军用的小许多,里面不过能装三四支小箭,适宜贴身收藏。看得出,红衣舞女为这次刺杀谋划了很长时间。如今她见刺杀失败,转手便将弩匣子对准了自己,惨然道:"皇上残虐骨肉,太无仁心!我不能为父报仇,活着也没什么意思。"说罢,一按绷簧,一支小箭透心而入,随即倒地死去。

宋明帝惊魂未定,心里像是在打鼓,额上挂满了虚汗。他手扶着龙书案,颤颤巍巍道:"这女子是谁?"刘秉过来说:"陛下,她是刘休仁的女儿。"宋明帝听了,不禁吃了一惊。

原来,当初刘休仁被害死后,家中男子皆斩,女子没入宫中为奴。刘休仁的女儿成了宫廷舞女,这次便借机来行刺。宋明帝刘彧听说刺客是刘休仁之女,更是恚怒,马上传旨,将她焚骨扬灰,然后罢宴回宫。他的身体本就不好,受了这次惊吓,病势更重,从此再未能上朝,虽延医用药,却总不见好转,数日之后就驾崩了,遗诏命袁粲、刘秉等人为托孤顾命大臣。(《南史·建安王休仁传》记载:"及明帝疾甚,见休仁为祟,叫曰:'司徒小宽我。'寻崩。")

宋明帝逝后,10岁的太子刘昱登基,改年号为"元徽",下诏将刘彧厚葬。

刘彧出殡那天,从京城到地陵,车马填道,人头攒动。各式灵棚挽幛和孝服丧纱汇成了一条黑白相间的滚滚洪流。小皇帝刘昱穿着直领布襕衫,与袁粲、刘秉、萧道成、黄回等重臣,在陵地举行了简短的仪式。安葬完刘彧,大臣都随刘昱回城。王敬则跟着萧道成,走在队伍的最后。

第十三章　新亭克敌

王敬则也已近四十岁，脸部轮廓分明，两眼黑得发亮，穿着镶黑边的官服，现为萧道成麾下的龙骧将军。他见无人注意，悄悄问萧道成："大人，皇帝升遐，万方哀痛。桂阳王刘休范前来奔丧，听说被阻了回去，不知是什么缘故？"

萧道成头上的官帽蒙着黑巾，压低声音说："桂阳王刘休范领兵入临，沿途骚扰，令居民交相避匿。太后与皇帝不知其用意何在，不免有所顾虑，遂派人前往传诏，请他不必入京成礼，特许其在江州设祭哭灵。"

王敬则恍然，望了望前边的龙车凤辇，道；"原来如此。主少国疑之际，桂阳王却兴兵前来。太后与皇上能让他进京才怪。"

萧道成轻轻叹了口气，说："这样一来，朝廷虽免了眼前之忧，却扫了桂阳王的面子，不知刘休范在江州能否消停呢！"

江州（今江西省大部）东西五百九十九里。南北一百七十七里，治所在寻阳（今江西省九江市）。刺史府也是桂阳王府，位于寻阳城西，外面一圈灰红色的尖脊墙垣，里面楼阁隐隐，建有亭台房舍百余所。

桂阳王、江州刺史刘休范正独自喝闷酒，他今年二十七岁，年龄虽然不大，但吃得肥肥胖胖，早已没了年轻人壮硕的样子，披着件浅黄色的长袍，两只浑浊无神的眼睛微眯着，已喝得醉醺醺的。

刘休范是宋文帝刘义隆的第十八个儿子，自刘休仁等人被杀以来，一直噤若寒蝉，生怕丢了性命，听到明帝驾崩的消息后，心头才像搬去了一块千斤巨石。然而明帝的遗诏里，却也没将他这个皇弟列为顾命大臣。刘休范为此颇有些恚怒，便以奔丧为名，领兵万人，直逼京师，却又接到不许他进京的诏书，只得灰溜溜地退回江州。

这会儿，刘休范颓然坐在桌前，又喝了几杯酒，仰着头，紧闭着双眼，以至于额头上出现了几道深深的抬头纹。他猜到朝廷信不过自己，又自恃江州地盘大、兵精粮足，遂潜萌异志。从此，刘休范开始招聚勇士，缮治器械，所有江州岁入库款，皆不奏报，又秘密操练人马。

南朝宋元徽二年（474年）五月，桂阳王刘休范举兵作乱，传檄四方，声称："主上年幼，近习当权，素族秉政。孤忝为宗戚，今兴兵以清君侧。"遂收略官民，数日得士众二万人，骑五百匹，便自寻阳(今江西九江)出发，所部悉乘商旅船舰，昼夜急进，直趋建康，十几天的工夫就抵达长江一线，在江北立起大营。江中千舸泛波，在无穷碧水间荡漾着粼粼的波光，旌旗随风卷舞，连空气中都弥漫着大战将至的气息。

朝廷闻报，大为紧张。萧道成受命为使持节、都督征讨诸军、平南将军，率兵驻防在长江南岸的新亭（今南京市雨花台区软件大道一带）。新亭虽名为亭，但其实是一座小山，附近有丘墟坡堑，其势回环险阻，为京师门户，位置险要。新亭军垒里搭起成千上万座帐篷，外环以粗木栅栏。一排排的弓箭手隐蔽在木栅之后，或蹲或立，眼睛警惕着注重着营外的动静，背后都背着箭袋。箭袋里面的盛着一排排的箭矢，锋利的箭头发出冷森森的亮光。

萧道成在大帐中与袁粲、黄回、刘秉等人讨论着应敌策略。萧赜全身披挂着，侍立在父亲身后。

萧道成道："刘休范轻兵急下，有乘我无备之心。今我军宜固守新亭，以逸待劳。叛军孤行千里，后无委积，求战不得，自然瓦解。"

司徒袁粲四十多岁的年纪，白白净净的面皮，双目细长，身形瘦削，披着件青色官服，坐在桌子的另一端。他自兄弟袁彬死在淮阴之后，嘴上虽不说，心里却有些迁怒于萧道成，此时用手捋着颔下几根稀稀落落的胡子，道："我以为，应遣军从上游渡江，据守北固山、广陵间，于敌迎头痛击。"

萧道成正色说："叛军已近，我军到不了北固山，兵冲之地必在新亭。"

袁粲门第高华，兼且位高权重，一向是自尊自大惯了的，听萧道成当众反驳自己，不禁怫然变色。刘秉犹豫着拿不定主意，扭头与黄回商议，忽听外面一阵大乱。

张敬儿紧绷着脸，急匆匆地从外面跑进帐来道："大人，敌军乘着几百艘舰船，大举登岸，焚烧了我军沿岸的战船，已快打到新亭了。"

萧道成听了，心里一沉，因为新亭营垒尚未筑完，不想刘休范的部队在这个时候就渡过江来。他顾不得再与袁粲等人争论，拂袖而起，领着萧赜、

第十三章　新亭克敌

张敬儿走出帐外。袁粲等人被晾在帐里，一时面面相觑，都觉得有些尴尬。

片刻之后，袁粲冷哼一声，道："姓萧的原本军阶极低，若没有先帝的一手栽培，会有今日？他现在好不容易爬了上来，就颐指气使，居然不把咱们放在眼里。"刘秉与黄回听了，都把头摇了两摇，与袁粲起身走出帐外。

这时，乌云布满了天空，天黑沉沉的压了下来，仿佛要压在人的头上，一阵轰隆隆的雷声，在新亭营垒的上空响过。垒外数里处有一队队的敌军，正浩浩荡荡地向着新亭逼近。袁粲、黄回等人立在营栅后，见敌方势大，无不失色。

萧道成手扶佩剑，仔细观察叛军营垒后，放下心来，暗想："明帝虽然残忍，但眼光还是有的，在诛戮蕃戚之际，以刘休范为人平庸，故而放过了他。如今刘休范虽兴兵造反，但其举措纷乱，果然难以成事。"想到这里，他扫过众人面庞，称："列位大人！贼兵多而不整，不足为虑。"遂从萧赜手里取过一张弓来，再从箭袋里拈出一支长箭，搭弓拉圆。弓弦一响，只见一只长箭刺破虚空，如流星般朝垒外疾射而去，一员敌将骑马立在队前，挥舞着手里的长剑，正催促部下攻垒。萧道成这一箭飞去，正中他的额角。敌将大叫一声，长剑撒手，从马上跌落下来。

敌军吃了一惊，略一停顿，又乱哄哄的围了上来，沉闷的喊杀声与短促的嘶吼声使大地颤抖。萧道成神色不动，喝一声道："取我白虎幡来。"白虎幡是有白虎图像的旗帜，长九尺，可用作传布军令的符信。须臾，左右将幡取到。萧道成立在垒上，挥动白虎幡，喝令三齐射手七百多人一齐开弓射箭。顿时，密集箭雨呼啸飞掠。刘休范的军兵们纷纷中箭倒地，一时死伤严重。

萧道成见敌人稍退，又命王敬则、张敬儿、薛渊各领兵一千，出垒四面拒战。一阵隆隆的鼓声响彻战场，王敬则等人身先士卒，冲出垒外，率兵推楯而前，自新亭至赤岸，大破来袭之敌，杀伤甚众。

傍晚时分，空中乌云滚滚。不一会儿，密集的雨点如断了线的珠子，噼里啪啦地落了下来。

刘休范见前锋失利，只得退兵，率军撤到江岸边的战船上。

王敬则、张敬儿、薛渊等人也陆续回到了营里，所领军士们折损了三

· 163 ·

成。其余的军兵多半受了或轻或重的伤,身上血迹斑斑。袁粲与刘秉由黄回陪着,已回帐去了。萧道成戴着顶斗笠,将白虎幡交与侍卫,下令大开营门,冒雨到门前迎接凯旋的将士们。

张敬儿浑身湿淋淋的,纵马驰到垒门,从马上跳下,将缰绳交与部下,顾不得擦去额头流下的雨水,便踩着泥泞的地面来到萧道成身边,道:"大人,今晚风雨交加。江州兵马又是刚吃了败仗,军心浮动,防守必然松懈。不如乘着这个机会,潜入敌营去刺杀刘休范。"

萧赜披着件蓑衣,立在萧道成身旁,听了张敬儿这个大胆的想法,不由得激动起来,自告奋勇的道:"父亲,我可与张将军同去。"

萧道成觉得张敬儿的想法虽然冒险,但不是没有成功的可能,且儿子水性精熟,若与张敬儿同去,成功的把握自然更大一些,犹豫了片刻,便点头应允。

雨越下越大,往远处看去,好像一块灰幕遮住了视线,什么也看不见。张敬儿和萧赜冒雨出营,骑马向上游走去,直走了十几里,估摸着远离了刘休范部队所设置的警戒线,这才拨马向江边飞奔,不多时已经听到江水滚滚的声音。

二人找了隐藏之处跳下马来,换上衣服,到了江边,"扑通"一声,跳进了奔腾的长江。水流很急,凉凉的江水灌进张敬儿和萧赜的鼻孔。二人觉得鼻子酸酸的,忙闭住气,脚向后蹬,手向外划,灵活的像两只青蛙,顺着水势游向下游。这样不仅节省力气,而且完美避开了敌军在岸上的哨兵。

一道闪电如利剑似的划破夜空,透过乌云直达天际,也照亮张敬儿与萧赜身后溅起的串串浪花。二人已在江中游了很长时间,不时把头浮出江面呼吸,就见不远处有只船队整齐地停靠在江边,便知是刘休范所部集结之处了。

船队里有两百多艘船只,远远望去如一座突兀而现的岛屿。其中一艘楼船特别雄伟壮观,长百余米,宽约六十米,有五层楼房那么高。船上有九根桅杆和十二面风帆,可以乘坐数百人。这艘楼船便是刘休范的座船,周围还拱卫着大大小小的战船、粮船。不时有一两艘艨艟战舰,在船队间巡逻穿梭，每艘舰上搭载着几十名哨兵。

张敬儿在下午出营时，已瞅准了刘休范座船的所在。此时他与萧赜在江中舒展各自的双臂，用脚轻轻地蹬水，避过敌人的巡逻船，快速游到刘休范的座船边。

张敬儿抬手抹了一把脸上的水，见头顶上有个披着蓑衣的卫兵，便向萧赜打了个手势。

萧赜会意，反手从背后取出弩机，瞄准了头顶斜上方的卫兵，一按机关。弩匣里一支小箭疾飞而出，正中卫兵。卫兵一个倒栽葱掉进水里，溅起了尺许高的水花，落水声却被"隆隆"的雷声掩盖。

四周一片漆黑，狂风怪啸着掠过船头，将桅杆上的旗幡吹得东倒西歪。又一阵震耳欲聋的雷声过后，几道苍白的闪电，划破了绵密劲急的雨幕，乍亮了起来，也照出旗上"桂阳王"三个大字。

张敬儿又向楼船上看了看，确认安全后，从怀里取出飞抓。飞抓的前端是一柄钢钩，后端连着几丈长的绳索。他一扬手，将飞抓准确地抛上去，让钢钩牢牢的挂住船舷，然后与萧赜攀着绳索上了船，来到甲板上。二人蹲在一堆索具之后，谨慎地环顾着四周。

大概是暴雨的原因，船上不见巡逻的军士。甲板上的木质重楼左右，却各立着一个穿蓑衣的卫士。张敬儿顺手摸出一把短刀，弓着腰，谨慎地迈着步子，缓缓地向两个卫士的方向靠近，萧赜紧随在他的后面。

张敬儿悄悄地摸到一个卫兵的身后，手腕一抖。锐利的刀锋，疾如闪电般的在他的脖子上掠过。卫兵仆倒在地，甲板被染成一片血红，瞬间又被雨水冲刷得干干净净。

另一个卫兵见此情形，正要喊叫，却被萧赜从后面勒住了脖子，瞬间就被压倒了甲板上。张敬儿手里提着刀，低声逼问道："桂阳王在哪里？"卫兵不敢隐瞒，只得把右手斜着指了指木楼入口的方向。萧赜一咬牙，手腕用力，将匕首直接捅进了侍卫的胸口。侍卫吭也没吭一声，软软地倒在甲板上。

萧赜收起匕首，从背上取出弩匣，与张敬儿掩近木楼的入口，轻轻地推开了一扇横拉的舱门。两个全副武装的侍卫正立在舱内，见舱门开了，刚望过来，就听"嗖嗖"两声，二人的额头上各中了一只短箭，翻身倒地。

舱里的空间很是宽大，足有一间屋子大小，桌椅几案齐备。四壁挂着灯烛，照得舱内亮如白昼。桂阳王刘休范披着王服，坐在一张书案前，正看着案上的一张尺许宽的地图。他听到声音，抬头一看，见贴身卫士被杀，不由得大吃一惊。

外面的风雨无遮无挡地灌进舱里，舱门前立着两个黑乎乎的人影，正是张敬儿和萧赜。黑云层里的电光，透过雨障，在张、萧二人杀气腾腾的脸上映亮了一下。刘休范意识到不妙，把书案一推，惊惶失措地站起身来。

张敬儿纵身入舱，劈面一刀向刘休范砍去。他的刀很薄，刀柄很长，刀锋锋利，刀刀直奔刘休范的要害。刘休范平日里养尊处优，从未练过武术，身当此境，只是不停地躲闪，踉跄着连连后退，很快被逼到角落里，紧接着腰间中刀倒地。他又疼又怕，脸色煞白，张口正欲呼救，便被张敬儿一刀砍下脑袋。

萧赜见张敬儿大功告成，从怀里取出个革囊，将刘休范血淋淋的头颅装进去，然后背在身上，与张敬儿出了舱，来到舷边，纵身入水，忽听楼船上传出一声惊恐的叫声。随后，船上响起一阵密集的锣声。张敬儿和萧赜知道是船上的卫兵发现刘休范被杀，但也不再理会，只管潜水游回江岸，安然返回新亭军垒，向萧道成复命去了。

第二日，雨后的蓝天像一大块明净的琉璃，白云在蓝天下柔和地起伏着。阳光透过薄薄的云层，照耀着滔滔的江水，浩瀚的江面上腾起阵阵水雾。江州将帅得知刘休范被刺杀，无心恋战，拔锚起航，仓皇退兵，半路又遭萧道成、黄回等人的截杀。江州军马群龙无首，几仗下来，被杀得大败，一万多人被俘斩，余者四散奔逃。一场震动天下的叛乱，随着桂阳王的死，就这样平息了。

此役后，萧道成以功被封为西阳县公，升任中领军，总帅禁军。张敬儿手刃敌酋，与萧赜也各获封赏。

第十四章　京口告捷

若干年后，南齐代宋。齐武帝萧赜在位时期，下诏称："宋建平王刘景素，名父之子，少敦清尚。虽末路失图，而原心有本。年流运改，宜弘优泽，可听以王礼还葬旧墓。"才算是为刘景素平反。

南朝宋元徽四年（476年）五月的一天傍晚，晚霞布满了天空，太阳落至城头，微凉的风拂过建康的一条小巷。巷子不长，却也宽敞。巷道以青石板铺成，曲曲折折，两旁是一排排整齐的房屋。所有房屋的檐角都向上轻轻翘起，斑驳的墙面上留下一年又一年的印记，红砖青瓦早已褪了颜色，在落日余晖地映照下略显沧桑。

散骑常侍杜幼文的府第就在巷子的左侧，两扇大门敞开着。人们面带笑容，在门中出出入入，络绎不绝。府中乐声悠扬，远远的传出。府外的马车从巷子这头排到那头。原来，杜府的少爷今日娶妻。

五十多岁的杜幼年在京城里为官多年，论家世自不能与王、谢、袁、萧等家族相比，论在朝中的权威声望，也远逊于袁粲、萧道成、黄回等人。但家有喜事，前来道贺的人自然不少。杜幼文穿着一套崭新的衣服，微笑着立在厅里，眉毛胡子一起幡然而动，拱手向着满堂宾客道："承蒙诸位光临，老朽不胜荣幸……"正说着，忽听司仪站在门边，高声喊道："有客到。"

杜幼文整整衣衫，便要离席相迎，又听司仪扯着嗓子喊道："东徐州刺史、建平王大驾光临。"这话一出，满堂皆惊，连杜幼文自己也有些意外。他早年曾任过建平王府的僚佐，因为有这个渊源，所以三天前曾向王府下了喜帖，但也不过是走个过场，并没料到建平王真的光临，这会儿看着众宾惊羡的眼神，顿时觉得极有面子，连忙迎了出去，刚走到堂口，就见建平王刘景素走了进来。

刘景素是文帝刘义隆的长孙，建平宣简王刘宏之子，七岁袭爵，时年二十五，在孝武帝后期入仕，先后牧守湘州、南兖州、荆州、南徐州等重镇，精通丹青书法、金石音律，也爱好骑射田猎，在当时颇孚众望。刘景素一头乌黑茂密的头发梳成个发髻，俊眉朗目，一举一动间透着温文儒雅，比其他的宾客更显气派。他披着件似丝非丝、似缎非缎的青袍，宽袖广身，明显是贵重货色。单只这件袍子，就堪抵一户普通人家的家产。

杜幼文满脸放光，喜滋滋地迎上前去，一躬扫地，道："王爷驾临，让卑职何以克当？待小犬拜过天地，卑职便把所酿美酒奉上，供王爷与众宾们品尝品尝。"众人哄声说好。杜幼文虽不善饮，却擅长酿酒，更在宅子里设有糟坊。大家听他肯把酝酿多年的好酒拿出来待客，自是欢欣鼓舞。

刘景素很是谦光，笑道："杜公采挹河流，酿成芳酎，若被我们这些来宾一饮而空，你岂不心疼？"

杜幼文忙道："大王肯到敝府来喝酒，那是给下官脸了，高兴还来不及，哪里会心疼！"说话间，便听到几声唢呐声响过。

刘景素笑道："是花轿到府了。"

杜幼文道："王爷所料不错，请安坐观礼。"说着，忙把上座腾出，又将自己的几个亲戚叫来，让他们陪着刘景素。

不一会儿，新娘子在丫鬟的搀扶下下了轿，款款地走进厅来。厅里的宾客，只能看到新娘子袅袅婷婷的体态，却看不到她的容貌，但也可以想见她的美丽。

新娘子在丫鬟的搀扶下，含羞带怯地走过人丛，进到大厅中央，开始和一身吉服的新郎官拜堂。杜幼文辞了刘景素，坐在中堂前的椅子上。司仪兴高采烈地站在堂侧高唱："一拜天地，二拜高堂，夫妻互拜。"

杜幼文捋须微笑，接受一对新人的礼拜。他中年丧妻，一直不曾续弦，膝下只有一子，这些年含辛茹苦将儿子拉扯成人，着实不容易，如今见儿子有了家室，心里很是欣慰。

须臾礼成。按仪程，小夫妻便要共入洞房了。

这时，厅外突然响起一个尖锐的声音："且慢。"

众人闻声，一齐转头望向堂口，就见门前立着一个年轻人。这年轻人细长的脸型，淡眉长目，蒜头鼻子下是两片薄嘴唇，光光的下巴没有胡子，微微昂着头，一脸的奸诈阴狠。他穿着一身再普通不过的袴褶，衣服下摆上布满了路尘，手里却提着一根长槊。槊前装有精钢槊首，后面安着红铜槊纂，槊杆泛着乌油油的亮光，很显华贵。

这闯席而至的年轻人其貌不扬，神情活脱像个市井无赖，穿着一身脏兮兮的衣服，手里却提着一根华贵无比的槊，未免显得有些古怪。

杜幼文一见此人，却惊出了一身的冷汗，上前几步，一头便叩了下去，口称："微臣参见陛下！"

建平王刘景素也赶紧起身跪倒，高呼："吾皇万岁万岁万万岁。"堂上众人这才反应过来，连同新郎和新娘，一齐都跪了下去。

原来这年轻人便是当今皇帝刘昱。刘昱时年15岁，字德融，小字慧震，为太子时惰业好嬉戏，即位之初，尚且内畏王太后（明帝正妻）、外惮朝贵，不敢过于放纵，但等到十二岁的元服（即成人礼）一过，便无所顾忌起来，整日里以游戏、屠戮为乐，喜欢亲自动手杀人，只要左右侍从稍有不如意，就要加以残杀，把处理政事的皇城太极殿变成了屠宰场。（《南史》记载："元徽帝钳凿锥锯，不离左右，为击脑、槌阴、剖心之诛，日有数十。常见卧尸流血，然后为乐。"）

刘昱又喜出游乱逛，每次出行只带着身边十几个随从，或十里、二十里，或入市井，或往营署，或游走郊野。在出游期间，刘昱与随从手持槊、棒，见人辄杀，甚至连孕妇也不放过。（《南史》记载："（元徽帝）无日不出，与左右解僧智、张五儿恒夜出，开承明门，夕去晨反，晨出暮归，从者并执铤矛，行人男女及犬马牛驴逢无免者。"）

今日，刘昱执槊骑马，正在杜府外经过，听到鼓乐之声，便带着从人直闯了进来，见众人诚惶诚恐地跪倒迎接，更是气盛，用傲慢的眼神扫视着在场的人，看到刘景素，鼻子里哼哼了两声，又瞅见跪在一旁的一对新人，忽然上前几步，跨到新娘子面前，一伸手扯下了红色的盖头。

新娘子年方二八，双眉弯弯，小小的鼻子微微上翘，脸如白玉，颜若朝华，项颈中挂的一串明珠发出淡淡光晕，映得她更是粉妆玉琢一般。

刘昱见新娘子容色绝丽，不禁呆了一呆，咽了口唾沫，眼珠一转，看了看旁边的新郎，眼神顿时森冷如冰，手起一槊，正刺入新郎的额头。新郎毕恭毕敬地跪着，毫无防备，登时破脑而死。鲜血从他的额头上汹涌而出，流了一地。

人群又是起了一阵惊恐的骚动。刘景素常年出镇京口，虽不在建康，但对刘昱的作风还是有所耳闻，今见其出手之狠、行事之辣，忍不住打了个寒战，眼神里流露出惊惶的神情。

杜幼文一见刘昱出现，便心里惴惴，有些不祥的预感，但也没料到刘昱一槊就要了新郎的命。他见爱子惨死，整个人伤心到了极处，目眦欲裂，什么都豁出去了，颤颤巍巍地从地上站起来，上前一把揪住刘昱的耳朵，大骂道："你比桀、纣还要坏，日后难逃屠戮！"

刘昱闻听，脸色变得分外狰狞，一脚踢到杜幼文的小腹。

杜幼文年近六十，身虚体弱，哪里禁得住他这一脚，踉跄着后退，撞得碟碗菜肴齐飞，左右晃了几晃，倒在地上，一口鲜血从嘴里喷了出来。刘昱的几个随从上前，将他牢牢按住。刘昱被他扯耳大骂，感到失了颜面，纵身过去，长槊挥动几下，就砍下了杜幼文的手脚，再一槊，就剁下了他的头颅。

杜府的家人连同前来贺喜的亲朋也有上百位，若换了别人，他们早就一拥而上，把为非作歹者拿下，但见皇帝亲自杀人，却没人敢出来阻拦。新娘子从没有见过这么残忍的场面，吓得晕了过去。

刘昱手提滴血的长槊，扬天狂笑两声，转身就走，临行还命随从将新娘子扛回宫中，扬言要封其为贵妃。

刘景素这次入京，本是应邀参加婚礼，不想眼见杜幼文父子被杀，落得一场扫兴。第二天一早便回了京口。建平王府在京口城东，紧靠城墙。门楼上粉檐白壁，分别绘着牡丹、桃花和柳枝的图案。左右植着几杆旗，错落排

第十四章　京口告捷

开，旗上用金丝线绣出王号。整个府第占地数十亩，里面霄台林立，遍布清幽秀丽的池馆水廊，还有几十栋高高低低的彩楼，各楼宇之间皆有复道长廊相连。

刘景素心情复杂地下了马车，见王府总管垣祇祖正带着几个家人在府外相迎。垣祇祖三十多岁，皮肤黄里透黑，嘴唇扁厚，一脸奸诈模样。头梳小髻，一身青布衫裤，足蹬趿靴。他见刘景素下了马车，忙迎上前去，簇拥着建平王走进院子。

院中是一座清雅的小型花圃，里面植着奇花异卉。刘景素闷闷不乐地绕过花圃，踏着一条碎石铺成的甬道，走进厅里。几名娇艳的婢女过来，殷勤地替他换下长袍、摘去幞头。刘景素乌黑的发髻上面别着一根金簪，无精打采地驻足于南窗前，耳里听到叽啾不已的鹊声，想起惨死的杜家父子，脸色有些发青，抬头缓缓地说："喜鹊游于风烟之上，止于林木之下，饥啄渴饮，得失不关于心，比人可要快乐多了！"声音低沉，透着几分萧索。

垣祇祖为人乖巧，善于察言观色，刚才就见刘景素神情不对，又听他说出这样没头没脑的话来，忙上前道："王爷何故长吁短叹？"

刘景素素来当他是自己的心腹，先挥手命婢女们退出，呷了一几热茶，便向他讲述了这次进京后的所见所闻，特别讲到了元徽帝血洗杜府的暴虐之举。

垣祇祖在入王府之前，在市井里就混得风生水起，进府后又是左右逢源，很快就当上了府里的总管，凭着心狠手辣，说事捏合，隐然成了京口一霸。他这会儿听了刘景素的话，乘机说："元徽帝狂凶失道，人神共愤。大王少爱文义，甚得人心，内外皆谓您宜当神器。大王岂不为天下苍生考虑？"

刘景素矍然失色，手一颤，几滴热茶洒了出来，忙将茶杯搁在长条桌上，瞪了垣祇祖一眼，道："噤声！我无德无才，奉命守藩，已是心满意足，怎么敢有非分之想？你这话若是传到京里，岂不是一场大祸？"语气里透着几分惶恐。

垣祇祖却又凑近了些，低声道："大王所虑极是，但以卑职之见，这个风声恐怕早晚都要传到京里。"

刘景素脸上的肌肉一跳，望着垣祗祖，说："怎么说？"

垣祗祖道："大王为文帝诸孙之长，名誉翕然，与元徽帝高下立判。将来只要有人在皇上面前轻轻提一句：'朝野莫不归心于建平王'，以皇上之忮刻残忍，必要寻衅生事，大王岂可不早做打算？"

刘景素听了，脸色变得更难看了，搓着手连问："你说的很对，眼下我们该当如何？"额头竟急出一层薄汗。

垣祗祖见自己的话有了效果，便进一步说："大王不妨派人去京师，探一探朝廷动向，凡事也好预作提备。"

刘景素听了，把头点了几点，说："你这个主意不错，但派去的人一定要可靠才行。你看谁合适？"

垣祗祖躬身道："卑职毛遂自荐，愿为大王走这一趟。"

习习的凉风透过敞开的门窗，吹进殿内。阳光透过厚薄不均的树叶，忽明忽暗的照进厅里，使垣祗祖的表情显得有些迷离。

刘景素不知垣祗祖当面是人背后是鬼，还为对方的"忠诚"所感动，沉吟半晌，说："你是我的左右手，怎可远离？不如另派一人吧。"

垣祗祖道："这趟差使确不易办，托给别人也不稳妥。卑职思来想去，还是自己去的好，必不负大王所托。"

刘景素伸出右手，用一支白皙细长的手指，轻轻在桌沿上敲了敲，沉吟道："也好！那就有劳先生。"

刘景素为垣祗祖带足了银两。

垣祗祖心里暗喜，然后便告辞而去。

第二天的中午，阳光渐渐有些炽热。宽阔的江面上，波浪不兴。一条江船缓缓地驶近建康城外的渡口。船夫麻利地抛下铁锚，放下踏板。船上的乘客沿着踏板，络绎下船。

垣祗祖换了身布衣，也随着众人上了岸，朝左右望了望，低着头，进了京城，走街串巷，来到巍峨的皇城前。他自幼在市井中成长，禀性凶残，心里只有贪欲，没有律法，也没有道义，经常为达目的而不择手段，纯是个大奸大恶之人。他见新主登基，早就想另换门庭，这次以助建平王为名入京，

第十四章 京口告捷

实际是想将刘景素出卖给元徽帝。

进得京城，垣祗祖不惜重金买通皇帝身边的人，得到皇帝允许，得以上殿面君。这一日，垣祗祖在宫中侍卫的引领下来到朱雀门前，他看了看门外林立的甲士，喉咙有些发干，心跳加速，深吸了一口气，还是踌躇满志地走了过去，对门前的羽林军声称自己从京口来，要告发谋逆之人。

为首的羽林军校尉不敢怠慢，只得进宫通报，不一会儿，引着一个太监出来，称皇上传见。

垣祗祖随着太监进了皇城，来到太极殿外，见两个侍卫正抬着一具尸体向外走。死者是个宫女，眼睛紧闭，两道眉毛怨艾不平的蹙在一起，没有气息的嘴巴半张着，前心的宫装透出一大片触目惊心的血红。垣祗祖心里打了个寒战，厉阶进殿，见龙书案后坐着一个年轻人，自然是元徽帝刘昱了。

刘昱披着件黄袍，腰间随随便便系了根衣带，歪歪斜斜地坐在龙椅上，还把一条腿翘在龙书案上。他方才在后宫无聊，持槊遛达到太极殿，随手捅死了一个洒扫的宫女，又准备到皇城外游玩，忽听有人前来告密，倒有了些兴趣，暂且放弃了出游的打算，下令即刻召见。

垣祗祖不待别人提醒，忙上前双膝跪倒，恭恭敬敬地行过大礼，又堆出一脸的谄笑，言之凿凿道："建平王私下言论狂悖，诽谤主上，谋据石头城作乱。"然后便添油加醋，有的没的说了一通，话里话外，已将一顶"谋反"的大帽子牢牢地扣在了刘景素头上。

刘昱早忌刘景素的声望在己之上，闻言大喜，根本不去辨别真假，即重赏垣祗祖，又诬刘景素有异志，遂下诏纂严备办，命袁粲出屯玄武湖，调冠军将军黄回助防新亭，派左军将军萧道成督马、步诸军北讨京口。

诏旨一下，举朝惊愕。萧道成和袁粲等人一样，并不相信建平王是真的谋反，但又不敢拒绝暴虐的皇帝，只得命王敬则、张敬儿等即刻出兵，自己引军续发。

数日之后，阳光透出薄薄的云层照射在京口城上。京口城墙高约四丈，用上好的黄土夯筑，外包青砖。外面还围有一圈宽四丈、深三丈的护城河。

城外旗幡委地、钲鼓散落，地上扔着数不清的刀枪。护城河边倒着不少

· 173 ·

阵亡的军兵，河里的水都被染红了，城门旁还倒着一具将官的尸体，他的头颅上插着一支雕翎箭。

建平王刘景素做梦也想不到垣祗祖会出卖自己，在猝遭王敬则、张敬儿所部袭击之际，不肯束手就擒，率兵据城作激烈的抵抗，一连几天使王敬则的麾下伤亡惨重，但终因寡不敌众，还是失陷了城池。王敬则、张敬儿已率军冲入了京口，并控制住了城内要害。

一阵热风打着旋儿，扫过城头。城上已打出了朝廷军队的旗帜，几十面威武的旗幡随风漫卷。萧道成骑在马上，旁边随着长子萧赜，在卫士们的簇拥之下来到城外，再往后是三千精兵。他今年五十岁，鬓角的头发有些斑白，头顶铁盔、外披软甲，甲叶在阳光照耀下闪烁着五色光毫，敛容正色地率兵进了城。

城民们早就躲了起来，没有哪个大胆不要命的敢这个时候出来。萧道成一行沿着空荡荡的街道，来到一个十字路口，再转向西走，前面不远处是一座酒楼。

酒楼的顶上挂着一块白底黑字的横匾，上题"万岁楼"三个描金大字。每个字都有斗大，便是在一里开外，也可看得清清楚楚。刘景素登城指挥，兵败后下城，本要回府，却被张敬儿的人马追上，一番激战之后，与他的卫士被困在万岁楼内。

萧道成等人越接近万岁楼，街道两边的军士就越多。更有一群群全副武装、手持利刃的士兵，从远处跃了出来。这些人都是王敬则的部下。他们已清洗了城中的残敌，赶来与张敬儿汇合。

萧道成立于马上，隐约可见万岁楼上空猎猎飘扬的五色旌旗，再走近些，连鳞片一般排列的楼瓦都看得清清楚楚，便带住了缰绳。

萧赜驱马来到队后，派了几十个手脚矫健的军兵，让他们分散隐蔽到附近的房顶高处，提备可能的暗箭偷袭。其余的军兵们分散开来，以万岁楼为圆心，把守御区域扩散到百步开外的临街铺子。

附近街道传来隆隆的马蹄声，不一会儿，在大路的转角处骤然现出刀枪的闪光，战旗也在迎风飘动，有一大队盔明甲亮的骑兵飞驰而至。为首的两

第十四章　京口告捷

人正是王敬则和张敬儿，所率骑兵都是军中精锐，纵马列队跑起来，便显得气势惊人。

王敬则身披战袍，脸上汗迹斑斑，但仍显得很精神，望见萧道成率兵赶到，忙与张敬儿迎上前来，道："大帅！刘景素的兵全完了，现在就与几个卫士躲在楼里，其中倒有几个好手。弟兄们刚才攻过一次，没占到什么便宜，反搭上了几条性命。卑职请您的示下，下一步怎么打算？"

萧道成看了看四周，只见人影绰绰，却又悄无声息，知道警戒已设好，便抬头望向眼前的万岁楼，道："我亲自进去，会会建平王。"

王敬则和张敬儿一愣，相互对视了一眼。王敬则知道萧道成的本事，也了解他的脾气，听他这么说，便再无回旋的余地，便在一旁道；"大人可要小心，我和敬儿自当随您同往。"萧道成点点头，说："也好！"

日头从头顶稍稍向西偏斜，到了一天之内最燥热的时候。万岁楼外连一棵遮阴的小树也无，初夏的太阳把如瀑的热力毫无保留地浇灌到人们头上。

萧道成跳下马来，率萧赜、王敬则、张敬儿三人，从容地走向万岁楼。

这座酒楼是城里的老字号，全为木质结构，临街共有两层，外面围着一圈半人高的红漆木栅栏。一楼的门窗紧闭，透过窗户，依稀可以看到人影闪动。

萧赜随着父亲进了栅栏，走到酒楼外三尺之地，便拔刀出鞘，抢上两步，一脚踢开楼门，纵身而入，就觉身侧风生，瞥见一把风快的钢刀从旁边刺向自己的肋部。萧赜早有准备，右手一振，摆刀斜封，"铛"的一声，挡住了敌人刀尖的进击，随即身子左转，右拳击出，迅若奔雷的砸向袭击者的面门。对方完全没想到他的反击如此迅猛，鼻子结结实实地挨了一拳，登时鲜血迸流，闷哼一声，像截木桩子似的朝后倒去。

这边萧赜一击得手，身后的王敬则也没闲着。他右肩顺势朝前一撞，将迎面扑来的一个卫兵撞了个趔趄，趁对方立足未稳，疾步向前，闪电般地抽出佩刀直接捅进他的前心。

张敬儿则与一个身材矮壮的卫士动上了手。他手执雪亮的长刀，与敌两刃相交，登时火花四溅。张敬儿武功不高，却是灵活机变，左手悄悄掏出一把匕首，乘敌不备，一刀戳中对方腰间。对方疼得"嗷"了一声，声音未落又戛然而止，因为张敬儿手里的长刀已在他脖颈处抹过。这卫士的脖子里鲜血狂喷，整个人倒在地上挣扎了几下，就断了气儿。

这一番攻防虽然激烈，但持续的时间并不长，从动手到结束，如行云流水般的迅捷。萧赜等三人斩杀了对手，往左右一分，萧道成手按刀柄，大踏步地走进了万岁楼。

楼里很是凌乱，桌倒椅翻。刘景素发髻蓬松，正立在楼西侧的一张木质柜台旁。他虽故作镇定，但难掩神色惶恐的狼狈脸孔，身旁还站着几名卫兵。每个卫兵身上都是血迹斑斑，明显是在巷战中受伤了，虽然手里都提着兵器，但已是强弩之末，站立都有些困难，不能再对萧道成等人构成威胁。

外面响起一阵杂沓的脚步声，一群军士涌入，将刘景素的卫兵包围缴械。

刘景素站在那里，惊恐的张了张嘴，想说什么，不料话未出口，两行眼泪先扑簌簌落了下来。

萧道成受命征讨，实为不得已，见刘景素这副样子，心里也有些难过，低声道："王爷地属亲贤，德居宗望，素有忠孝之誉……。但事已至此，请你自行了断吧。"说着，朝身边的王敬则使了个眼色。

王敬则也明白，刘景素如果落在刘昱手里，只会受更大的折磨，便踏上前两步，"笃"的一声，将一柄锋利的短刀插在刘景素旁边的柜台上。

阳光透窗而入，照在锋利的刀刃上，流光溢彩。

刘景素看了看四周，惨然道："本王何负于社稷，何愧于天下！"抖着右手抓住刀柄，"噌"的一声拔了起来，想要横刀自刎，但手臂颤抖得极是厉害，竟无法向自己颈中割去。萧赜收起长刀，走上前去，抓住他右臂，用力一挥，割断了他的喉头。刘景素倒在地上，身子抽搐了几下，很快就气绝身亡。

萧道成望了望地上刘景素的尸体，眼里透出一丝悲悯，与萧赜、王敬则、张敬儿等押着俘虏出了万岁楼，收队回京，向刘昱复命去了。

刘景素是刘宋第四代皇室中最有威望的宗王，却蒙上"反叛"的恶名而死，这在朝野引起极大的震动，当时就有不少人为他鸣不平，更有刘琎、何昌宇等旧部冒险为其鸣冤，却没起到什么作用。

若干年后，南齐代宋。齐武帝萧赜在位时期，下诏称："宋建平王刘景素，名父之子，少敦清尚。虽末路失图，而原心有本。年流运改，宜弘优泽，可听以王礼还葬旧墓。"才算是为刘景素平反。

第十五章　雨夜弑君

萧道成来到窗户跟前，向草屋里望进去，借着淡淡的烛光，瞧见一个少年半躺半伏在地上的一块毡子上。他一眼就认出这少年就是自己要找的人——当朝小皇帝刘昱。

元徽帝刘昱除掉刘景素之后，自以为威不无加，行事越发的肆无忌惮。无论是后宫佳丽还是朝中大臣，只要稍不顺眼便会被他当场杀死。百官人人自危，朝不保夕。

元徽五年（477年）六月，羽林军副将阮佃夫见刘昱如此荒唐，暗中联络人手，准备趁刘昱出游时，将之废掉，改立刘昱的兄弟、安成王刘准，不料阴谋败露。刘昱抢先行动，命人将阮佃夫等人逮捕。

几天后的一个上午，太阳刚一出来，皇城里的气温就骤然升高。空中没有一丝云，没有一点风。阮佃夫已被砍去了四肢，又被绑在太极殿外的一根立柱上。汗水滚过他满脸的伤痕，流到他颤抖的胸肌上，已成了血水。他的眼睛半睁半闭，一心只求痛快的死。刘昱偏不让他痛快，下诏对其施行磔刑，还把满朝文武召集到太极殿外观刑。

刘昱身披龙袍，坐在不远处的一把遮阳伞下，见阮佃夫死了，便笑嘻嘻地起身，手持长槊，走到阮佃夫的尸体旁，瞅了瞅两边的百官，扬声宣告："这便是图谋造反的结果。"一边说着，一边扬起手里的长槊，每恶狠狠地说出一个字，便用锋利的槊尖向阮佃夫的头刺几下，待他这句话说完，阮佃夫的头颅上已布满了密密麻麻的血洞。

第十五章　雨夜弑君

袁粲、黄回、萧道成、刘秉等大臣木然立在殿前，一个个面色灰败，脸上全聚集了汗，化成一条条汗河，直往脖子里淌。他们混迹于官场多年，什么该说、什么不该说，总能分得一清二楚，虽然不忍看眼前的惨景，但没有人敢挺身进谏，只能任由元徽帝把皇城里弄得一片狼藉血腥，然后无可奈何地散去。

萧道成闷闷不乐地出了朱雀门，在皇城外骑上马，带着几十名亲兵，沿着大街回府。这是一个炎热的中午，太阳把大地烤得像蒸笼似的。路旁的大树垂着头，小草弯着腰，大黄狗趴在树荫底下伸着舌头喘气。街道两旁，市廛栉比、店铺鳞次，却只有寥寥的行人。

回到府前，萧道成额头已布满了汗珠。他跳下马来，将缰绳甩给亲兵，走进前院。炙热的阳光烤灼着世间的一切。墙边的几棵柳树，一动不动地垂下了枝条。知了不住地在枝头发着令人烦躁地叫声，像是在替烈日呐喊助威。院中的一条甬路通往客厅。厅外的楹柱上饰满彩绘，屋顶上盖着天蓝色琉璃瓦，檐下摆着一排青瓷鱼缸、怪石盆栽之类的东西。

萧道成迈着松松垮垮的步子上了台阶，来到客厅前，命家人去后院给两位夫人传话，就说自己今天有些疲惫，要在前厅休息一下，让刘、雷两位夫人及儿子们先吃午饭，不必前来打扰。他吩咐完之后，便进厅脱去上衣，打着赤膊，喝下一壶凉茶，坐在西窗前的一把藤椅上。

萧道成年过五旬，身材略有发福，想起元徽帝刘昱的疯狂，不禁有些郁闷，渐觉得一股倦意涌了上来，便合上眼睛，矇矇眬眬地睡了过去，不知过了多久，忽觉身边有人在笑，笑声尖细，让人浑身发毛。

他赶紧睁开眼睛，先看到一对三角眼，然后才发现面前竟立着刘昱与其几名随从。萧道成脑子里轰然一响，心怦怦直跳，急忙站起身来，蓦然感到一种模糊的、无以名状的恐惧，脸色煞白。

刘昱一身薄绸衣裤，背被弓箭，上下打量了萧道成几眼，用手里的长槊在他腹前比画了两下，忽又怪笑道："朕逾墙而入，特来看你，如今瞧着你的肚脐眼不错，倒是个好靶子。你且站稳了，让朕射一箭，看能不能射中。"说话间带着"丝丝"的舌音，像是毒蛇吐信。

他也不管萧道成愿不愿意,几步退到了厅口,将长槊递与身边的随从,又取下背后的铁胎弓,搭上一只雕翎箭,"吱呀呀"拉开弓,瞄准了萧道成的小腹。由于用力拉弓的原因,刘昱的指节突露,手背上的青筋更显分明。锋利的箭头闪烁着寒光,与他残忍的目光相映照。

萧道成吓得汗流浃背,额上、脸上、鼻子上,全布满了黄豆大的汗珠,两条腿紧张得好像麻木了似的,却又不敢闪躲,只得拱手道:"陛下!老臣无罪。"

这时,人影一晃。刘昱身后的随从王天恩上前,跪在刘昱面前奏道:"陛下暂住。萧大人腹大脐突,的确是个绝妙的靶,假如被一箭射死,今后再也找不到这么好的靶子了。以臣愚见,陛下不如改用骲箭,一来不致伤人,二来日后还可再射。"说着,取出一支骲箭,双手呈了过去。骲箭是用骨做箭头,发射时能发出响声,故又称响箭。

刘昱一听,觉得有理,笑骂道:"你这猴崽子,想得倒周到。"说着,便换了骲箭,弯弓射去。这支箭带着尖锐的啸声,正中萧道成的肚脐。萧道成挨了这一下,虽不致命,可也疼的面容扭曲,一时竟说不出话来。

刘昱扔下弓,哈哈大笑道:"朕的箭法如何?"王天恩在一旁鼓掌大赞道:"陛下神箭,一发即中,无须再射!"刘昱被他恭维得浑身舒泰,满脸得意之色,又笑了几声,这才率众扬长而去。

萧道成又疼又怕,脸色焦黄,见刘昱等人出了门,双腿一软,瘫坐在藤椅上,两颊青筋横现,眼神里充满了无奈、愤怒和屈辱,低头沉思了一阵子,霍然起身,高声道:"来人。"下人闻声匆匆而来。

萧道成无端受了这场惊吓,有一肚子无名火无处宣泄,抬腿便朝他身上踹了一脚,厉声喝道:"你这混账,方才哪里去了?"

家人被这一脚踹了个趔趄,慌慌张张地跪下禀道:"大人!小的见您在午睡,不敢打扰,故而院外候着。"

萧道成知他说的是实情,便缓和了些语气道;"把两位公子找来。"

家人道声"遵命",从地上爬起来,忙忙的向厅外奔去。

不一会儿,萧赜和萧嶷兄弟二人相跟着来到了前厅。萧赜三十出头,

第十五章 雨夜弑君

仪表英俊，风姿特异，已娶妻生子。他自幼跟着父亲习武，练成了一身好功夫。萧嶷比哥哥小十几岁，长得俊眉朗目，生性开朗，功夫虽不如兄长，但口齿伶俐，能说善道，深得萧道成宠爱。

两人先后走进厅里，见萧道成面色铁青，都是一愣。萧赜便道："父亲找我们有什么事？"

萧道成也不隐瞒，皱起眉头，便把方才的事说了一遍。萧赜和萧嶷听了，都吓了一跳，想起刚才场景之凶险，不禁捏着一把冷汗。

萧嶷愤愤道："昏君突然来这么一手，恐怕不是一时兴起。父亲先后平定了刘休范及刘景素，功高望重，难免引起他的猜忌，将来还要当心才是。"

萧道成皱着眉说："你说得有理！我想明日入朝辞官，然后带全家老小回兰陵老家。"

萧赜见厅中并无外人，上前一步，说："父亲，刘昱凶狡，向来不按常理出牌，您若辞官，反而惹他不满，没准儿会引祸上身。儿子以为……"说到这里，却是一顿。萧道成望着长子，说："这里没有外人，有话直说不妨。"

萧赜举起右手向下虚劈道："儿子以为，不如杀了这个昏君。"

萧嶷在旁道："大哥说的对。刘昱残暴无度，搞得天怒人怨，若置身于宫城之内，有禁军环伺，可谓稳如泰山。但他常在外游走，身边又没有太多的警卫，这可就给了我们绝佳的下手机会。"

萧道成听了，颇有些犹豫，但想起刘昱的凶残，似乎又别无其他的路可走。他沉吟道："刘昱虽然举止轻佻，但其行踪飘忽，令人难以捉摸，让咱们无从下手啊！"

萧嶷抹了一把脸上的汗珠，说："儿子听父亲方才所说，觉得这王天恩倒是个有良心的。他今日既肯帮忙，平时又常随在刘昱身边。我去找他，探探他的口风，也许能掌握昏君的动向。"

萧道成说："不错！这王天恩有一家赌坊，喜招客上门赌博，从中取利。你就扮成个赌客，找上门去。"说着，便命家人取出一盒珠宝交给二儿子。

傍晚时分，为掩人耳目，萧嶷换了便服，悄悄出府，步行上了朱雀大街。朱雀大街贯穿京城南北，平直而宽阔，两侧是摆列严整的铺户和民居，间或穿插着一条条东西向的小巷道。这些深邃的巷、路，在大街两旁纵横交错，像极了围棋格子。

萧嶷已派人打听清楚了王天恩赌坊的所在，沿街走过了一家绸缎铺，过了一道石桥，便向右拐进了一条曲巷。

天色渐渐暗了下来，一丝丝的凉风吹过。这时不再似白天那么炎热，路边芳草萋萋，暮鸦停在扶疏的树枝上，不时发出一声寂寥的鸣叫。暮色里，萧嶷的背影轮廓都变得模糊不清，似乎和黯淡的环境融为一体。他沿着石子铺成的路面走不多远，就见前方不远处亮起了灯火。那里坐落着一个砖石宅院，便是王天恩的府第，外绕一丈多高的马头墙，府里却传出一阵阵呼卢喝雉之声。门前立着几个腰束朱红腰带的大汉，见萧嶷走近，一齐警惕地盯着他。

萧嶷不慌不忙、四平八稳地走了过去。

一个身着黑衣的汉子，貌似是个当头儿的，迎上前来盘问："这位公子来这里有何贵干？"

萧嶷一扬手，抛了锭银子过去，说："我在东门里开了家绸缎庄，最近赚了些钱，想到这里来碰碰运气，烦请通报一声。"

黑衣汉子接银在手，略一掂量，便估摸出这锭雪花银至少有十两，心里一喜，随手揣起银子，道："公子请跟我来。"

萧嶷大模大样地随着黑衣汉子走进这座高墙深宅。院子宽阔，迎面五间正房也是大厅，屋脊两头有石雕的猛兽。厅堂里灯火通明，传出一阵阵的骰子落盅的脆响，伴着赌徒们的哄闹之声，倒是热闹得很。

黑衣汉子回头说："请公子稍候，在下要进去通禀一下。"萧嶷负手而立，点了点头。

黑衣汉子走上台阶，进了厅。厅内红烛高烧，光线明亮，居然是一个小小的赌坊，有案有几。每张案子上都满布筹码和银钱，周围各围着十几个赌徒，正兴高采烈地掷骰子。他们年龄各别，神态各异，一边掷一边大呼小叫，每个人的头上都汗津津的。还有十几个打扮得花枝招展的少女，媚笑着混杂在客人中间。她们苗条的身上散发着幽幽的香气，有的在斟酒，有的在

第十五章 雨夜弑君

倒茶，往来穿梭。

王天恩不在宫里当值的时候，便在赌坊经营，靠着抽头，倒也有一笔不小的入账。他三十出头，瘦削的身躯显得很是精干，双目炯炯有神，正穿着一件淡青色长衫，将两只袖子往上一卷，露出两只手腕，晃荡着身躯，来到靠着窗户的一张桌子上。这张赌台上的人比较少，也比较安静。台旁坐着五六个人，却都是京师有名的商贾巨富。桌上除了香茗美酒，更有整堆整堆的金锞银锭，足够普通人舒服地过一辈子。

王天恩搓着下巴，脸上带着笑，在一旁瞧了会儿，轻轻拍了拍一位赌客的肩头，含笑道："周掌柜的，您老今晚手气不好，不如我陪您去喝几杯再来吧。"那个大腹便便的周掌柜，一边使劲摇着手里的骰子，一边纵声大笑道："喝酒着什么急？不过输了几千两，小意思！"于是王天恩就缩回手，含笑站在一旁，看着对方继续输银子。

正在这时，黑衣汉子走到王天恩身边，朝着他打了个躬，然后俯身耳语了几句。

王天恩道："待我先瞧瞧……。"说着，负手踱出厅外，只见萧巍正站在阶下。萧巍衣着华丽，气概不凡，虽然立在那里不动，但隐隐有轩轩高举之势。

王天恩忙大步迎下阶去，抱腕拱手，笑道："朋友远来，王某待客不周，千万恕罪。"萧巍笑笑还礼道："王大人不妨事，不妨事。"

二人客套了两句，便一同进厅。萧巍就觉这里到处弥漫着酒气和女人身上的脂粉香，信步来到一张赌樗蒲的台子前，押了几把就输了一千多两，却是满不在乎。

王天恩见他出手豪阔，心里暗喜，转头朝厅中的几个少女使了个眼色。少女们心领神会，如众星捧月般围在萧巍身边，娇笑着替他倒酒，替他抓骰子。萧巍左拥右抱，好不得意，哈哈大笑着自怀中抓出一把珠宝玉石，看也不看，随手撒在桌上，道："让本少爷来推几庄如何？"这些宝石颜色鲜艳、质地晶莹、光泽灿烂，其中还有一颗拇指大小的夜明珠，散发着圆润的光泽。

王天恩自然是识货的，斜着眼一瞧，知道单凭这颗夜明珠就值纹银一万两，立刻两眼放光，笑道："这位年轻的朋友若推庄，王某自当下场相陪。我若是输了，便赔十万两银子与你，怎么样？"

桌上的其他人也都是赌场老手，但生平还是第一次见这等豪赌，不禁都为之失色，一时竟没有一个再敢下注的。

萧嶷豪爽地一点头，将两只袖子往上一卷，微笑道："王大人果然够气派，就这么办。不过无论输赢，只此一注！"

王天恩面不改色，道："自当依朋友之言。"说着，右手抄起四枚骰子，随手扔在桌上的白瓷骰盅里，又盖上瓷碗，再熟练地抄起骰盅，在手里摇了几摇，直摇的骰子在里面"叮叮当当"作响，然后将盅放在桌上，轻轻掀起瓷碗，只见里面的骰子三黑一白，分明是个"雉"。"雉"仅次于"卢"，可以说已占了很大的赢面。

旁边几个浓妆艳抹的少女们看了，一齐拍着雪白的小手，"格格"娇笑起来。

萧嶷却是不动声色，一把抄起桌上的骰盅，随随便便的在手里晃了一阵子，又轻轻将骰盅叩在桌上，然后将瓷碗掀起了一道缝隙，飞快地向里望了一眼，却又立即合上。他的身旁还围着几个赌徒，有人按捺不住急切的心情，张口问道："怎么样？"

萧嶷不答，只是面不改色地将一堆珠宝推到王天恩面前，笑道："我输了。大人好手气。"

王天恩看着眼前这些光华灿烂的宝贝，却是淡淡一笑，反问道："是吗？"话音未落，右手突然掣出一把短刀，紧跟着刀光一闪，将锋利的刀尖顶住了萧嶷腰眼。

众赌客都是身家丰厚之人，虽精于逐利却未免有些怕事，见赌场上有人动起了刀子，刹那间都走得一个不剩。外面的几个黑衣大汉闻讯，还以为萧嶷在厅里闹事，全都执刃闯进厅里，凶神恶煞似地将他团团围起来。

王天恩冷冷地盯着萧嶷，道："朋友究竟是什么人？到我这里要什么花样？"

萧嶷一脸的大惑不解，道："大人这是何意？莫非得了珠宝还要杀人么？"

第十五章　雨夜弑君

王天恩冷笑道："少揣着明白装糊涂。"说着，左手掀开了萧嶷面前的瓷碗，里面分明是个"卢"。

王天恩厉声道："你方才明明是赢的，为何却要装作输了？"

萧嶷却并不慌张，微笑道："小弟一时瞧错了，也是有的。"

王天恩缓缓地摇了摇头，满脸狐疑道："这位朋友，真人面前别说假话。你到底是干什么的？故意送这么多珠宝给我，目的何在？"

萧嶷脸上的笑容一敛，道："王兄果然目光如炬……。不错，在下的确是有事而来。"说到这里，他瞧了瞧四周，却顿住了语声。

王天恩默然片刻，忽然收起短刀，一挥手令众人退出，瞪眼看着萧嶷，沉声道："老弟，有什么话但说不妨。"

萧嶷见空荡荡的大厅里只剩自己与王天恩，这才道："在下萧嶷，并非绸缎商人，实是尚书左仆射的次子，今晚是受家父之命，前来感谢您的。"

王天恩今日帮了萧道成一个大忙，虽知对方必有表示，但想不到会是萧嶷登门送上厚礼，不由得又惊又喜，当下敌意尽去，道："原来是萧二公子，您这也太客气了！"

萧嶷神秘一笑，道："区区薄礼，何足挂齿。王兄请安坐，小弟还有话说！"然后却把话锋一转，道："王兄还记得前代的昏君刘子业吗？这家伙行事恶毒，在其治下，内外百司，人不自保，殿省忧惶，夕不及旦。"

萧嶷为人精明，与王天恩又是初会，故而不敢把话说得太明，只是大骂刘子业。他这话就算传到刘昱耳朵里，也不会获罪，毕竟宋明帝曾经在刘子业手里吃过苦头。

王天恩听萧嶷抨击刘子业，先是觉得有些突兀，转念一想，便知对方是在指桑骂槐，也猜到对方有些信不过自己，当下只是微笑，听了几句后，便顺着萧嶷的话风说："刘子业登基时，不过十四岁，卑游亵幸，酷虐臣下，可谓史所未闻。"说着，又是摇头，又是叹气。

萧嶷听他这话对路，心里暗喜，又说："丧国亡家之主，倒也不在年龄大小。刘子业这样的昏君，幸亏是早早死了，否则，还不知要惹出多大的乱子！"

王天恩虽是元徽帝的侍从，却因其凶狠暴戾、喜怒无常，也是整天提心吊胆，巴不得他快死，又见萧道成权势熏天，实有心依附，今见萧家二公子登门，暗想："自己既要投靠萧家，眼前正是个好机会，不妨把话说透，何必再藏着掖着？"想到这里，便低声道："萧二公子这话不错，只是往事已矣。如今公子再见令尊大人，还要劝他多加留神。"

萧嶷听他这么说，连忙询道："王兄这话什么意思？"

王天恩向前挪了挪椅子，道："皇上见萧大人威名远扬，好几次要借机除掉他。二公子大概还不知道，皇上经常带着我们，在夜里窥探贵府的动静。"

萧嶷想到刘昱于深夜在自己府外徘徊窥伺的景象，不禁打了个寒战。

王天恩见萧嶷表情凝重，又轻声道："二公子！令尊萧老大人连立军功，威名颇重。皇帝深相猜忌，几加大祸，曾命人用木头刻了萧老大人的身形，供自己和身边随从在宫中射击，时时想亲手杀掉萧老大人。后来，还是陈太妃（刘昱生母）看不过去，出言责骂，皇上才收敛下来。"

萧嶷听王天恩透露出这些消息，从此与之便是友非敌，而自己得马上回府向父亲禀报，再不能容刘昱这样的昏君活在世上，当下立起身来，说："多谢王兄指点，萧嶷父子铭感大德。这就告辞。"王天恩也随之起身，将其送到厅门口。

萧嶷忽的立住脚步，回过头来，轻声道："只是以后皇帝去哪些地方游逛，还请王兄得便时通报我一下，若有疏虞，萧某父子自当前来护驾。"

王天恩听了，心中雪亮，知对方说是"护驾"，其实是已动了杀机。他深深地望了萧嶷一眼，郑重地点了点头。

这年七月七日，虽已过午，太阳光的热力却丝毫不减。皇城内的琉璃瓦被映得流光溢彩，煊赫夺目。太极殿内，元徽帝刘昱两手抱在脑后，斜坐在龙椅上。殿侧一个女乐师正在弹着琵琶，十指起落间，乐声叮叮咚咚，清脆入耳。大殿中央有几个舞女正在翩翩起舞。这些舞女都在十八九岁的年纪，脸蛋儿旁垂着波浪形的发卷，脸上搽了淡淡一层胭脂，细长的脖子上绕着一条薄薄的丝巾，腰肢婀娜，白皙的胳臂藏在精心裁剪的宽袖里。她们都受过专业的训练，伴着乐声盈盈来去，款款扭动腰肢，做出种种优雅动人的样

第十五章　雨夜弑君

子，希望使皇帝开心，进而讨他喜欢，并引起他的兴趣。

元徽帝刘昱生性狂躁好动，对眼前一片莺歌燕舞完全不感兴趣，对皇城中的一切事物都看着不顺眼。那蟠龙巨柱和描金藻井，对他来说，恍若一道道牢笼。他仿佛是被困在这金碧辉煌的大殿之内，简直难以呼吸，便霍然起身，挥舞着长槊，喝退舞女，又率王天恩等二十几个随从出了皇城，乘坐露天无篷车，来到玄武湖畔。

玄武湖在皇城之北，原名饮马湖。元嘉二十五年（448年），据说湖中两次出现黑龙，故又称玄武湖。湖里荷花开的正盛，枝叶重重叠叠的露出水面。湖畔植满了树木，不远处是起伏的丘陵，上面还覆着一簇簇斑驳的灌木。

刘昱撇下长槊，跟左右侍从先在湖边比赛跳高，直累得气喘吁吁，通身是汗，忽见不远处跑过一条不知谁家的大黄狗，便由随从的手里抢过弓来，一箭正中狗头。黄狗"呜呜"哀鸣倒地，抽搐了几下，便死了。刘昱鼓掌大乐，与手下人过去，将黄狗剥皮去骨，再将狗肉切成块，在湖水里洗干净。

王天恩拾了一抱柴，在湖边生起个火堆，又在湖里选了些鹅卵石，在火里烤的通红。其他几个随从把一块块的狗肉放在烧红的石头上煎烤。香味随之溢出。用不多了长时间，一块块鲜香四溢的狗肉就烤好了。王天恩用刀尖把狗肉戳着，觉得火候可以了，先挑起一块尝了尝。

刘昱凑过来，掏出一把锋利的小刀子，学着他的模样，用刀尖戳起熟透的烤狗肉，狼吞虎咽地连吃了几大块。众随从要讨好他，忙将随身携带的美酒献上。刘昱又喝了不少酒，直喝得酩酊大醉。

不知不觉，已是定更时分。夜色如晦，没有星光。湖边不远处有几间破旧的草屋，原本是打鱼人的住所，现已荒废，窗户成了黑洞，连门板也没有。几间屋子用土墙隔开，外面杂草丛生。

刘昱饮酒过度，跌跌撞撞地来到一间草屋里，在灰尘堆垒的地上铺了条毛毡，一头倒在毡上，准备在这里睡觉。临睡前似乎想起了什么，又召进王天恩，醉醺醺地对他说："今日是乞巧节，你在外等着织女渡河，看见了立刻报告我，看不见就杀了你。"说着，闭上双眼，翻了个身，一会儿就打

187

起舞。

　　牛郎织女只是个传说，况且今晚是个阴天，哪里能看见织女？王天恩知道刘昱说得出来就做得出来，顿然感到大祸临头，悄悄地出了小屋。其他人醉饱之后，都在附近的几间屋子里或坐或卧。王天恩借着深沉的夜色，离了玄武湖，直奔萧道成的府第。他连走带跑的好一阵子，才来到萧府外的大街上。

　　街上没有任何灯光，王天恩的鞋底踏着青石路面，发出清脆的碰撞声，在夜里显得很是刺耳。他刚来到萧道成府前，忽见黑暗中有个人从路边的树干后闪出来，敏捷地纵到他的面前。那人正是薛渊。原来，萧道成知道刘昱要杀自己之后，已经有所提备，并命薛渊、王敬则、张敬儿等人轮流在府外巡逻。

　　薛渊听王天恩道出身份和来意，便引着他来到门前，走上台阶，三长两短的轻轻敲门。不一会儿，大门洞开。萧道成一身戎装，腰悬长刀，大踏步地走了出来，一言不发地立在王天恩面前。他对今晚将要发生的事似乎有了预感，额上青筋突出，眼中透着犀利的光，面色冷峻的像一块生铁，身后随着王敬则和张敬儿，这两人也都是一脸的肃杀。

　　王天恩忙躬身一礼，道："皇上现在玄武湖边，身边不过十几个人。"

　　萧道成的心脏剧烈地跳动了几下，命人招来萧赜、萧嶷，向他们低声嘱咐了几句，随后让王天恩领路，率王敬则、张敬儿及数十名心腹亲兵，骑上马，驰过黑黢黢的长街，直扑玄武湖。

　　空中有大片的乌云翻滚，刺眼的闪电此起彼伏。隆隆的雷声也已清晰可闻，预示着一场暴风雨即将来临。一阵疾风席卷而过，吹得萧道成等人的大氅都飘了起来。他们一行人加速奔驰，离玄武湖还有数里，就遇上了倾盆大雨。萧道成等人冒雨继续纵马前行。

　　萧道成等人来到玄武湖畔，带住马缰绳，向旁边的王天恩问道："人在哪里？"王天恩伸手往左前方指了指。萧道成一抖缰绳，纵马继续向前，王敬则等人骑马紧紧随上，走不多远，便依稀可见湖边那几座草屋。萧道成抹去脸上的雨水，炯炯发亮的眼睛望向不远处的草屋，问："就这儿？"王天恩点了

第十五章 雨夜弑君

点头，指着透出亮光的一间屋子说："我去府上之前，昏君就在里面。"

萧道成听了，向身后众人做了个手势，让大家下马。四周笼罩在死一般的寂静之中，下过雨的泥地又湿又滑。萧道成手按腰刀，率众向着那间草屋走去。屋子外面有一圈半人高的竹篱，众人轻而易举地越过竹篱，来到草屋前，却见一个侍卫打扮的人从里面出来。这人正是垣祗祖，他出卖了刘景素之后，成了刘昱身边的红人，每天随着刘昱四处游逛，做了不少坏事。

今天，垣祗祖又随众来到玄武湖，见刘昱酒后在草屋中休息，就进去伺候着刘昱喝了两口水，又在角落里点起几根指头粗细的蜡烛，然后轻手轻脚地走出屋外，不料迎头就碰上了萧道成等人。张敬儿不待他明白过来，上前手起一刀戳进他的胸口。垣祗祖哼都没哼一声，就栽倒在地，再也不能动弹了。

萧道成来到窗户跟前，向草屋里望进去，借着淡淡的烛光，瞧见一个少年半躺半伏在地上的一块毡子上。他一眼就认出这少年就是自己要找的人——当朝小皇帝刘昱。

这当口，外面响起一声嘹亮的马嘶。刘昱本在昏沉，似是一惊，睁开眼睛，下意识地扭头望向窗外，突然瞥见了萧道成那张冷酷的脸，不由得惊叫一声，顿感不妙。他猛然立起身，顾不得头脑一阵眩晕，奔到房门处，想要逃跑，却迎头撞见张敬儿。张敬儿堵在门前，手里提着那把血淋淋的钢刀。刘昱大叫一声，倒退几步，浑身打战，倚墙而立，颤声道："你们这是要干什么？"

房中蜡烛的光焰被风吹得摇摆不定，散发出凄清的幽光。萧道成、张敬儿、王敬则等人拥进屋内，冷冷地瞪着刘昱。萧道成阴森森地道："你这昏君，自登基以来，躬运矛鋋，手自脔割，简直比桀纣还要坏，哪里还配当皇帝？"

刘昱脸色越来越白，惊恐至极地望向萧道成，喃喃说道："你们要把我怎么样？"

萧道成脸上带着冷漠、镇定表情，说："你失德如斯，所犯下的罪行已为世人所不容。今天我们就要替天行道，除掉你这个昏君。"

刘昱听到这些让他彻底绝望的话，瘫坐在那里，已经没有力气开口了。张敬儿上前，扯着刘昱的衣襟，将他拖出了小屋，萧道成等人紧随其后。刘昱知道死到临头，也不再作无谓的挣扎。他的随从们被惊醒，陆陆续续的从旁边的几间草屋里走出来，见到眼前这一幕，或许是不敢，或许是不愿，总之没一个人上前拦阻，只是默默地在一旁看着。

已近半夜，雷雨止息，狂风席卷着乌云，露出天上的一弯冷月。朦胧的月光下，玄武湖水泛着微波。湖畔一些矮壮的树丛，犹如奇形怪状的怪物蹲伏在路边。夜枭在树上发出凄厉的尖叫。张敬儿抓住刘昱的胳膊，拉着他走到屋外的数丈之处，喝令他跪在湿漉漉的泥地上。

王敬则撩起披风，抽出腰间那柄长刀，高高举起。惨白的月光照在那柄宽刃的刀身上，反射出一道寒光。王敬则双臂往下抡去。只听得长刀破风，"嗖"的一声过后，一声惨叫飞向夜空，消失在深深的黑暗中。刘昱身首分离，死尸倒地。

王敬则解下黑色的披风铺在地上，把刘昱的首级包起来，四个角相对打好结，然后提着这个包裹上马，与萧道成等人策马直奔皇城。

第十六章　皇城政变

萧道成神情如常，声称："我受太后密令，已于昨夜将昏君刘昱处决。"黄回彻底明白了，他迅速的镇定下来，用眼角的余光，瞄着萧道成，缓缓提起右手，握住了腰间的刀柄，转眼却又发现身边萧道成带来的士卒正虎视眈眈盯着自己，不由得冷汗直流，只得又悄悄地松开了手。

这天晚上，风卷云涌，夜雨萧萧。就在萧道成赶赴玄武湖后不久，萧赜让萧嶷与薛渊留在府中，自己头戴斗笠，身披蓑衣，暗藏利刃，直奔中书令刘秉的宅第。

萧道成临行前，曾神情严肃的嘱咐萧赜说："刘昱危冠短服，匹马孤征。我这一去，出其不意，必能杀了他。目前的皇族中，当属刘秉的权势最大，若知我弑君，必不会善罢甘休。你今夜去刘府，把他制住，免得此人联络朝臣对付我们。"

中书令刘秉既是皇室宗亲，又任散骑常侍、丹阳尹，曾参与平定刘休范叛乱，与袁粲、萧道成一同参与决定朝廷大事。但刘秉自幼养尊处优，只是一介文臣。萧道成派武艺绝伦的长子去对付他，当然是放心。萧赜本人也蛮有把握，自信能完成使命。

夜色渐浓，大雨也愈渐浓密。萧赜眼前模糊一片，虽然穿着蓑衣，但还是全身湿透，但他根本不在乎，催马直奔秦淮河。自东晋定鼎建康直至刘宋朝，秦淮河岸边的乌衣巷、朱雀街、桃叶渡等处，向来为名门望族所居。

刘秉的府第临着秦淮河，占地十余亩，府外四周静悄悄的，空无人迹。

萧赜选择在刘府的后墙外下马。他警惕地环顾四周，见四下无人，一纵身沿着墙根攀爬而上，爬上院墙，又警惕地观察一番，确认无人后，越墙而入，由于雨天路滑，几乎摔了一跤，略定了定神，看着漆黑一片的大宅院，有些犯愁。萧赜心想："如此大的一所宅院，要找刘秉的房间，谈何容易？最好抓个人问一下。"一边想着，一边谨慎地向前走去，忽听左前方的一所跨院里传出一阵嘈杂的人声。

萧赜压了压斗笠，循声悄悄地走进去。这所跨院内有四间正房，其中一间亮着灯烛，里面人影绰绰。萧赜蹑手蹑脚进入跨院，绕到后窗外。几扇窗户敞开着，从里面透出灯光。萧赜隐在窗外的黑影里向屋内窥探，见迎门的一张桌子上放着算盘和账薄。桌前却围着不少人，男的穿着粗布短打，女的都作仆妇打扮。原来这里是刘府的账房，今天又是下人们领月钱的日子。刘府是大户人家，仅下人就有上百号，其中有负责厨房的，有负责缝织的，有负责采买的。各处今天都派人到这里来，等着领银子。

房中有男有女，有老有少。其中一个十八九岁的俏丫鬟，体态倒还动人。她一身的薄绸衣服淋了些雨水，紧绷在身上，正叽叽咯咯的和一个小伙子聊得热闹，声音娇柔清脆。

不一会儿，一个四十多岁的中年男人，脸色焦黄，身披长衫，双手捧着一个沉甸甸的托盘，神气活现的从里屋走了出来。托盘里是一封封的红纸包，里面包裹的便是各房的月银了。这人顺手将托盘放在桌上。手叉着腰，瞪起两只细长的眼睛，高声道："今天发月钱，人人都有份的，挤什么？排好队，一个个来。"说着，便大模大样地踱到桌前坐下。

有个圆脸汉子，身形不高，穿着一身油腻腻的衣服，挽着两只袖管，大声对着穿长衫的人道："罗账房！我们厨房里的人，每日天不亮就得起来准备阖府上下的早饭，今晚都想快些回去休息。你就行个方便！先发我们的吧。"

这穿长衫的原来姓罗，管着刘府的账房，明明听到了汉子的话，却连瞧都不瞧他，只道："上房的姑娘来了么？"说着，便从托盘里取出一个最大的红纸包。

那俏丫头一扭一扭地走过去，接过纸包在手里掂了掂，用水汪汪的眼睛朝罗账房瞟了一眼，娇笑道："就这么点儿银子，我们四个人怎么够分？"

罗账房色迷迷地望着她，笑道："小丫头，要那么多钱干什么，着急攒嫁妆嫁人吧？"

俏丫头跺着脚道："好呀！你敢占我的便宜。我一会儿就去告诉梅姐。她要是知道了，今天晚上有你好受的。"

罗账房赶紧道："好了！好了！姑奶奶，算我怕你，再加两锭银子。"

俏丫头这才笑道："这还差不多。"于是她取出一只香喷喷的手帕包起银子和红纸包，然后把手帕托在手里，一扭一扭地走了，临走时还不忘送了罗账房个媚眼。

另外几个年轻的丫头也都领到自己的那份月钱，有的手腕还被罗账房偷偷捏了一把，然后依次离去。萧颐悄然立在窗外的黑影里，见这罗账房如此猥琐，不禁又好气又好笑。

又过了好一阵子，众人多领了月钱离去，最后才轮到厨房。圆脸汉子拿到自己的一份，三两把打开纸包一看，立刻变了脸色，道："罗爷！咱们厨房里连厨师带帮工，一共十几个人，怎么就给这么点银子？"

罗账房道："不错，就这些。你们做厨房的，平日里都揩了不少油水吧？还想多领银子？"

圆脸汉子怒道："府里做采买的是你的侄子，我们只是做饭烧菜，哪还有什么油水可捞？你这摆明了是剋扣我们。"

罗账房霍然立起，厉声道："就算是，你又能怎么样？去老爷那里告我？不想吃这碗饭了么？"原来他和刘秉的小老婆沾点儿亲，平日里霸道惯了。圆脸的汉子听了他这几句话，竟不敢再言语，只得忍气吞声地揣起纸包，悻悻而出。

罗账房伸了个懒腰，正要回里屋休息，忽觉烛光一闪，眼前已站了个戴笠披蓑的人，不禁有些奇怪，见装束，不像是府里的人，问道："你是何人？怎么进来的？"这人正是萧颐，并不回答他的问话，几步跨上前，将锋利的刀锋架在了他的脖子上。

罗账房吓了一跳，下意识地以为萧颐是来抢钱的，忙指着桌上的空托盘，道："好汉！你刚才大概也看到了，银子已经发下去了。"

萧赜冷哼一声，道："我来不是为了银子，是想见你们老爷，烦请你带个路。"

罗账房看着眼前明晃晃的刀锋，不敢违拗，只得苦着一张脸点了点头。萧赜收起长刀，以防被人发现，换了匕首抵在罗账房腹部，罗账房从门后拎出一把伞，打在手里，引着萧赜出门。

时已入夜，外面雨势不小，萧赜与罗账房并肩而行，沿途偶尔遇到三两个冒雨巡查的刘府家人。这几个家人手里提着灯笼，见了罗账房，只是点头谄笑，并无人敢上前盘问。萧赜放下心来，和罗账房一直来到第三进院子。院中有正房十余间，檐下数盏灯笼，散着昏黄的光，照着漫天落下的雨丝。

罗账房低声道："这里便是刘老爷的住处了。"说着，走到檐下，收起雨伞，抬手刚要敲门，就觉脑后挨了重重的一击，然后就什么都不知道了。原来，萧赜早已操刀在手，用刀柄重击他的头部，打晕了他，凑近房门，从窗户缝里向内观看，见里面灯光明亮。房子的东墙边摆着一个高大的书架，里头满是经史子集。书架前的案几上摆着几张宣纸，用雕着福瑞麒麟的镇纸牢牢镇住。刘秉穿着一身便装，正坐在案子前挥毫。

萧赜转过来，轻轻推门，发现里面闩着，便用刀尖顺着门缝伸进去轻轻地拨开门闩，猛然一推门，然后闪身而入。与此同时，刘秉听到了动静，一抬头见萧赜闯入，扔了手里的毛笔，一挺身站了起来，"唰"地一下抽出腰间的佩剑，喝问道："什么人？为何深夜到此？"

萧赜没把刘秉放在眼里，也不搭话，举刀跟步向前，便刺向刘秉，不料头顶"嚓"的一声轻响，随即落下一张大网。大网一下罩住萧赜并迅速收紧，将他整个人结结实实地兜在里面。

萧赜顿时失了平衡，直直地倒在地板上，他马上意识到："原来房中有机关，这张网肯定是提前布下的。"他右手碰到了腰间的刀柄，正想拔刀割开网绳，突然觉得脖子一凉，才发觉刘秉已用剑锋压在了自己的后颈上。

外面风雨凄迷，夜正长。一阵凉风吹进，屋里的烛火明明灭灭，刘秉盯了萧赜几眼，有点得意又有点儿庆幸地说："本老爷知道世道不太平，算准会

第十六章　皇城政变

有人前来骚扰，早在这里设下了天罗地网，想不到今日派上了用场。"说实话，刘秉当初在内宅安排这个机关，要防的恰恰是那位元徽帝刘昱。刘昱狂暴残酷，出没无常，惯会偷入人宅，又手段残忍，动辄屠人满门。刘秉虽是宗戚重臣，也常凛凛自危，故而在屋顶布下了这个网，以防刘昱来袭时能救自己一命，不想歪打正着，却将萧赜困住。

萧赜身当此境，明白一时半会儿是逃不出去，反而镇静下来，既不躲闪，也不挣扎，侧着脑袋，冷冷地盯着刘秉，就像一头狼，虽然落入陷阱里，但仍静待扑击将要捕杀它的人。

刘秉看着萧赜的神情，心里有点发毛，一咬后槽牙，运劲作势，便要将萧赜一剑刺死。这时，门外一块飞石激射而入，正中刘秉的手腕，"啪"的一声，刘秉只觉奇疼彻骨，手里的宝剑当即落地。

几乎是同时，一人从门外飞掠进来，劲急的身形带着一股疾风。萧赜定睛一看，见来者竟是萧嶷，不禁喜出望外。原来，萧赜孤身离府后，萧嶷放心不下，一直在后悄悄尾随，今见大哥被网住后有性命之忧，立即投石相救。他一晃身近前来，随手用一把明晃晃的匕首划破大网。萧赜纵身而出，与萧嶷并肩而立，冷冷地瞪着刘秉。

刘秉挨了一记飞石，痛得龇牙咧嘴，好一会儿说不出话来。就在刚才，他还是掌控着全局，现在却处于下风。

萧赜"唰"的一声抽出长刀，说："我叫萧赜，他是萧嶷。我们的父亲是便是当朝萧仆射。"

刘秉壮起胆子，大声道："本官是皇亲国戚，你们两个小辈竟敢如此妄为，不怕王法吗？"

萧嶷冷笑一声，道："别说你皇亲国戚了，刘昱这个昏君现在已经陈尸玄武湖畔了。"

萧赜也道："刘昱坏事做尽，又不老老实实地在皇城里待着，偏爱到处乱跑，想要除掉他，还不容易？"

闻听此言，刘秉吓得一身冷汗，又看出对方不是在说假话，不由得脸色大变，打了个哆嗦，暗想："他们连皇帝都敢杀，还有什么做不出来的？"一念及此，心底顿时升起一股前所未有的恐惧，全身的力气仿佛都被抽空了，但还是强撑着面子，道："君王遇弑，刘某义不独生，只求一死！"

萧嶷细察刘秉的神情，非常认真地问："你想死？"

刘秉闻言一愣，不知萧赜话中之意。

萧赜仿佛有些惋惜地对兄弟说："刘秉大人如果真的想死，那我只能成全他了。"

萧嶷叹道："可惜！刘大人刚过四十岁，正当盛年，如果不死，起码还有三十年的光景，可以享受……"

萧赜摇了摇头，一脸悲天悯人之色，道："唉，刘大人的财富，可要尽归他人了，他自己却要躺在冷冷的黄土中，不久便化作一堆白骨。"

萧嶷无奈地道："刘大人忠于江山社稷，一心求死，咱们能有什么法子？"

兄弟二人一唱一和，句句话如针似地戳着刘秉的心。刘秉刚才的勇色豪情，一下子都消失了，额头上的汗如黄豆大，不住地淌落下来。他咬着下唇，几乎已咬出血来。

萧赜似有些不忍地瞅着他，道："看来，他一心想尽忠，我们只好下手了。"

萧嶷辞让道："你是大哥，还是由你来动手好了。"

萧赜上前一步，举起手里的长刀，道："也好！我会让他死得痛快一点儿。"

刘秉终于忍不住，叫了起来："慢着！"萧赜停了手，微笑望着他。

夜风透窗而入，烛光摇了又摇，映的四壁人影乱晃。刘秉牙齿打战，准备做出他这一生里最大的决定，大声问："如果你们放过我，要我做些什么？"

萧赜淡淡地说："刘大人是明白人，要想保命，倒也不难，一会儿到了宫里，只要乖乖听话，就能保住富贵。否则，不要说富贵，恐怕大人的性命也难保啊！"

刘秉汗如雨下，在心理上已彻底的放弃了抵抗，喏嚅道："依两位将军之言。"于是，萧氏兄弟就让刘秉换上朝服，又一左一右的"陪着"他，连夜出

第十六章 皇城政变

了府。

风止雨住，茫茫天地间仍是一片昏暗，没有星星，没有月光。萧家兄弟与刘秉不带一个从人，骑马直奔皇城。皇城外也是一片漆黑，黑得如同把世界扣在锅底下。

萧赜到了朱雀门外，按照与父亲事先的约定，击了三下掌。不远处，立即传来同样的三次击掌之声。萧赜等人过去，见正是萧道成、王敬则和张敬儿。他们几个虽然彻夜未眠，但仍是精神抖擞，身后是黑压压的数千名精兵。这些兵士全副武装，是萧道成命王敬则连夜调来的。

萧道成骑着一匹高头大马，见刘秉随同前来，便明白儿子不辱使命，转头朝王天恩使了个眼色。

王天恩会意，走到门前，开始叫门。里面的羽林军听出王天恩的声音，还以为是元徽帝刘昱回来了，不敢怠慢，立即开门。萧道成一催坐马，率先进入皇城。王敬则、张敬儿、萧赜和萧嶷等人领兵突入，解除了羽林军的武装，又各自分头行动，迅速控制住了皇城的要害。

早晨时分，萧道成见局势大定，略松了一口气，来到太极殿外的一棵槐树下，又以皇太后的名义下诏，召司徒袁粲与羽林大将军黄回入宫。

一些似云非云、似雾非雾的水气，低低地浮在太极殿四周，使人觉得憋气。黄回等还不知发生了什么事，匆匆到来，见萧道成、刘秉、王敬则立在太极殿前。

萧道成着一身戎装，胁下悬刀，面沉似水，一双眼睛里闪烁着冷峻的寒光。王敬则也是全身披挂，脸上带着军人执行任务时那种特有的肃杀之气。刘秉却是神色惶恐，佝偻着腰，恭敬谨慎地立在一旁。几千精兵，军容整肃、立于殿内外，一派威严，这全都是萧道成的部下，会在不经意间投射出凌厉的眼神。他们领到的命令是："只要黄回等人稍有妄动，便立即拿下。"

不一会儿，袁粲也来到。黄回注意看了看袁粲的神色，立刻就发现他和自己一样，对眼前的一幕一无所知。

萧道成见众人到齐，便清了清嗓子，道："皇上行事荒诞，性情暴虐，更视人命如草芥，登基以来，手杀百余人，不堪再临天下。安成王刘准，仁恭和孝，宜临万国。诸公以为如何？"他这几句话虽简短，但已不再为刘昱留半点余地。

袁粲开始听萧道成出言激烈，已有些不以为然，又见对方公然欲行废立之事，更是惊愕，忙说："主上幼年微过易改，伊、霍之事，非季代所行，纵使功成，亦终无存地。"

王敬则在旁听了他的话，冷笑一声，一抖手，将一个暗红色的包袱扔在地上。包袱散开，露出里面的头颅。这颗头颅虽然血肉模糊，但还能看出正是刘昱的。刘秉虽然早有思想准备，还是吃了一惊。袁粲与黄回的脸色已陡然而变。

萧道成神情如常，声称："我受太后密令，已于昨夜将昏君刘昱处决。"

黄回彻底明白了，他迅速的镇定下来，用眼角的余光，瞄着萧道成，缓缓提起右手，握住了腰间的刀柄，转眼却又发现身边萧道成带来的士卒正虎视眈眈盯着自己，不由得冷汗直流，只得又悄悄地松开了手。

萧道成故意先对刘秉说："刘大人为国家重戚，今日之事，要请您的示下。"刘秉的手腕还在隐隐作痛，微低着头，一时不知如何作答。

袁粲看了看刘秉，心里代他着急，忍不住出言鼓励道："刘大人为皇族重臣，有话但说不妨。我等自当以刘大人马首是瞻！"

黄回立即接上道："袁大人说的是。"

刘秉抬起头，刚要答话。萧道成须髯尽张，目光如电地瞪着他，再加上微微下翘的嘴角与咬紧的牙关，几乎就是在通知刘秉应当说些什么。

刘秉吓了一跳，支支吾吾道："尚书众事，可以见付；军旅处分，一委萧仆射。"

袁粲诧异地望了一眼刘秉，暗想："该不会不知死活吧！兵权一丢，只有被人灭族的下场。"想到这里，刚要据理力争。王敬则"嗖"的一声擎出雪亮的长刀，厉声道："天下事皆应决于萧公！敢有开一言者，血染敬则刀头！"袁粲失色，只得闭嘴。

刘秉身子微微颤抖，心知大势已去，死样活气地说："非萧仆射无以了此，一切谨遵萧仆射的吩咐。"

第十六章　皇城政变

萧道成心里满意，嘴上却道："诸位一定不肯担此重任，我安得辞？"遂以太后之令，备法驾诣东城，去迎立安成王。

清晨的曙光洒在建康城上，街道上一片潮乎乎的水气。安成王府里的大部分人都高卧未起，起来的几个下人们也睁着惺忪的睡眼。安成王刘准，字仲谋，是宋明帝刘彧的第三个儿子，五岁时被封王，九岁时就成了车骑将军，今年仅十一岁。他在床上睡得正香，忽被几个下人摇醒，懵懵懂懂地穿好衣服，又身不由己地到了府外，才见石阶前停着一辆皇帝的御车。车前有皮轩鸾旗，后有金钲黄钺。萧道成、袁粲、刘秉、黄回等大臣们披着朝服，肃立在车边。萧道成亲自打开车门，恭恭敬敬地请刘准上车，然后车队启动，直奔皇城，诸文武大员骑马相随。

路上已经净街，看不到行人。两旁屋宇林立，顶上潮湿的瓦片映着早晨的阳光，反射出璀璨的光彩，与蓝天白云融为一色。车队进皇城的时候，天光已经大亮。刘准下了车，稀里糊涂地进了一处偏殿。几个太监迎上前来，七手八脚地为他戴上一顶九龙四凤冠，又为他披上一件崭新的黄色龙袍。

刘准经这一番打扮，倒是姿貌端华、眉目如画，只是神情紧张，显得有些手足无措，被两个太监引领着出了偏殿，又在萧道成、刘秉、袁粲、黄回等大臣的陪同之下，来到太极殿。

鸿胪寺已将各式乐器列于太极殿外，所有的宫廷乐师也已做好准备。一声"奏乐起"，顿时钟鼓齐鸣，韶乐悠扬，佾舞蹁跹。銮仪卫官赞"鸣鞭"，丹墀下即三鸣鞭；丹陛大乐队也奏起"庆平之章"，并敲响三次钟鼓。刘准身着衮冕服，进入大殿，立在丹陛之上，刘准登基，改元昇明，史称宋顺帝。年幼的宋顺帝坐于朝堂之上，随后，在鸿胪寺鸣赞官的带引和口令下，文武各官依次向刘准行三跪九叩的大礼。然后礼毕乐止，群臣分列两边。

新登基的宋顺帝刘准在太极殿的龙椅上落座，面前摆着一张早已拟好的诏书。一个太监立在他旁边，朝御案上的玉玺努了努嘴。刘准会意，取过玉玺，盖在诏书上。太监取过诏书，捧在手里高声宣读，原来是封赏朝中重臣的圣旨。

萧道成被封为司空、录尚书事、骠骑大将军，总揽朝政，移镇东府（今江苏南京市内）。东府是丞相兼领扬州刺史的治所，北依覆舟山、鸡笼山和玄武湖，东凭钟山，西临石头，"城周二十里十九步"。在东府的东面和北面，是羽林军和皇宫卫队的营地，名叫"苑城"，可同时容纳三千精兵在里面骑马操练。苑城的北部有一座苑仓，又称仓城，里面储藏着大量粮食、兵器和其他物资。萧道成据有东府，就相当于将京畿重地牢牢地掌握在手里。

袁粲迁中书监，出镇石头城；刘秉迁尚书令，加中领军；以黄回为抚军大将军。刘秉和黄回虽然都升了官，但在萧道成"录尚书事、骠骑大将军"等职的压制下无法料理军政事务，算是被彻底架空。

群臣朝见新皇后，各自散去。萧道成也退到殿外，向皇城外走去，身后随着萧赜、王敬则、张敬儿等人。萧赜升了羽林军副将，总领内卫。王敬则被任命为玄武湖水师元帅，张敬儿则是京畿大都督。

王敬则和张敬儿知道萧道成父子有话说，齐走上前来，躬身向萧道成告辞，然后出了皇城。

萧赜留在父亲旁边，见四周并无外人，便小心翼翼地问："父亲！刘秉已吓破了胆，谅他掀不起太大的风浪。袁粲一介文官，其劲在口，其硬在笔，也难有作为。黄回却是久在军中，性情犷悍，突然失了兵柄，或许会……"

萧道成不经意地问："会什么？"

萧赜犹豫道："例如……例如……。我倒不清楚他会怎么做，但相信黄回不会吃这个哑巴亏。"

萧道成负手望着天上的薄云，道："我知道了。你从今日起便须在宫中宿卫，也要多加留神。"说罢，便命萧赜止步，自己出了皇城，骑上马，带着几十名亲兵奔赴东府。

他们一行人过了皂荚桥，来到朱雀桥。朱雀桥是朱雀门外的一道浮桥，横跨秦淮河上。三国吴时称南津桥，晋改名朱雀桥。一般小船缓缓驶过，河面映出天上飘过的一朵苍白的云。附近屋舍林立，都是清一色的瓦肆店铺。一片又一片整齐有序的屋瓦在青灰色的砖墙上井然有序地排列着。

市肆已然热闹起来，街道上有不少小商贩正在摆卖。地摊上摆着各种各样的古玩、瓷器、字画、丝绸织的伞、竹子做的小人儿、木头雕成的茶具，

第十六章　皇城政变

可谓琳琅满目、应有尽有，令人爱不释手。卖家禽的摊位前摆开一个个竹笼，里面的鸭子"嘎嘎"地乱叫，引逗得一匹驾车的大黑骡子也长嘶起来。脂粉铺子外面立着个打扮得花枝招展的小丫鬟，眼风乱飞，正跟一个衣着干净的小伙计打情骂俏。

再往前，是一家卖猪肉的摊子。卖猪肉的屠户一脸横肉，敞开油腻腻的衣襟，露出巴掌宽的护心毛，面前立着一个瘦削的妇人。妇人戴着一块半新不旧的头巾，右臂弯里挎着个竹编的大菜篮，一脸尖酸刻薄的神气，正起劲地与他讨价还价。屠户被她纠缠得有些不耐烦了，瞪起两只圆鼓鼓的眼睛，用一把剔骨尖刀把案板剁得"咯噔噔"直响，想吓唬她。这婆娘虽是瘦小枯干，一副弱不禁风的样子，却并不惧他，仍是喋喋不休地同他讨价还价。

萧道成骑马横过摊位，正巧目睹了这一幕，暗想："这屠夫有些不寻常，按常规，买卖中讨价还价双方达成意愿可成交，这屠夫讨价还家间隙，两眼还左顾右盼手不离刀。"想到这里，忍不住又回头望向肉摊，却惊见屠户正扬手将尖刀朝着自己飞掷过来。刹那间，那柄一尺多长的尖刀挟着股疾风，直奔萧道成的后心。

萧道成一个镫里藏身，只觉那柄刀贴着自己的后背掠过，不禁吓出一身的冷汗，若不是萧道成觉得事情蹊跷回头一望，已被这一刀穿心刺死。

屠夫一刀走空，撇了摊位，撒腿就跑，拨开人群，冲到街边的一辆马车旁，两手扯断了辕马与车子之间的几根缰绳，飞身跨上车前的一匹马，双腿一夹，疾驰而去。

萧道成在马上坐稳，迅即拨转马头，带着亲兵，随后就追，一直撵到了巷口处，见一群百姓惊讶地指指点点。巷内有两个卖汤饼和蔬果的小摊子被撞翻，地上一片狼藉。卖水果的小贩大概是刚从地上爬起来，脸上摔得灰扑扑的，正横在路中央大骂。

萧道成纵马驰近，心急火燎地喝令其让路。小贩见自己的摊位被掀翻，所售鲜果损失不少，很是火大，又不知萧道成的身份，嘴里骂骂咧咧的，偏不肯让路。萧道成大怒，扬起手来，一刀背抽中其脊梁。小贩疼得惨叫一声，连滚带爬地逃远了。周围的人这才吓得往两边躲。

萧道成催马向前，追不多远，已能看到屠夫的背影。前方的屠夫深得驭马之道，纵马狂奔，一路毫无顾忌地前行，引起一连串惊呼和怒骂。萧道成策马疾追，也有几次险些冲撞到路人，总与前面的凶手保持一段距离，难以接近。两匹马你追我赶，出了巷子，在街道上奔驰。路上的车子行人纷纷闪避，引发了更多骚乱。

没多大工夫，两骑奔到街头，这里视野突然开阔，有一个宽约百步的广场。萧道成见周围行人不多，便从怀里掏出匕首，用力向前甩去，一道寒光脱手而出。这屠夫纵马疾驰，毫不回顾，突然觉得后肩一凉，紧跟着一个倒栽葱，从马上摔了下来。

他胯下那匹马长嘶一声脱了缰绳，直撞进了路边的茶棚。茶棚里的人本在优哉游哉地喝茶，不料突遭无妄之灾。十几个茶客躲闪不及，被横冲直撞的逸马横扫一片，顿时呼痛声大作，更有什物散落一地。

屠夫半趴在地上，向上仰起脸，双目里透着惶恐与不甘，右肩胛骨插着那把匕首，鲜血已染红了他的半边身子。他受伤显然不轻，正挣扎着要站起来。萧道成已然赶到，正欲下马将其擒住。这时，不远处响起一声嘹亮的马嘶，紧接着，一匹青马由屠夫的背后飞驰而至。马上一人身形矫健，手中刀光一闪，已将屠夫的人头斫下。

萧道成见屠夫尸横在地，再也查不到其幕后主使，心中大急，愤愤地望向来者，却发现对方竟是黄回，不由得很感意外。

黄回挽了个漂亮的刀花，"嚓"的一声还刀入鞘，一脸轻松地道："我退朝之后，正从附近路过，听说有人行刺大人，立即迂回堵截，直赶到这里才将刺客截住，顺手便替大人杀了这个刺客。萧大人，你没事吧。"

萧道成不肯失了风度，只得点了点头，道："我没事，有劳黄将军。"

黄回干笑了两声道："萧大人福大命大，等闲的宵小自然伤不到你。告辞！"说着，双手一抱拳，便策马扬长而去。

已是傍晚，天空暮云舒卷。萧道成默默地看着黄回远去的背影，直到对方拐过了街角，仍没有要走的意思，仿佛神游物外，又似是若有所思。众亲兵立马一旁，警惕地注视着四周。良久，萧道成才与众亲兵回府。

第十七章　出兵平乱

萧道成以击败沈攸之的功勋，已进封太尉，增封三千户，都督南徐、南兖、徐、兖、青、冀、司、豫、荆、雍、湘、郢、梁、益、广、越十六州诸军事。对这些宾客而言，则是宁可回去得罪自己老子也不肯去开罪他。

宋顺帝升明元年（477年）十月，已是深秋。太阳没有了夏天的热力，透过薄薄的云层，散发出淡淡的光芒。西风阵阵，夹带着丝丝凉爽。太极殿外的梧桐叶子已变的焦黄，随风在空中跳跃着、旋转着，翩然落地。年仅十一岁的宋顺帝，头戴冕冠，身披黄袍，微微低着稚气的脸庞，坐在龙书案之后。

案子上摆着一道文书，却是荆州刺史沈攸之所作。沈攸之，字仲达，吴兴郡武康县（今浙江省德清县）人，早在明帝时期就任镇军将军，论起在军中的资历，比萧道成还要老，曾率部抵抗北魏于彭城，后受封为贞阳县公。他所领的荆州地处江汉平原腹地，东挽江汉，西枕巴蜀，南瞰东南，北接中原，下辖南阳、江夏、桂阳、武陵等七郡，称得上是地广、兵强、粮足。

沈攸之自以才略过人，早就阴蓄异志，在荆州重赋敛以缮器甲，又以讨蛮为名，发展兵力，招聚才勇，养马至二千多匹，治战舰近千艘，仓廪、府库莫不充盈。他一向认为萧道成名望地位都不如自己，听说萧道成掌握了朝政，心中非常不满，遂举兵讨伐，又传檄四方，邀豫州刺史刘怀珍、梁州刺史范柏年、司州刺史姚道和等人一同起兵。

诸州刺史不肯从逆，先后斩杀了沈攸之的使者，又表奏朝廷，顺手还将沈攸之的檄文一并送到。檄文已经群臣传览，上面指摘萧道成："交结左右，亲行弑逆，……移易朝旧，布置亲党。"最后直言不讳地称萧道成有"贼宋之心！"

殿内久久无人说话，气氛显得有些沉闷。年幼的宋顺帝刘准怯生生地扫视了着左右的文武百官，开口说："诸位爱卿，昨夜收到东徐州刺史袁粲的请援表章，称沈攸之已经起兵，很快就要打到京口了。众爱卿可有退兵的良策？"众臣听了顺帝的话，一个个面面相觑，然后低头不语。

尚书令刘秉面无表情地站在班里。他虽受萧家父子的挟制，拱手让出了大权，但心里一直耿耿于怀，此时暗想："沈攸之厉害着呢，这回可够你萧道成喝一壶的。"想到这里，抬起眼皮，发现斜对面的黄回正望着他，便与之交换了个会意的眼神。二人心同此理，都在暗暗得意，脸上却眉头紧皱，一脸的忧色，与真正的心情恰好相反。

萧道成立在右侧的班首，脸如古铜，眼神深邃，眼角布满皱纹，五绺长髯及胸而止，身材高大但略显瘦削，披着件紫色朝服。那件朝服的袍襟顺滑的下垂至脚面，连一丝波动都没有。他跟没事人儿似的，淡定地看了看小皇帝，又扫视了一眼默然无声群臣，嘴角掠过一丝鄙夷，手持笏板，越众而出，抗声道："沈攸之收众聚骑，造舟治械，包藏祸心，于今十年。但此人性既险躁，才非持重，做不成什么大事。臣满门蒙皇上恩宠，此时国家有难，愿领旨出征平乱！"

顺帝忙不迭地颔首赞同，头上冕冠的玉旒一阵乱晃，道："萧爱卿勇气可嘉，朕准你所奏。爱卿此去，免不了驰骋疆场，更有戎马倥偬的操劳，还请一切谨慎……。"

萧道成不待他说完，微微一躬身，道："陛下请放宽心！臣今奉皇命，与六师齐奋、诸侯同举，必能为朝廷除此心腹大患！"

顺帝不敢计较他傲慢的态度，即命萧道成统帅五万人马赶往京口（今江苏省镇江），以抵御沈攸之。

第二天一大早，天色才有一些儿蒙蒙亮。萧府后宅的墙根下植着一簇绿竹。竹枝秀劲，竹叶青翠，点缀着几座亭台楼阁和曲径假山，给宅子平添了

第十七章 出兵平乱

无限生机和雅趣。竹旁花圃里的丛丛菊花开得正盛。白菊如玉，黄菊如金，一朵朵伸出粉嫩的花蕊，在阵阵秋风里颤动着花瓣。

后宅正房十余间，一律青砖碧瓦，中央的一间为明堂。刘智容和雷娇分住在两边。雷娇年逾四旬，穿着家常的衣裳，犹如秋日里淡淡的流云，自然而然地流露出一种飘逸旷远的优美，正平静地忙碌着，为丈夫料理行装。她从一个红木衣橱里收拾出萧道成的贴身衣物，将其仔仔细细的折叠，准备打包。

萧道成已用过早饭，正在书房里喝茶，想着心事。

雷娇的眼光不停地在他脸上逡巡，显示着几分犹疑，轻声道："师兄！你上次在街头遇袭的事一直没有查清。我们虽然怀疑黄回是幕后主使，但苦于没有证据。这次你离京出征，万一黄回挟天子作乱，怎么办？"

萧道成站起身来，脸上带着老练深沉的神气，道："师妹提醒得好！黄回确实不可靠，但你倒不必担心他。"

雷娇闻言，疑惑地望着萧道成。萧道成也不多给她解释，只是笑了笑，站起身来，笃定地道："你放心，他翻不起太大的浪花。我已留薛渊在京，可保万无一失！"说罢，便一身轻松地走出房门，穿过明堂，来到了东间，这里是刘智容的住处。

瑟瑟西风满院，又透窗而入。刘智容坐在桌子旁，心里着实惶惶不安，见萧道成进来，只觉得心情复杂极了，道："大人这就要出发？"说话的语气带有担心和不舍。

萧道成坐在她的身边，轻轻抚着她的手背，对她说："身为武将，还免得了上战场？我又不是第一次出征，你别太过忧虑！"

"这道理我是懂得的，"刘智容的声音还是有些颤抖："可是，你也一把年纪了，比不得年轻的时候，这次赶赴沙场，怎不叫人担心呢？"

萧道成笑着说："到了战场上，我会保护自己的，争取毫发无伤的回来！"说到这里，轻抚着刘智容的肩膀，安慰了她几句，便出房到了前院，将家人们召集起来训诫了一番，然后就带着几个贴身侍卫出了府门，准备去和城外的大军汇合。

萧赜与萧嶷兄弟，各领一千军兵，一早已经出发了。刘智容、雷娇率阖府家人，到府外为萧道成送行。

到了别离时候，时间就过得特别快。刘智容立在大门前的台阶上，心里忙忙乱乱的，整理着临别前的思绪。萧道成走到了她和雷娇的面前说："我走了。你们善自保重，免我后顾之忧！"雷娇挽着刘智容的手臂，信赖地望着萧道成，答应了一声。刘智容却没有雷娇那种风过无痕的从容，张大着眼睛，不舍地瞪视着丈夫，嗫嚅道："你……你可要多保重。"萧道成向她微笑示意，然后转身出了府。

一阵风过，枯叶纷飞，片片飘零，在大街上落了一地，像铺了一层黄地毯。萧道成出府门，从家人手里接过马缰绳，骑上马走了一段，回过头来，向门前的刘智容和雷娇等人挥了挥手，然后带着十几个亲兵打马扬鞭，赶赴城外。

城外的大军已列好队形，将士们精神抖擞，持枪执戟。两翼是精锐骑兵，一概玄衣铁甲，神容精悍，带着一副勇悍坚忍的气概。萧道成出了建康城，纵马来到队伍前，神情肃穆地扫视了一眼队伍，下达了出兵的命令。随着一阵嘹亮劲急的号角，大军络绎开拔，浩浩荡荡地赶赴江边。

江边停靠着百余艘大船，旗幡如林，鼓角声此起彼伏。傍晚，数万大军全部登船已毕。浩浩荡荡的江水，在船舷两侧翻着白沫，又在船头激起丈余高的浪花。萧道成也沿着一根长长的踏板登上了座船，下令启航。百余艘战船依次启动，一路向东，所过之处，江水如沸。

船队驶出十余里，船速越来越快，就见茫茫水波裹挟着一条条战船前行。不远处，是一长串细小零碎的不规则浅滩。天色彻底暗下来。阴云迅速凝成墨团，巨大的雨滴敲打着船头，激成一个个水圈。很快雨滴又汇合成一道道水帘，自天穿垂下，把整个船队都笼罩在一片烟波水泽之中。

第二天一早，雨小了些，于灰暗的天空中如丝飘落。萧道成的船队在大江之上，顺流而下，飞速向东，中午就来到京口城外的江边。全军在渡口处下了船，冒雨前往京口城。道路泥泞不堪，平叛大军冒雨进发。

京口地处长江下游，密迩畿甸，内藩朝廷，外屏大江，保据形胜，控制西南，历来有建康门户之称。这时的京口城中已乱成一片，百姓们闻听沈攸之即将兵临城下，惊恐万状，顾不得天气不好，一早就扶老携幼，离开了家门。他们或步行，或赶着驴骡牛车，争先恐后地出了城，朝京师的方向逃去。

东徐刺史袁粲见此情形，怕引起哗变，忙下令关城。大批军兵手持刀矛，部署在出城的通道前。军兵面前聚集了大量来不及出城的民众，他们有的气愤叫嚷，有的号啕大哭，有的苦苦哀求，有的破口大骂，远远看去，像是一团团骚动的蚁群，闹了良久，方才无奈地散去。

下午时分，雨终于停了，天空还是灰蒙蒙的，深秋的天气更冷了。萧道成率兵到了城下，守军这才打开城门。萧道成引军入城，分兵把守，又在袁粲、王敬则、张敬儿等人的陪同下，上马道登城巡视城防。

京口城墙高厚，楼堞如齿。萧道成头戴铁盔，披着大氅，手抚腰间的刀柄，立在城堞之后，放眼四顾，见远处似有山的轮廓，却还望不到敌踪。他回头对众人说："沈攸之的叛军远来疲敝。我们若远出迎击，则后方空弱，不如据城以逸待劳，割弃南岸，栅断石头，必可破贼。"

袁粲穿着一身文官的服装，站在在众武将中间，未免显得有些格格不入，应声道："大帅说的是！沈攸之性度险刻，士心不附，暗于兵机，必来攻京口，其屯兵于坚城之下，进不得进，退不得退，必为大帅所擒。"王敬则、张敬儿等将领也没有异议，遂断取行旅船板以造楼橹、立水栅，旬日皆办；又在城外树起栅栏、决破岗埭和方山埭以断绝叛军进兵京城之路。

过了几天，京口城上的天色阴沉沉的，太阳被云深深地藏起来。城中街道两边的柳树早已落干叶子，只余光秃秃的枝杈直愣愣地伸展在空中，路上偶有几个神情严重的传令兵，匆匆忙忙奔走而过。城外鼓声大作，战马嘶鸣，荆州刺史沈攸之率大军开到了城下。

沈攸之年过五旬，须发斑白，一身戎装，率麾下立马城外。其部下自恃兵强，面有骄色，劝他弃城不攻，直取建康。沈攸之听了，仰头望向城上。

满天是厚厚的浊云，一杆大旗上题着个斗大的"萧"字，正在城头猎猎招展。沈攸之知道必是萧道成在此驻守，便转头对部下说："京口兵少而地险。我军若越城而取京师，一旦失手，必会被姓萧的抄了后路！"遂令麾下攻城。

沈军将士们成群结队拥向城下，先是弓箭手不停地向城上发射箭矢，然后竖起上千架云梯，准备强行登城，还有几队士兵推出十几辆冲车。每辆冲车上设置人字形屋顶，可防止矢石袭击，还用吊架吊着一根首部包锐铁的长木。这些冲车抵近城墙后，有一群士兵来回推动长木，反复冲撞。但京口的城墙是用青条石垒成，虽然遭到冲击，但受损并不严重。

萧道成全身披挂，亲自在城上督战，见敌军源源不断地涌向城下，意气弥强，称："沈攸之悬兵数千里，而无同恶相济，虽有豺狼十万，而终为我擒！"他将麾下勇士悉数遣出战斗，唯留几个亲兵在左右，又号令军中道："但衔枚疾战，一听中军鼓声。"

京口城外，烟硝、泥尘、火焰和战伤者的惨呼哀号声，立刻交织成一片。到了中午时分，萧道成从城上望见敌人攻势稍衰，即命击鼓，又率军开城鼓噪，奋兵出击。沈攸之部众大溃，死者数千人，被击退三十里。萧道成自以兵少，不复穷追，回城自保。沈攸之略加休整之后，第二天又率兵围城，昼夜攻战不休。

这次攻防战进行的艰苦而漫长，双方互有胜负。萧道成率兵拒守京口，派兵遣将，运筹帷幄，固守长达两月之久，几乎没有睡过一个踏实觉。

两军相持不下已有数月，此时已是冬天了，草木凋零，风中带着丝寒意。

又过了几日，天气越来越冷。尤其是晚上，寒风刺骨，沈攸之的将士们虽是住在牛皮帐蓬里，但和暴露在野外没什么区别，此时，加之粮草不济，一天到晚忍饥挨饿。

沈攸之为人刻薄寡恩，见京口久攻不下，心情烦躁，随意鞭挞将士、詈辱僚佐，导致部下人情离怨，队伍里的逃兵渐渐多了起来。

第二天清晨，沈攸之麾下的军兵在长官们的驱使下，出了营地，来到京口城下列队，向城墙逼近，准备攻城。忽听城头响起一阵低沉的号角声。紧接着，城上万箭齐发，将抵近城下的军兵射倒了一大片。

沈攸之全身披挂，骑马在队后督战，见此情形，他忙命部下竖起盾牌，

第十七章 出兵平乱

借此机会，他仰脸向城上望去。此时城墙上那些弓箭手已经重新缩回身子，仿佛从来没有出现过。沈攸之对这情况有些不知所措，暗想："难道他们的箭矢已经都用完了吗？"正想着，就听城上鼓声大作。

隆隆的战鼓声响彻长空，令人胆战心惊。两扇厚重的城门轰然洞开，城中冲出一队队骑兵，飞快地向沈军冲来。

萧道成披着黑色铠甲，头戴铁盔，手持大刀，一马当先，身后是王敬则、张敬儿及五千精骑。所有的骑兵都用左手持盾，右手持刀，杀气腾腾，刀锋耀眼。马蹄声在整个战场回荡。

萧道成等人催动胯下战马，很快冲进了沈攸之的军阵，如同一根尖锐的木桩深深地刺入了敌阵，将邻近的敌人接连撞飞。战场上立即响起了刀枪撞击之声，随之而来的，就是接连不断的哀号声和高亢的惨叫声，地上流淌着一股股暗红色的鲜血。

萧道成手舞长刀，从上而下一个漂亮的劈斩，将一名手持长枪的敌兵砍翻在地，又反手一刀，将一个从身后接近的敌将刺了个对穿，不想大刀却被对方的甲叶子锁住，一时拔不出来。另一个敌兵骑在马上，看出便宜，大吼一声，轮起一柄宣花斧，催马直扑了过来。张敬儿手持长枪，骑马从斜刺里赶到，手起一枪，把他挑落在地。萧道成用力拔出长刀，飞溅而出的鲜血染红了他的战袍，硬朗的脸庞上溅满了敌人的鲜血，如同煞神附体一般，又策马冲入了敌阵。

王敬则挥舞着手中的长刀与铁盾，领兵左右冲突，手起一刀，将一员敌将刺落马下，紧接着一盾牌劈在了对方的头上，将他打了个脑浆崩裂，然后又瞪着充血的双眼，寻找着周围的敌人。

沈攸之本以为萧道成已经筋疲力尽，想不到对方竟还能组织起这样凌厉的冲锋，不禁大惊失色，连忙下令后撤。但为时已晚，萧道成、王敬则、张敬儿各领一队骑兵，将本来就乱糟糟的沈军队伍冲击得七零八落。沈军将士在萧道成等人地猛烈攻击下，大半被杀，余者溃不成军，大败而走。

在混战中，沈攸之左肩上挨了一刀，鲜血直流。他见势不妙，只带着两个贴身护卫，夺路而逃，一口气跑到了平渡镇。这个镇子位于江畔，紧邻着渡口。平时要去江北的人们，不管是拉车的、赶路的、办货的、骑马的、牵驴的，只要是从远处来的，都在这个镇上歇宿，然后过江。

一层厚厚的白雪，像巨大的轻软的羊毛毯子，覆盖在镇外的荒原上，透着丝丝凉意。沈攸之打马狂奔，马蹄上溅起片片的雪花，进镇时已经入夜。大冷的天气，树上挂满了银条，草坪披上了银装。

沈攸之和他的两名护卫走在冷落的街道上，见不到什么人，只是远处偶尔传来一两声狗吠。疲惫、饥饿、寒冷，使三人觉得越发寒凉，三个人加快了脚步，只想早些找个地方躲一躲，然后去渡口乘明晨的船过江。

北风呼呼地刮着，大街西头有一家药铺，半掩着店门，尚未下板，店外弥漫着一股浓烈的草药味。沈攸之正从药铺外过，觉得肩上的伤口疼得厉害，就想进去买些草药治伤止疼。他和两个护卫跳下马来，脚踩着积雪，发出"吱吱"的声音，来到药铺门前，掀起门上厚厚的帘子，迈步走了进去。

药铺并不大，只有两间屋子。靠墙摆着药柜，上面是密密麻麻的小方格抽屉，每个抽屉外都用寸许的小纸条标出药物的名字。

铺子里面一共有两个人，其中一个三十多岁的人，立在方柜台里，穿件葛布棉袍，正操刀切着药材。另一个二十出头的年轻人，身上的布衣洗得发白，上面还有几个补丁，伙计打扮，坐在柜台外的一个小火炉旁边，一面持杵捣药，一面打着呵欠。

寒风在外面游荡着，正好衬出店里的温暖。沈攸之披着大氅，脸藏在一团阴影里，进店后，用眼睛迅速地逡巡周遭一遍，见店中并无异状，便放下心来，负手立在门侧。

他的一个护卫身穿玄青劲装，走到柜台前，沉声说："你是掌柜的？来两包金创药。"他的同伴则走到小火炉边烤火。

三十多岁的掌柜一抬头，两道冷电似的眼光，望了望面前的护卫，笑道："敢情府上有人受伤？那您可是来着了，小店的金创药以水煎服，止血止痛，必见神效，在附近这十里八乡可是出了名的。"

这个护卫低沉而含糊地应了一声，不愿听掌柜啰唆，从怀里掏出块碎银，不耐地道："这是给你的药钱……。"蓦地，他的语音被切断。掌柜的乘

第十七章　出兵平乱

其不备，一刀扎了过去。护卫捂胸闷哼，疾退出数尺，又晃了两下，倒在地上。

那个二十多岁的年轻人也倏然出刀。他的刀就藏在袖中，刀光一闪之间，便切断了另一个护卫的喉咙。

沈攸之仿佛给人迎面打了一记重拳，惊而且怒，按剑喝问道："你们是什么人？"掌柜的冷冷地说："我是萧赜，和我兄弟在此恭候沈大人多时了。"

沈攸之一路逃到这里，本打算渡江去投北魏，想不到还是被萧氏兄弟截住。他慢慢镇定下来，怪眼一翻，冷冷地说："原来是两个小兔崽子。"一语未了，已然拔剑在手。与此同时，他向前猛地一挥宝剑。萧赜也为之怔了一怔，还以为他要拼命，不料这一招却是虚招。

沈攸之老奸巨猾，一见萧家兄弟在此伏击，便知道对方是势在必得，自己绝不是对手。他一剑虚劈，身子已陡地弹起，长髯掠起，袍影扬逸，退向店外。

萧赜伸手抓起藏在柜台下的长刀，纵身出店，拦住了沈攸之。沈攸之连攻三剑，都被萧赜横刀化解。同时，萧嶷如一只怪枭般掠到，"唰"地一刀，刀芒映着地上的雪光，飞切沈攸之的后颈！

沈攸之听风辨位，猱身躲过。他本已负伤，在萧家兄弟地合击之下，有些手忙脚乱，左右难以兼顾，身上很快又添了几处刀伤。萧赜凌空横扑，单手持刀刺出，迅捷无比地将刀尖插入沈攸之的小腹，随即拔刀斜退两步，冷冷地看着他。沈攸之身上的血汩汩地淌着，眨眼间就成了个血人，手里的长剑落地，身子打了两个旋，仆地而殁。萧嶷上前，手起刀落，砍下他的脑袋，提在手里。萧赜从药铺后面牵出两匹马，兄弟二人分跨马上，疾向京口驰去。

夕阳西下，京口青灰色城堞上的雪痕依稀可见，城郭上空袅袅升起几道炊烟。沈攸之的死讯很快在京口城里传开，东徐州刺史袁粲立即派人向京师报捷，又在府里摆宴庆贺。刺史府的客厅里，灯火通明，热闹非凡。僚佐们全都闻风而至，争相巴结道贺。

袁粲满脸红光，坐在席上，清了清嗓子，说："沈攸之伺隙西鄀，年逾十

211

载，擅命专威，终至这个下场，实不足惜。这也是当今皇上洪福齐天，所以逢凶化吉。我作了一首诗，请大家品评一下。"说着，取出一块薄绢，请众宾传观。

众宾看过绢上所题的短诗，谀辞潮涌，赞美不绝："好诗，好诗！"

"这诗真是惊世骇俗，足见袁公惊才艳艳！不由得我不从心里写个服字。"

袁粲素以文才自负，听了众人的赞扬，捻须微笑，自得地呷着醇酒。

在这时，有人却打了个长长的呵欠。在座诸人都有些意外，纷纷转头望去，见打呵欠的人正是萧道成。萧道成坐在贵宾的位置，仿佛刚睡醒，微眯着眼睛，左右望了望，对旁人溜须拍马的举止似有些不耐烦。

众人看着萧道成一副不耐烦的样子，全不吱声了，但没一个人敢说他的不是。在这种场合，能叫人们不敢发作的人只有一种——有权势的人。萧道成以击败沈攸之的功勋，已进封太尉，增封三千户，都督南徐、南兖、徐、兖、青、冀、司、豫、荆、雍、湘、郢、梁、益、广、越十六州诸军事。对这些宾客而言，则是宁可回去得罪自己老子也不肯去开罪他。

萧道成打完这个呵欠，见众人没趣的样子，咧嘴笑了一笑，抚髯道："老夫鏖战多日，着实有些乏了，扰了诸位的雅兴。"

袁粲脸上微微变色，强笑道："萧大人鞍马劳顿，如此饮宴，却有些无聊，我已准备歌舞为您提神。城里的歌妓在战前跑了个干净，这是下官专门派人从京城秦淮河上请来的。"说到这里，轻轻地拍了拍手。

一队歌妓从厅外络绎而入，身后还随着几名乐师。这些歌姬全穿着浅色轻衣，有几个还将数缕青丝随意地垂在胸前，更显娇俏可人。不一会儿，乐师们奏响手中的乐器。歌妓们一齐随乐而舞，裙幅褶褶如雪月，将流动的光华轻泻于地，

萧巘手里端着酒杯，披着锦袍，坐在父兄的下首。他轻抿着微薄的唇，显得脸部棱角分明，忽听到一阵琵琶清越的音韵，禁不住扭头望去，见到弹琵琶的女子，眼神便立刻吸引过去。

琵琶女薄施粉黛，双颊带着若隐若现的红润，一双明眸里透着聪慧，发髻上斜插着一支银钗，外披素白纱巾，露出白白的颈项。她怀抱琵琶，纤纤

第十七章　出兵平乱

玉指轻松自如地拨弄着。那一弦那一丝，全不错乱。一曲舞罢，琵琶女敛衽施礼，缓缓地退了出去。

萧嶷坐在桌前，喝了几杯酒，再看眼前的轻歌曼舞，却怎么也看不到心里去，只觉琵琶女那张清雅脱俗的脸庞总在脑海里浮现，便放下酒杯，起身走了出去。

厅外一阵清寒的晚风吹来，使萧嶷的精神一振。月光混着周围各色灯光，将一片长廊映得光怪陆离。宴会上的喧嚣，笙管笛箫的声响，主宾的谈笑声，回荡在大厅内外。萧嶷于朦朦胧胧中，见琵琶女正与几个乐师在廊下休息，便鼓起勇气，走过去，站在她的面前。几个乐师相互对视了一眼，识趣地走开了。

萧嶷乌黑的头发在脑后梳成个单髻，剑眉虎目，一身戎装，一派英武之气，望着琵琶女，见她那张白而秀气的脸庞透着几分忧郁，又觉一阵如兰似荷的香味，沁入鼻端。

琵琶女感觉到了萧嶷的目光，也看了他一眼，眼睛是朦朦胧胧的，但却像含着许多欲吐欲诉的言语。

萧嶷觉得心脏狂跳，嘴唇有些发干，有些费力地问道："请问姑娘贵姓芳名？"

那女子微低着头，柔声答道："我从小被父母卖到了舫上，无姓。公子就称呼我素姬就行了。"这些沦落江湖的女子，多是从小就被骗被拐的，或是让爹妈给卖了。她们自幼在船上学习弹琴、绘画、舞蹈等各种技能，长大在后就成了船主赚钱的工具。

萧嶷心里油然生起一阵恻隐之意，又道："你们是被袁大人从京里请来的？"

素姬点了点头，道："是的，我们来自秦淮河上的兰桂舫。"

萧嶷"哦"了一声，道："秦淮河一带我倒是常去，那儿风景不错。"

素姬抿着嘴儿一笑，像是静夜里的一朵幽兰，道："以后还请萧二公子多多光顾我们的画舫。"

萧嶷望着她秀美的脸颊，不禁心醉神迷，忙道："那是自然。"二人三言两语，竟是越说越投机，不知聊了多久，正说着，忽听堂内一阵杂沓地脚步声。众宾喝得醉醺醺的，有的散披着衣服，有的大声喧哗，三三两两走了出来。

萧嶷知道宴会结束，忙向素姬道："我先去了，以后回京后会去看你。"语气里满是不舍。

素姬低低地"嗯"了一声。

萧嶷便转身走向堂口，正遇到袁粲陪着萧道成、萧赜出厅，便跟着父兄离府而去，先到城外的军营里住了一晚，第二天即随军返回京师了。

第十八章　剪除政敌

夜凉如水，繁星满天。萧道成负手立在舷前，正望着江上的夜景。江风猎猎，吹动他的衣袂。萧嶷走到父亲身边，躬身参见。萧道成并不回头，冷冷地哼一声，道："阖船的人都被拿了？连那个惯会花言巧语的老鸨。你也该回去，把寨里那个女子料理掉。"

宋顺帝昇明二年（478年）三月，已是初春时节，秦淮河与往日大不相同，河畔垂柳成荫，绿绦蓬茸。河两岸酒肆商铺林立，错落有致的分布着亭、台、楼、阁、榭、坊及码头石埠。河中画舫纵横如乱叶浮水，舫上有着京城最顶尖的优伶和艺伎。有钱有势的达官贵人们，没日没夜的在此流连忘返，他们呼朋唤友，举办宴席，来往应酬，侈僭无节。

白天，十里秦淮上画舫争流，婉转的笙管笛箫声和诗词的吟诵声交相呼应，三两歌女临窗面水，咿呀些风月情事。到了晚上，河面上笼罩着纱雾般的水汽，几处舫家于橹声灯影里，吆喝着绮罗营生。

抚军大将军黄回与其他权贵一样，也把府第修在秦淮河边。黄府的后墙垣紧邻着一片烟波浩渺的河面，府中建有四季亭、花萼楼等亭阁，还遍植奇花异草。

这天傍晚，黄府大门外耸立着几株瘦瘦长长的梧桐树，映着天边绚烂的晚霞。忽然，一阵马蹄声由远而近，惊的树上的鸟雀乱飞。萧道成披着大氅，胁下悬刀，与张敬儿等百余人，骑马飞快地掠过秦淮河畔，径直到了黄府外，然后带住缰绳，跳下马来。一个军兵不待吩咐，上前叩打着紧闭的大门。

　　黄回的老妻已去世多年，两个女儿也已远嫁。黄府五十多岁的老管家开门出来，见是萧道成，忙上前见礼。萧道成与这个老管家没有多言，便与张敬儿在老管家的引领下，走进大门，沿着一条曲曲折折的甬道，前往后宅。

　　后宅占地亩余，建有正房、厢房数十间，最右侧也是最宽敞的一间便是黄回的卧室。黄回自去年就病了，而且病得很重，呼吸日益困难，以至于难以入睡：一旦躺下去，胸膛里似堵上棉花一般！一天天地消瘦下去，直到现在这一副皮包骨头样子。

　　他病奄奄地躺在床上，眼眶里闪着两点幽幽的寒火，窗外，浅红色的天空已变成灰色，黑暗渐渐的临近了。

　　黄回不知自己还能熬多久，暗想："若能挨得过今年，大概袁粲就会调回朝廷。他回来，与自己联手，或许就可以节制野心勃勃的萧道成了。现在的朝廷里，已有一半以上是萧道成的心腹，他一定不会让袁粲轻易回京。自己只盼着能尽快康复，就可以重行整顿，凭着军中仅存的旧部，不管萧道成势力多大，总可放手一搏，也不至坐以待毙。但萧道成会不会按捺不住，提早对自己动手呢？自己委实病重，还不能公然与之撕破脸，眼前这局面最好是能拖下去，绝不能打草惊蛇……。"

　　他正想得出神，忽见管家进来称萧道成前来探望，心里一震，但也只得苦笑着说声："有请。"微弱的声音有些沙哑。老管家退出屋外，请萧道成进去。

　　萧道成让张敬儿和管家留在门外，深深地吸了一口气，挺起胸膛，脸上出现坚决无比的神情，迈步走进房中。卧室内陈设简单，窗前摆了一张桌子，桌旁便是一张大床。黄回半倚半躺在床上，身边有一个人，是来自京城"妙手堂"的大夫。这大夫是京师名医，精通穴位按摩、推拿针灸，更会煎药采药，一直留在黄回身边，为其诊治、开方、煮药、按摩和针灸。

　　天色渐晚，灰色阴凉的气息在室内徘徊。半开的窗扇轻轻地晃动。黄回见到萧道成，丝毫没有要起来的意思，只用鬼火似的眼光掠过对方的面颊，幽幽地问："萧大人，今日可是来取老夫性命的？"

第十八章 剪除政敌

萧道成一听，暗暗佩服对方重病之下仍是洞悉一切，也明白自己不必再假装探病了，反问一句："黄大人以为如何呢？"

黄回淡淡地一笑，道："老夫不幸生逢乱世，观情察势的本领还是有的。"

萧道成也笑了，道："想不到你久病之后，竟毫不昏聩，仍有这么敏锐的观察力。"

黄回沉默了一下，说："萧大人今非昔比，名为辅政，实则专权乱政，连君王都不放在眼里，何必这么急着对我下手！"

萧道成摇了摇头，说："只要你活着，我就不能算是专权乱政；杀了你，朝中才没有人能与我抗衡！"说罢，死死地盯着黄回。

黄回冷冷地道："你能杀得了我？"

萧道成同样冷冷地回敬道："平时，难说。但你现在病了，绝不是我的对手。"

黄回苦笑一声："何况你已在外面布有重兵。"

萧道成也不否认，说："是的，这时候不动手，难道还等到你病好了之后？到那时，凭你在军中的声望，振臂一呼，应者云集。我萧道成又如何是你的对手！"

黄回好久没刮胡子了，抚摸着颔下如戟的短髭，略带嘲讽地说："你一味剪除异己，拼命揽权，自是心怀异志无疑了，不惧骂名千载吗？"

萧道成坦率地说："百余年前，曹操横空出世，据中原而虎视天下，是何等风光。然而他血战立下的大魏基业，在其死后不过几十年，即为司马氏所夺。司马昭、司马炎父子平蜀吞吴，一统天下，够威风了吧！但也不过短短数年，即全盘崩溃，导致五胡并起、逐鹿中原。后来的晋元帝只能偏安江东，才得以绵延数世。本朝武皇帝（刘裕）又从司马家夺了天下，期间为了巩固权位，更是尽除政敌。'皇帝轮流坐，明年到我家。'前人夺得，我夺不得？'一朝天子一朝臣，'没几个人会吃饱了没事干，向失了势的或死去了的人尽忠！只要我能掌权得势，为天下黎民造福，又何愁不能流芳千古呢？"

黄回听了这几句，又呛咳起来，以至于全身痉挛，仿佛每一次呼吸都使他痛楚莫名，说："你讲得不错，世道不比从前。权贵都不顾公理，只看眼前的利益，哪有人还会谈什么君臣大义。"

他的双目缓缓合起，一瞬之后，又徐徐地睁了开来："但你想杀我，本不必亲自来的。"说着，手一翻，竟从枕下摸出一匣弩箭，对准了萧道成。

萧道成还是十分平静地问："你已山穷水尽，还要放手一搏？"

黄回道："'困兽犹斗，况人乎？'我临死也要拉上你这个垫背的。"说着，手指按动了崩簧，却没有动静，不禁骇然失色。

萧道成对着旁边的大夫点了点头，道："干得不坏。"大夫抬起头，他的脑袋不大，皮肤很白，却是那种久不见天日的苍白，对着萧道成谄媚地笑道："小人自是听从大人差遣。"

黄回脸色发青，厉声对大夫道："是你动的手脚？"

萧道成稳稳地站在一边，道："我若没有他做内应，怎么会走到你的屋子里来？"

大夫扭头望着黄回，登时换了副表情，冷冷地道："萧大人送了我三千两赤金，我就倒空了你的箭匣。还有，你当初服用的咳嗽药里也是被我下了慢性毒药。"

黄回想起年前自己受凉，咳嗽不止，才将这大夫请来，让他为自己煎药服用，从此便久卧病榻，不禁倒吸了一口气，问："你在那天的药里下了什么毒？"

大夫眼神十分凶狠，却十分平静地回答："乌头附子。"黄回的心直往下沉，难怪自己的眉心发黑，下颔也一片乌青，原来是长期服用这种慢性毒药的结果。

他又默然片刻，知道大夫有足够的本事，使他中了毒而不自知，转头向萧道成说："你为什么不直接让他把我毒死？"

萧道成说："我留你一条命，是想当面问你，那天在朱雀桥行刺我的屠户，是不是你派去的？"

黄回剧烈地喘息着，胸口如风箱般抽动，惨笑道："这事弄不清楚，你终究是不放心。不错，那天的人是我派去的，可惜功败垂成。我是完了，但你

第十八章　剪除政敌

也别得意得太早，要知道袁粲还在京口。"

萧道成沉声说："他要能嚣张半年才怪。"然后打量着黄回的病体，又瞧着其憔悴的面容，忽然放缓了语气，道："但你如果亲口承认与袁粲谋反，我也许会让你活下去。"

黄回双目骤然收缩，道："你要我诬陷袁大人？'欲加之罪，何患无辞'。你要对袁大人下手，不必要我的亲供吧？"

萧道成摇了摇头，说："袁家是江东大族，在朝在野的势力都不容小觑。我若能有你的配合，处理起袁粲来，更方便一些。"

黄回忽然用讥诮的口气道："我身中剧毒，已是个废人，对你构不成什么威胁。你再除掉袁大人，就可以称帝了吧。"

萧道成对这个问题拒绝回答，抚着腰间刀柄，说："你最好珍惜这个机会，趁我还没改主意，赶紧写个奏表，承认与袁粲通同谋反，便可以活。"

黄回不住地喘息，脸色已渐渐变灰，脸孔已因痛苦而扭曲，道："就这样活下去？"

萧道成直截了当地说："好死不如赖活着。活着才能感觉到人生苦乐，死了便一无所有了。"

黄回好像在思索，五官不停地抽搐，却猛然一伸手，抓住了床前的一根流苏，用力向下一扯。床板就疾塌了下去，全然翻塌。

萧道成见黄回一瞬间就在自己眼前消失，忙纵身过去，见床下赫然出现了一个黑洞，黑乎乎的不见底，隐隐听到洞中传出水流之声。他千算万算，终究还是漏了一招，虽知黄府紧邻着秦淮河，却没想到卧室床下竟有一条与河相通的暗道。萧道成心中大急，暗想："若是给黄回逃了，可是后患无穷！"便回身来到窗前，令手下官兵通知包围黄府，马上拦截黄府后面河道过往可疑船只。

萧道成来黄府之前，为保险起见，已命王敬则和萧嶷率水师军兵在河上布防。萧嶷身披大氅，迎风立在一条小舰上，身边是十几个水军官兵，附近还有几十艘艨艟小舰。这时，他注意到黄府后面驶出一条小船，船夫划着小船向这边驶来。他接到命令后，便知道黄回已逃出了府，并且断定这艘不起眼的小船极可能是接应黄回的强援。

萧嶷片刻都没耽误，立即令麾下各小舰兜截。河中水波翻涌，几十艘船只自四面八方朝着小舟飞快地围拢过来，离小船越来越近。王敬则也率部从河对岸赶到，他们也驾船一字排开，将河道堵的严严实实。

小船见前无去路，后有追兵，只得停在河面上。船夫头戴蓑笠，手横长桨，一双锐利的眼神透过竹笠缝隙，打量着四周围上来的军兵，忽叱道："各位军爷，不知因何拦住我的小船！"

王敬则的船两头尖尖，柳叶形状，荡悠悠地向着小船飘去。他立在船头，笑道："水波翻涌，风急浪高，我也停不了啊。"这话纯粹是调侃，目的要扰乱船夫的心神。船夫却不上他的当，一只布满皱纹和青筋的手一擎，自腰间拔出一把短剑。

萧嶷已乘着快艇在后接近小舟，正要跃上，见此退了一步。他凝神向小船中望去，依稀可见还有一人在船舱里伏着。那人浑身尽湿，动也不动，脸孔被散乱的头发完全遮覆着，却辨别不出身份。

萧嶷扬声道："朋友，把你船上的那个人交出来，我们不会难为你。"

船夫看了看围上来的十几条小舰，干咳了一声，道："我既然敢来，原就没想活着离开。"他的声音虽然尽力抑制，但仍流露出一种视死如归的悲壮意味，"黄大将军待我不薄，如今他落难，我自当以死相报。"他这么说，简直就是承认黄回在他船上了。

王敬则忙劝说："可惜，可惜，良禽择木而栖！你又何必保护黄回这样的一块朽木，只要交出人，可获赏金百两。"这是诱之以利。他身旁有人跟着帮腔说："朋友！我劝你还是乖乖投降吧，不为家里的老小考虑吗？"又有人说："到这地步，再抵抗也是多余的了。我们人多势众，都深谙水性，你绝非对手。蝼蚁尚且贪生，放下武器，我们也不会赶尽杀绝。"这是胁之以威。众人劝说之际，船只缓缓接近小舟。渔夫却仍持剑立在船头，丝毫不为所动。

萧嶷立于船上，隐隐觉得有些不对，看出眼前这船夫是在拖延时间，便乘其不备，抽出腰间长刀，腾身纵上了小船。

船夫也十分机警，手腕一扬，一剑刺过来。

第十八章　剪除政敌

萧嶷一足踏上甲板，立即侧身避过，随即一刀平削，意在将船夫逼退。船夫却不退反进，迎着他的刀锋冲了上来。原来他自知寡不敌众，在落入重围那一刻便已存了必死之志。萧嶷虽不想杀他，这会儿却是收刀不及，刹那间，刀锋自对方的脖颈划过。渔夫闷哼一声，后退半步，身子晃了两晃，"扑通"一声掉进水里。

一阵劲风从河上袭来，吹得王敬则衣袂猎猎。他喝令手下军兵下水，将渔夫拖上大船，却发现他已经断了气儿。

萧嶷倒不在乎渔夫的生死，更关心伏在舱里的那人。他小心踏进芦席搭成的船舱，一脚将趴在那里一动不动的人踢翻。那人只是个陌生人，见了凶巴巴的萧嶷，浑身颤抖不已，不待对方逼问，便直承自己是受雇前来，其他一概不知。

渔夫死了，船舱里的人也不是黄回。萧嶷有些失望，命几个军兵将陌生人押上大船去继续审问，然后抬起头，若有所思地遥望着远方的画舫。河水微漾，轻晕着夜的风华。在这薄霭和微漪里，传来画舫悠然间歇的桨声。

萧嶷乘着小舰飞快地驶向画舫，一眼便瞧出这竟是秦淮河上鼎鼎有名的兰桂舫。这条画舫长数十米，首尾高昂，四面皆设短栏，桅杆上挂着各式彩旗和灯笼。璀璨的灯光映在水面，错落参差，望之如星汉排列。舫上的舵手见有兵船靠近，便停桨泊舟。萧嶷命人在两船间搭上跳板，和王敬则带着十几名军兵，沿着跳板上了舫。

靡丽曲调由舫舱里传出，此起彼伏，杂着诸色乐器齐响，还有曼妙的歌声缭绕其间。老鸨闻听萧嶷率兵前来，匆忙从舱里出来。手里挥舞着一块粉红色的手帕，带着浮夸热情道："哎哟，萧二公子，您多久没来啦！我们舫上的姑娘可想死你了！"

萧嶷自从京口见到素姬之后，就对她意乱情迷起来，返京后不久即到兰桂舫上寻访这位秦淮花魁。素姬不仅艳冠群芳，而且乐、舞、棋、书、画、茶等各项全能，是这条舫上的头号招牌，在十里秦淮河上独领风骚、高树艳帜。建康的文人雅士、公子王孙，无不以一登其门为荣。当时老鸨听说是萧家二公子前来，知道是财神驾到，忙不迭地让素姬出来迎客。素姬生得清灵如水，体态优美，在萧嶷眼里是那样楚楚动人。从那时起，萧嶷免不了呼朋引伴，到这条舫上宴乐，所以对这个地方并不陌生。

此次萧嶷登舫，并非游玩，而是找人，他让王敬则等人四处查看，自己信步来到舱门前，老鸨的笑意里有着无尽的精明，在一旁謦欬请萧嶷入舱。萧嶷很自然地踏进舱里，见几个华服公子正懒洋洋地坐在那里。他们遍身都熏了香，袍襟开处，能看到腰里系着的彩色腰带，

萧嶷虽见这些人有些眼生，但也知对方定是非富即贵。毕竟兰桂舫是高级的销金窟，来这里的客人不仅要懂写诗填词、吟曲作对、琴棋书画，而且一次至少要消费百两纹银。这笔钱里包括给船主、给小厮的费用，另外还要算上所花的茶水费、花酒钱等，真不是一般人能负担得起的。

舱内还有七八个歌姬，或云鬟雾鬓，脂粉薄施；或挽髻盘辫、颈套银项锁；或前发齐眉，后发垂肩，穿红袄绿裤，长拖裤管，著蝴蝶履。她们不仅天生丽质，而且嗓音婉转出众，除了表演歌舞，还会乖巧的陪酒。陪酒时可与客人亲近些，但是索要的报酬也高。

众歌姬见萧嶷进来，忙都立起身来，却并不言语，只将一双双水灵灵的美目溜过来、转过去，在萧嶷脸上一遍又一遍地扫过。歌姬后是几个持乐器的美女，鬟鸦凝翠，鬓凤涵青，外罩阔袖长裙，听音度曲，堪称色艺双绝。

萧嶷向舱里扫了一眼，皱眉道："素姬怎么不在？"老鸨听了萧嶷的问话，脸色微变，道："素姬身体有些不舒服，早早地休息去了。"

萧嶷听出老鸨是在搪塞自己，不由得冷哼一声，转身出了舱。萧嶷由舱后登梯而上，只奔船寮（船顶之楼），来到素姬房前，就见里面隐透一盏黄火，将熄未熄。

萧嶷推了推门，发现门在里面闩着，忍不住弯下腰，从门缝里向里窥去，却见有两对鞋子，歪斜地散落在榻前，心中顿然升腾起一股怒意。他忘记自己登船的目的，也不再理会身后的老鸨，抬腿踢开门，风风火火地闯了进去。

里面是一间不大的斗室，但几案俱备。一张立柜旁摆着张长榻。榻上铺着闪亮的丝绸，红色的罗帐半掩，一个年轻人本躺在床上，被踢门声惊醒，

第十八章　剪除政敌

忙掩被半坐起来，顺手揽住身旁一位发似乌云的女子。这女子露出一小截白皙纤弱的柔肩，从面容上看，正是素姬。

萧嶷自识得素姬后，为其色艺所倾倒，曾一掷千金，为她"点花茶""饮花酒"，但也仅限于与其聊聊诗词、打个茶围什么的。

如今，萧嶷一看心仪的素姬躺在别人的怀里，顿时脸色如灰，他妒火中烧，气得浑身直哆嗦，几步冲到床前，来抓这个年轻人。年轻人的眼睛里突然射出两道狠毒的光，他用力把素姬一推，使其撞向萧嶷！萧嶷瞅见素姬半裸的胴体白得刺目，胸际如着一记重击，不自禁的伸手将她扶住。

与此同时，年轻人又把被子一掀，赤裸着上身，下身竟是穿着水靠，如一只铁鹞般弹了起来，一脚陡起，正踢在萧嶷的小肚子上。萧嶷挨了这一下，闷哼一声，身形踉踉跄跄地后退，几乎跌坐在地板上。

这年轻人身手很快，眨眼间已欺近萧嶷，右手从腰里抽出一把匕首，凶狠地刺向萧嶷。房中的地方本就狭小，萧嶷退无可退，右手一振，迅即拔刀架住眼前的一刀，"铛"的一声，星花四溅。对方反应竟是奇快，又一刀戳向他的腰部。萧嶷斜身避开，一记扫堂腿将他踢了个趔趄，反手一刀，将年轻人刺了个对穿。

年轻人狂吼一声，胸前中刀。但他本就是名死士，毫不顾惜自己的性命，虽然受了致命的伤，还是一把将萧嶷的右手扣住，让他无法撤刀。这时，"砰、砰"二声，榻旁立柜震碎。柜门轰然而倒，柜子里居然还有一个人。那人长发披面、浑身湿淋淋的，正是黄回。

黄回在几个忠心的部下接应下，拼尽全力，逃到这里，已是逃无可逃，便想与萧嶷同归于尽。他纵身而出，手握一柄短刀，直扑萧嶷，与垂死的年轻人呈前后夹击之势，向萧嶷刺过来。刀光闪过，映在黄回苍白的脸上，这一刀闪电般的刺向萧嶷，已是势无可挽。

王敬则刚赶到门口，看到萧嶷就要被黄回这一刀刺中，大吃一惊，身形展动，准备援助萧嶷，但还是来不及了。就在这千钧一发之际，一支长箭自窗外射入，如流星划过，直射入黄回的咽喉，余力不衰，竟将他生生地钉死在舱板上。这时，那个年轻人也自一片血光中倒了下去。

王敬则一看这支箭,正是萧道成常用的,不由得惊喜交集,对着窗外喊了一声,道:"原来是太尉到了。"外面却是寂然无声。王敬则又四处搜索了一下,见室内再无敌人,便匆匆而去。

随着一阵丝质衣裙的窸窣声,素姬披衣而起。她穿着一件袖口宽大的大红裙,上有灯笼袖,裙子饰有花边,下摆镶着滚条,一头蓬蓬松松的秀发不及梳理,站在萧嶷面前,微微地仰着脸,眼神里并无恐惧,清秀的脸上写满了倔强。

萧嶷刚才挨的一脚竟是不轻,嘴角流出几丝血迹,但眼神仍是灼灼逼人地望着她,一抬手,用刀尖指着素姬雪白的脖颈,几次想要刺过去,但终是不忍,最后长叹一声,缓缓地收刀,问道:"你为什么要这么做?"他必须要问这个问题,否则便如骨鲠在喉、芒刺在背!

素姬沉默了半晌,眉微微蹙着,像锁起满心的深怨,缓缓地道:"我身在江湖,如水上浮萍,能为自己做主吗?"

萧嶷默然,伸出右手,似乎是想抚摸一下她的脸颊。素姬咬着嘴唇,后退了一步。泪水顿时冲破了所有的防线,从她眼中滚落了下来。

萧嶷收回手,瞥见地上的两具尸体,知道很多事情已是无可挽回,遂一顿足,转身走了出去。

夜凉如水,繁星满天。萧道成负手立在舷前,正望着江上的夜景。江风猎猎,吹动他的衣袂。

萧嶷走到父亲身边,躬身参见。萧道成并不回头,冷冷地哼一声,道:"阖船的人都被拿了?连那个惯会花言巧语的老鸨。你也该回去,把寮里那个女子料理掉。"

萧嶷低着头,半晌不说话。萧道成抚着颔下三绺长髯道:"嶷儿,你心太软,这样成不了大事。"说着,转身下舫。

萧嶷回头望向素姬的房间,见窗里透出一缕淡淡的光,一个俏丽的身影正倚窗而立。夜风渐紧,吹乱了萧嶷的发丝。他心里说不出什么滋味,暗自叹息了一声,也随着父亲下了舫。

第十九章　夜袭京口

萧道成怔了一怔，突然大喝一声。凌厉的刀光自他掌中乍现，将身前的公案劈为两半。案中血光暴现，里面藏着的人闷哼一声，已被斩为两截。人们失声惊呼。袁粲绝没有想到萧道成会警觉得那么快。

半月后的一天清晨，尚书令刘秉双眉挤成个"川"字，独自袖手坐在桌旁，一言不发。自从黄回被杀之后，刘秉震惊之余，也意识朝中再无人能牵制萧道成了，这些天一直在苦思对策，今日早朝后回府，自心里琢磨着："除非请皇上将前司徒袁粲调回朝廷，否则江山必将易主。"他一想到这里，就再也坐不住了，他略加思索，扬声吩咐家人备车，然后在厅里转了两圈，便匆匆出府。

外面的薄雾扑面而来，透着丝丝凉意。刘秉出了府，对执鞭的车夫吩咐了句："去皇城。"然后瑟缩着身子坐进自家那辆四轮马车。马车辚辚，驶过长街。街上人烟稀少，偶有老鸦在道旁树上鸣叫几声，很快又恢复一片寂静。刘秉坐在车里，微合着双目，上身靠着厢壁，正盘算着怎么才能打动年轻的皇帝，就觉马车停下，随后车夫打开车门请刘秉下车。刘秉一手撩起袍襟，从车上跳了下来，见眼前正是高大巍峨的皇城。

一阵冷风吹过，吹动朱雀门外开阔地上还未及打扫的落叶，两尊石兽在门边巍然屹立，给原本厚重的城墙增添了几分庄严的气息。刘秉缩着脖子，拉紧了衣服的领口，来到门前。一名羽林军校尉挎着腰刀，正领着几十名全副武装的军兵在门前值守。他见刘秉到来，忙小跑着迎上前，拱手行过礼，问明来意，便陪着刘秉走进皇城，来到太极殿前。两个太监一左一右地立在殿前。校尉对其中一个小太监说："刘大人要晋见皇上，烦请这位公公进去通报一声。"说罢，便向刘秉告辞，自去了。

小太监手里持柄拂尘，恭恭敬敬地对刘秉道："皇上退朝回了后宫。奴才这就去通报，请刘大人进殿稍候。"然后躬着身子，引着刘秉进了殿。

偌大的殿里空无一人，显得神秘而安静，四壁上笼着轻纱，上用金线绣出祥云图案。小太监请刘秉在丹陛下立定，便转过屏风，进了后殿。

刘秉抿着嘴唇，背着手，在空旷的大殿里来来回回地踱着步，目光时不时地落在屏风前的宝座上，每看一次，他心中的焦虑就多了一分焦虑。不知过了多长时间，殿后终于传来一阵杂沓的脚步声。

刘秉精神一振，忙整理了一下朝服，在丹陛下立好，却见小太监引着两个人走了出来。这两个人一前一后，前面是个白皙漂亮的宫女。宫女不过十八九岁，高挑的个子，一脸润色，穿着件粉色的宫装，后面紧随的却是王天恩。

王天恩自投靠萧道成后，已连升数级，现任越骑校尉，负责太极殿内外的防务。他神气活现地走下丹陛，漫不经心地朝着刘秉一拱手，道："卑职参见刘大人。"

刘秉见了王天恩，心里别提多厌恶了，不禁皱了皱眉，道："皇上呢？"

王天恩两腮微陷，尖尖的下巴向前探着，狡黠的小眼睛里装着两只滴溜乱转的眼珠子，道："皇上昨晚没休息好，今日又料理国政，未免太耗心力，此时有些头疼，不便出来见大人。大人有什么事？不妨告知卑职，由卑职转告皇上也是一样的。"

刘秉不知他的话是真是假，自不肯对他说出真实的来意，只得随口询道："今天早朝的时候，皇上还清健如昔，怎么突然就头疼起来了？可是着了风寒？有没有请太医看过？"

王天恩皮笑肉不笑地说："卑职知道大人牵挂着皇上，故而将皇上身边的宫女请了过来，由她来回答岂不是好。"

他这副事不关己的态度，让刘秉很不满意却又无可奈何。刘秉只得望向宫女。宫女脸一红，支支吾吾地说了几句，却也是漫无边际。她的声音很小。

刘秉听她说了几句，总是不得要领，心里焦急，便板着脸说："我想前去给皇上问安，可否请王校尉入内通报一下？"

王天恩已得萧道成密令，不许刘秉单独晋见皇上，此时嘴角牵动，皮笑肉不笑道："太尉有命，不许大臣擅自打扰皇上的休息。卑职不过是奉命行事，还请大人莫让卑职为难。"

刘秉听他抬出萧道成这顶大帽子来压自己，不由得暗自恚怒，心想："你这个奴才，如今狗仗人势，居然也给我打起了官腔。"当下脑筋急转，却也想不出更好的主意来对付王天恩。

宫女一直安静的立在一旁，见刘秉没什么问的，便飘飘一礼，转身准备回宫，脚下忽然一滑，身子失了平衡，几乎歪倒。刘秉道声："小心。"上前轻轻扶了她一把。宫女站稳身形，向刘秉点头致谢，然后绕过殿上的屏风，步履轻盈的回后宫去了。

刘秉和王天恩相对无言，默默地立了一会儿，彼此都没什么说得。刘秉一拂袍袖，便向殿门走去。王天恩干笑了两声，陪着他出了太极殿，一直将其送到朱雀门外，看着刘秉离开。

刘秉又坐上车，走在回府的路上。过了一阵子，刘秉从车窗的缝隙里向外窥视，见已到了长街上，便悄悄地自襟里掏出一张字条。这是宫女方才偷偷塞给他的。纸条有一寸多宽，手指长短，上面写着一行蝇头小字："卿于明日早朝前，到体元殿来。朕要见你，切切。"墨迹很淡，字写得也很潦草。但刘秉一眼就认出了，这行字确是皇帝刘准的笔迹。

他心脏怦然一跳，暗想："皇上虽年少，却是聪慧机敏，必也意识到形势不妙，故而密令宫女传信，看这样子，是要振作一番了。明日我见了皇上，请诏召回袁粲，也许能与萧道成抗衡一番。如此，则刘氏江山可望保全了。"想到这里，脸上绽出了喜悦的笑容。

第二天四更时分，离天亮还早。天上的星斗全都没入黑漆漆的天幕，皇城四外伸手不见五指。刘秉已与百余名京官们守候在朱雀门外，等着早朝。

过了片刻，皇城里响起了响亮的钟声。紧接着，两扇沉重的大门敞开。众臣鱼贯而入，走过宽阔的午门，络绎前往太极殿。

皇城里一片静谧，带着几分庄严肃穆的气息，出于宫中防火的考虑，四下里不许点灯。这些大臣们平日出行都要呵道净街，如今只能摸黑行进。

刘秉一到太极殿外，悄悄地远离了众人，独自在黑暗中摸索前行，直奔不远处的体元殿。体元殿是一所偏殿，位于太极殿的侧后方，专供皇上早朝前、后休息之用。

凉风徐徐，吹去了刘秉身上仅存的那丝温暖。他悄无声息地走在黑暗中，用眼睛努力分辨着路径，很快来到殿门前。两扇殿门虚掩，只留出一道缝隙，里面灯光朦胧，却是静悄悄的没什么声音。刘秉立于槛外，轻声道："陛下，臣刘秉奉命来到。"说完等了良久，却不闻里面有什么动静，便又说了两遍，仍听不到回应。

刘秉觉得奇怪，轻轻推开殿门，走了进去，抬头一看，却吓得魂飞魄散。在那片柔和而宁谧的灯光下，竟是一幅凄惨的场景。一个女子，双脚离地约七尺，被一条白绫吊死在房梁上。她大概是才死了不久，尽管因痛楚而五官变了形，但躯体依照柔软、端丽，在朦胧的灯光里，显得凄凉苍凉。这女子正是白天给刘秉递纸条的那个宫女，头上有一块明显的伤痕。凶手显然是趁其不注意，先将她打晕，然后再把她活活吊死。

柔和的灯光，依然在静谧的殿内照耀着。刘秉猛然瞥见这样凶险的景象，一时惊骇得动弹不得，以为自己产生了错觉，额头冒出一层冷汗，心头充斥着可怕的焦虑，连呼吸也变得急促起来。他不敢再在这里待下去，回身便想离开，不料一头撞在一个人身上，那人短发如戟，一身戎装，正是王天恩，他身旁却立着萧道成。

外面老树上的寒鸦惨叫几声，殿内陡然一片肃杀之气。萧道成的脸映着烛光，像是镀了一层金，身披朝服站在那里，整个人显得高大威猛，冷冷地说："刘大人不在太极殿外候着，怎么来到这里？"语气赛过三九天的寒气，甚是逼人。

刘秉只觉有股寒气钻进了血管，流遍了全身，从脚底到头发根都打起了

第十九章　夜袭京口

寒战，一时不知如何回答。

萧道成却也不想听他解释，轻轻一挥手。王天恩便从殿外扯进一个人来。那人被五花大绑着，正是昨日替刘秉递话的小太监。

小太监的头发蓬乱，嘴角流着血，应该是挨了一顿痛打。萧道成说："这奴才昨天进宫，与这宫女叽叽咕咕，不知说了些什么，然后宫女就突然遇害，如今要查找凶手。"

王天恩听到这里，一抖手，将小太监扔在地上，又从殿外搬进一块木板。板子约有三寸多厚，呈暗红色，上面钉满了寸许长的尖钉。钉子尖露在外面，闪着令人心悸的寒光。王天恩哈着腰，对萧道成说："卑职请太尉示下，要对这个奴才动刑。"

萧道成负手而立，微微点了点头。

王天恩又瞧了瞧刘秉，道："刘大人想知道木板为什么是红色的吗？我前些天安排两个弟兄，把一个不听话的家伙按在板子上拖来拖去。那人的肌肤一片片被钉尖刮开、撕裂，只到露出筋腱和骨头，又拖了半天才咽气。他死的时候，全身骨肉分离，浑身的血都流干了，浸透了整块木板。"他说得津津有味，顺手还在木板上敲了敲，又瞅着软瘫的小太监，道："这奴才运气不坏，正赶上试试这个刑具。"

刘秉脸色惨白，冷汗涔涔，眼神里皆是惊恐，双腿不由自主地颤抖起来，却忍不住去想象小太监受刑时的血腥场面，立刻觉得胃里一阵翻腾。他匆匆向萧道成道了别，赶紧离去，听身后传来几声讥诮的冷笑。

天上仍然不见星月，皇城里空气中充满着沉闷和压抑。刘秉不知怎么出的皇城，身上的朝服都被露水打湿了，又湿又冷。他失魂落魄地坐上马车回到自己的府第，下车进府，绕过照壁，却见薛渊迎上前来，不禁一愣。

薛渊年近四十，生得平实而粗壮，皮肤黝黑，腰悬佩刀。他身后是几十个军卒，个个目光锐利，腰间佩刀。

薛渊朝着刘秉一拱手，客客气气地道："刘大人！最近不太平，连宫中的侍女都遭人毒手，太尉担心大人的安全，特命卑职前来保护大人。"

刘秉心里一沉，知道薛渊是来监视自己的，当下也不说破，只点了点

229

头，道："如此，有劳薛将军了。"说着，快步走进前厅，颓然坐在桌前。

家人们不知就里，像往日一样，赶紧准备早餐，不一会儿，便将十几个碗碟摆在桌上，又将一碗鸡丝汤放在他面前。

刘秉心不在焉地端起碗，转念想到萧道成的厉害手段，手中的饭碗端起来又放下，往复数次，便心烦意乱地命家人撤去杯盘，他意识到皇帝也许已遭萧道成软禁，而自己目前处境也是万分凶险，必须赶紧想个主意出来。

他今早受惊过度，这会儿正头昏脑涨，但又得把纷繁的想法梳理一遍，以便归纳出一个切实可行的计划，就站起身来，背着手在厅里踱来踱去，直到临近中午时分，才想到：放眼天下封疆，只有京口袁粲乃心向王室。我何不逃去京口和袁粲会合，再起兵勤王？

刘秉一念及此，忙走到厅门前，却见薛渊正带兵在外把守。刘秉明白，自己一个人也许可以悄悄地逃走，但绝对带不走家眷。他的家眷留在府中，便会被萧道成扣作人质。薛渊自然也知道这一点，所以和部下有恃无恐地守在院里，并不进厅打扰。

刘秉略一思索，走出厅，立在外面的石阶上，招来家人，命其在厅中设一席盛馔，然后又力邀薛渊进厅，道："薛将军辛苦了！日已当午，将军与众壮士在院中忍饥，让我情何以堪？请将军进厅用些酒饭。"说罢，还让人在廊下摆设桌椅，准备款待薛渊的部下。

刘秉毕竟是皇亲国戚，在朝地位很高，官声也一直不错。薛渊见他热情相邀，若是断然拒绝，未免有些过意不去，况且自己也确实肚饥，寻思着吃顿饭也没什么，便随之进厅。

刘府是富贵人家，办几桌酒席实在不在话下，不一会儿，廊下已罗列杯盘，各种肴馔堆叠满案。薛渊的部下围坐桌前，开始轰然饮啖。

刘秉和薛渊也在厅中对坐，面前的桌子上摆着各种山珍海味。桌边还放着两壶酒。壶是银壶，酒是美酒。

刘秉极其热情，欲亲自为薛渊把盏。薛渊清楚自己的身份，连忙敬谢不敏。刘秉也不勉强，一拍手，从外面进来两个花枝招展的侍女。这两个年轻美丽的女子娇笑着，相伴在薛渊左右。一个替他夹菜，一个为他倒酒。薛渊

第十九章　夜袭京口

身当此境，人虽未醉，心已醉了。一个侍女十指纤纤，捧着满满的一杯酒，递在他的唇边。薛渊见酒色碧绿，接过杯一饮而尽，赞道："好酒。"随即又连饮了几杯，只觉酒味甘冽芬芳。

刘秉笑吟吟地道："薛将军，你可知道，我有二十多个小妾。"

薛渊又喝了一杯酒，大笑道："刘大人艳福不浅。"

刘秉用眼神示意侍女为薛渊满上酒，又说："但我府里有几个小妾，刚买来的时候，难免不听话。"

薛渊听他说这些没头没脑的话，微觉奇怪，随口应答："哦，那又怎么样呢？"说着，仰脖子又干了一杯。

刘秉说："我就命人配了一种迷香酒。"

薛渊手里端着酒杯，益发疑惑地说："什么迷香酒？"

刘秉一笑，说："这种酒配制起来其实也简单，就是在普通的酒里加入蒙汗药，然后再添加一些香料。不管是谁，绝辨不出其中的迷药，只要喝下这种酒，便会任人摆布了。"

薛渊这才发现刘秉根本不曾饮酒，忙瞧了瞧手里已空的酒杯，又望向刘秉，期期艾艾地道："你……你是说我刚才喝的就是'迷香酒'？"

刘秉两眼盯着薛渊，嘴角露出一丝冷森森的笑意。

薛渊霍然起身，碰得桌子歪歪斜斜，又一挥手，将手中的酒杯摔在地上，碎片飞溅。两个侍女惊呼一声，一前一后地逃出厅去。

薛渊满面汗珠纷落，脸庞上一丝血色都没有，眼瞳却通红的像两团血，扶着桌子，一副要呕吐的样子，却没有呕出来，只觉头晕眼花，就像是浑身的气力都已消散。他强提一口气，身子摇摇晃晃地走出厅来，瞥见廊下的二十多个部下已横七竖八的躺了一地。他们虽然都睁着眼睛，但一个个嘴角流涎，全身脱力，站都站不起来了，自也是喝下了"迷香酒"无疑。

薛渊额上只觉双脚发软，再也站立不住，一个跟头摔下台阶。他几乎是用尽全身力气，才颤颤巍巍的半坐起来，抖着右手，从怀里摸出一管旗花火箭。薛渊来之前，已与萧道成约定，一旦刘府有变，即放出火箭信号。萧道成见到信号，就会派兵来援。

刘秉也随了出来，脸如寒冰，一挥手，身后的家将迅速弯弓搭箭，对准了薛渊，刘秉冷冷地道："姓薛的，放聪明些。你可别做蠢事。"薛渊头脑昏昏沉沉，但眼瞳深处似有怒火在燃烧，将右手一扬。

家将把手一松，一支箭脱弦而出，准确地射入薛渊的咽喉。薛渊仰面倒地而殁，鲜血汩汩流出，浸透了身下的土地。他手里那支烟花火箭不及抛出，滚落在血泊里。

刘秉杀了萧道成麾下的大将，知道事情已经无可挽回，忙带众家将、兵丁，匆匆回后宅集起眷属，让她们分坐十几辆马车，再命众家人于后相随，一起离了府第。

刘秉率家小出了京城西门，不敢去江边坐船，干脆由陆路奔往京口，路上不敢歇息，一口气跑到京口城外，这时天已是定更时分。

清冷的月光照着紧闭的城门，地上落了一片白花花的霜。刘府家人打着火把，橙黄的火苗摆动着，在四周映出一个个圆形的光圈。刘秉一直提着的心略感踏实，赶紧从车上跳下来，便让一个家人前去叫城。城上守军听说是刘秉到来，意外又吃惊。为首的副将不敢擅做主张，只得派人飞报与袁粲。袁粲闻报，匆匆来到城上，借着火把的光，见城外果然是刘秉，忙命人开城。

两扇沉重的城门缓缓开启，门轴发出生涩的摩擦声。刘秉轻吁了口气，回头向着家人挥了挥手，示意大家进城。这时，远处的黑暗里突然响起一阵尖锐的啸声。一轮箭矢飞掠而至，先将毫无防备的刘秉射成了刺猬，又将门外的军兵尽数射倒在地。紧接着，萧赜率一队剽悍的骑兵，恍如黑色海潮，平地席卷而来。

原来，刘秉虽然杀了薛渊，但他携家人出逃，人数众多，出府没走多远便被人密报于萧道成。萧道成并没有收到薛渊的信号，听到这个消息，还有些半信半疑，忙亲到刘府查看，却发现薛渊陈尸在地，悲怒交加之下，一边命人收敛薛渊的尸体，一边点兵出城拦截，却见刘秉逃往京口方向。萧道成料定他是要去和袁粲汇合，便没有在半路动手，只命人于后悄悄尾随。刘秉慌乱失智，只顾仓皇奔逃，居然没有发现身后的追兵。

第十九章　夜袭京口

萧道成直待刘秉到了京口城下，又远远地望见城门开启，方始发起突袭，命长子打头阵。萧赜纵马挥刀率兵一个冲锋就突进了城门，与袁粲麾下的军兵展开激战，城门内外顿时乱成一片。兵士们健硕的身影如波浪般起伏，刀枪的撞击声打破了暗夜的宁静，王敬则、张敬儿各领麾下精兵赶来，将京口士兵一个个砍翻在地，很快占据了城门，又源源不断地冲进城里。

那风中猎猎招展的"袁"字大旗，已然残破褴褛，在城头摇摇欲坠。城中守军难以抵挡萧道成的军兵，一个个应声倒地。道边的店铺也相继被火烧着，浓烟滚滚，在整座城池的上空弥漫。王敬则、张敬儿麾下的军兵披重铠，执利刃，继续冲杀，刚过三更天，大街小巷到处是尸体。

前司徒、东徐州刺史袁粲额头上渗出了冷汗，按住腰间的刀柄，在十几个贴身卫兵的拼死保护下逃回府里，沿途听见后面追击的脚步声，不时有冷箭在他耳边嗖嗖作响。他清楚手下的士兵已经大部被袭杀，困守府宅也不是长久之计，思来想去，干脆在府前打出白旗，示意向萧道成投降。

王敬则、张敬儿在京口驻守期间，对城中七十二坊和十九条大街了如指掌，所部八千多人，如常山之蛇，首尾呼应，配合无间，迅速抵近刺史府附近，见到白旗，火速向萧道成禀报。萧道成闻讯，先是有些意外，转念一想，觉得与其杀了袁粲全家，倒不如将其招降，毕竟有了袁氏家族的拥戴，对自己更为有利，便令王敬则等人暂缓攻击，然后率萧赜、萧嶷兄弟赶赴袁粲的刺史府。

刺史府前的街路两侧皆修有沟渠，上面覆盖着青石板，便于排水以及冲刷路面。一杆白旗支在刺史府的门楣之上，低垂的旗角在风中飘动不止。两扇黑漆大门敞开着，两侧各挂着一灯笼，明亮的灯光洒落一地。几十个人跪在门前的光影里，为首的正是袁粲。

萧道成纵马来到府前，见此情形，连忙跳下马，大踏步地走过去，双手将袁粲搀扶起来，道："袁大人请起，列位请起。"袁粲脸色有些苍白，与身后的僚吏们尽皆立起。萧道成从这些人的脸上看到了尊崇，甚或是敬畏，明知很多人的表现只是一种伪饰，但仍不免有一点自满的感动。

袁粲向着萧道成一拱手，朗声道："袁某恭贺萧太尉旗开得胜，祝太尉前程锦绣，福寿安康。"

萧道成拱了拱手，正要回话，但袁粲身后的众人已七嘴八舌，纷纷祝颂了起来。一时贺词盈耳、人声鼎沸，令萧道成有些应接不暇。随后，众人簇拥着萧道成进了刺史府。袁粲在前引众人径直前往大堂。

萧道成身披大氅，手按刀柄，踏上了大堂前的石阶。他左边是王敬则，右边是张敬儿，在进大堂之前，还不忘回过头来，命萧赜和萧嶷兄弟各领几百名精兵，在府内外布防。毕竟城中大乱方平，要有信得过的人带兵弹压。

堂内的烛光透出，在院子里交织成一片橘色。萧嶷盔甲在身于堂前按剑巡行，头顶上是闪闪的繁星和柔和的月光。他走过一株桂花树，来到廊下，突见旁边一间厢房的门打开，随即一个修长高俊的姑娘出现在他的眼前。萧嶷定睛一看，发现那姑娘居然是素姬，不禁一愣，脱口问道："你怎么在这里？"

素姬走近萧嶷，身上绸质的裙裾摩擦，发出沙沙声，道："兰桂舫上的人全入了狱，我就到了这里。"原来，她在京城里待不下去，就在同行姐妹的引荐之下，进了京口的刺史府，凭着出众的容貌与才艺，很快又在府里红得发紫，得以出入无碍。

素姬咬着嘴唇，抬头看了看萧嶷，又低声道："二公子，你要小心，袁刺史未必是真心投降。"见萧嶷一愣，便道："袁刺史出府前，我见他将身边两个身手了得的护卫召进大堂。他们三个在里面待了好一阵子，最后却只有袁刺史独自出来，与僚吏们到府外投降。我觉得奇怪，假作从堂外经过，偷偷向里面看了一眼，却不见那两个护卫的影子。他们也许就藏在堂内的某个地方，正在伺机行刺。"

萧嶷听了她这几句话，当即惊出一身冷汗，不及细问，转头便飞快地奔向大堂。

此时，大堂里明烛煌煌，映得人们的影子在墙上乱晃。正北方摆着一人多高的屏风，上绘"海水朝日"图。屏风前设地坪，上列公案。萧道成正立在公案一旁，对身前的袁粲说："很好，袁大人……"他目光搜寻，蓦然瞥见袁粲的神态有些不对，再仔细一瞧，就发现对方的眼神有些诡异。

第十九章 夜袭京口

袁粲也注意到萧道成惊讶的表情，嘴边突现出一丝残酷的笑意。

萧道成怔了一怔，突然大喝一声。凌厉的刀光自他掌中乍现，将身前的公案劈为两半。案中血光暴现，里面藏着的人闷哼一声，已被斩为两截。人们失声惊呼。袁粲绝没有想到萧道成会警觉得那么快。

就在这时候，"砰"的一声，天花板裂开，一人从上面飞掠而下，带着一股烈风，直扑萧道成，偌大的堂内竟似骤然暗了下来。那是条精悍的灰衣汉子，右手持一把剑，剑光伸缩吞吐，急刺萧道成背后要害。萧道成猝不及防，已是闪避不及。王敬则见大变陡起，立即来援，右手一抖，拔出了腰间长刀，"铮"的一声脆响，及时格住了灰衣汉子的利剑。

这汉子的功夫竟是不弱，手一挥，连续刺出几剑，把王敬则逼的连连后退。王敬则额前的头发全部散披，状甚狼狈，怒叱道："你是袁家的死士？"那人发出一阵狂笑，堂上至少有一半的"僚吏"相继发动，拔出兵器，剩下的乱作一团，不知道该帮那一边是好。

张敬儿倏地一反手，拔出腰刀，正要上前助战，忽觉背后急风陡至，便反手一刀劈出，逼退来袭之敌，随即回过头来。他一眼就看出：这大堂上的人，至少有一半是袁家的死士，但已不及多想，倒转刀柄，撞在一人的太阳穴上，将他打蒙，然后凝神聚精，奋力迎击四面围上来的敌人。

片刻间，王敬则与灰衣汉子交手不过数招，已尽落下风。他虽然一连数次抢攻，但都被对方逼回，还中了一剑，肩膀上顿时血流如注。

萧道成回过身来，不禁暗自懊悔，悔不该忽视了江东袁家的势力，更不该骄傲轻敌，以至没能发觉这潜伏的危机。他身形一纵，如大鹏一般扑向灰衣人，挥刀劈出。刀风霍霍，竟隐隐挟有雷霆之声。对方神容一震，持刀迎击而起。二人如鹤舞中天，在半空交手。灰衣汉子落地时已站不稳，踉跄着退到墙边，倚着墙，缓缓坐倒。他嘴角溢血，脸呈死灰，前后心的血渍迅速扩散开来，咳了两声，吐了一口血，倒地死去。

就在这时，萧巘从门外急掠了进来，挥刀格开了几把砍向张敬儿的兵刃，又一刀刺入一个敌人的前心，还猛起一脚，咔嚓一声，踢碎了另一个敌人的胸膛。片刻之后，萧赜也引兵冲入堂内。他瞳孔一缩，像一头猛虎扑了过去，先将一个敌人撞翻在地，随即欺身跟进，手起刀落，将他砍死。王敬则、张敬儿等人毫不迟疑，趁势挥刀进击，酣畅淋漓，势如疯虎，迅速消灭了堂里的大部分敌人。

袁粲颤着双手，连退几步，一脸失望地倚墙而立。他的一切牺牲、一切忍辱，都是为了"死中求生、败中求胜"。他深知只要萧道成在，宋室就永无宁日，便假装向萧道成投靠，让对方在胜利中掉以轻心，自己趁机发动一切力量，准备一举杀掉萧道成，不想还是没有成功。袁粲眼见大势已去，只得与残存的四个护卫绕过堂上的屏风，退向后宅。

堂内一片狼藉，遍地的鲜血映着昏暗的烛光，更觉触目惊心。萧道成见四周的敌人已肃清，才一手提刀，回过头来，对王敬则和张敬儿道："你们怎么样？"王敬则摇了摇头，示意无妨。张敬儿的胁下却在混战中挨了一刀，他一边笑，嘴角一边淌着血，向萧道成道："没什么的。"萧道成看出他受的伤比王敬则还要重，便命军兵将二人扶出治疗，自己曲臂持刀，全神戒备，与萧赜、萧嶷等人，穿过屏风后的一道小门，朝后宅走去。

通往后宅的甬道曲曲折折，萧道成与两个儿子和百余名精兵进到后宅的月亮门前，见大门紧闭，便用手推了推。他身后的军兵不小心，踢翻了甬道边的一个花盆。门内埋伏着袁粲的一个护卫，听到动静，便扬起手里的兵刃，准备砍死破门而入的敌人。然而门缝里突然射入一只数寸长的弩箭，箭尖闪着寒光，正中他的咽喉。这护卫来不及发出一声惨呼，已翻身栽倒在地。

萧赜一箭奏功，收起了弓弩，把身子往墙壁上一贴，壁虎般游了上去，用手一按，整个人如大鸟般飞起，掠过三丈余高的围墙，双脚一落地，便从里面打开了大门。萧道成、萧嶷等人一拥而入。

后宅的北边是一排正房，屋檐下挂着几盏已经熄灭的风灯。正中的屋子里一灯如豆，照见有个人影正在晃来晃去。那人正是袁粲，他面色苍白，疲惫不堪，听到院里响起凌乱杂沓的脚步声，似乎有许多人在靠近，便舔了舔干涸的嘴唇，手持一把精巧的牛角柄匕首，从窗缝往外看去，只见外面黑漆漆的，勉强能看清有人正小心翼翼地朝这边移动。袁粲心惊不已，忙把门闩

第十九章　夜袭京口

住,又指挥着仅存的三个护卫一齐动手,准备把木柜、条案和竹箱挪到门后顶住。

萧道成等人已迅速贴到门前,萧嶷收回长刀,一抬腿,正踹在门上。门是木制的,没做任何加固,轰然洞开。两个短小的铜门枢飞进屋里,叮当几声,落在地上。萧赜和萧嶷如狼似虎般地跃进来。狭窄的屋子里,刀光纵横。三名护卫纷纷中刀倒地。

袁粲的面色黯如死灰,全身抖的像风中的落叶,手里紧握着那柄小刀,奔向后窗,正欲越窗而出,就听到"噗"的一声,正是钢刀入肉的声音。他低头一看,就见一截带血的刀尖正从自己的胸膛里透了出来。那把刀"嗖"的一声,飞快地消失了。

袁粲的鲜血迅速濡湿了整片衣衫,回过头来,看了看身后的萧道成,用尽全身力气,断断续续地说:"你没有圣上的旨意……,就敢擅杀封疆大吏?"

萧道成听了他这句话,简直都要笑了,望着这个垂死的敌手,说:"圣旨是吧?我已派人回京拟就,大概天亮时分就能送到这里,用不了多久,你与黄回谋反的事便会诏告天下。"

袁粲转动了一下眼球,还想说什么,却"咕咚"一声,像根木桩子似的倒地死去。

早上,天空阴沉沉的,灰云漫卷,太阳被云深深地藏起来。萧道成全面控制了京口,将刘秉和袁粲的家人眷属全部关押,并派亲兵看守。萧道成已经传下令去,就在刺史府门外设立法场,准备将这些人全部处决。十几个刽子手头缠红巾,已经就位,他们背后的鬼头刀上飘着红绸,锋利的刀刃闪闪发光。

萧嶷趁吃饭之前的片刻时间,去看俘虏。袁、刘二家的眷属都缚在大堂外的院子里,一个个丝毫动弹不得,其中就有素姬。萧嶷刚才也找过父亲,称说素姬向自己示警之事。但萧道成上了袁粲的当,几乎丢了性命,正在气头上,听不进儿子的话,执意要将袁家满门处斩。

素姬肤色雪白,圆圆的大眼睛,弯弯的长睫毛,一双眸子比乌鸦翅膀还要黑，和袁府的几个奴婢站着，手捆在背后，眉宇间流露出听天由命的神色。她见萧嶷进来，对着他惨笑了一下。萧嶷不禁叹息起来。向她投过悲哀的目光。不久前，还曾看见她随着乐声飞快旋转，可是再过一会儿，这美丽的头颅就要在冰冷的刀锋下滚动了。

萧嶷想到这里，心里像遮了一层云雾，面如白纸，全身不寒而栗。他思忖片刻，抬手召一个亲兵近前，低声说："你去刺史府的后门，在那里安排一辆马车，不要让任何人知道，安排好了，就来告诉我。"

亲兵听到这个命令，虽然有些意外，但还是毫不犹豫地去执行了，并且很快就回来了，向着萧嶷点了点头，意示一切妥当。

萧嶷拔出腰刀，上前割断了素姬身上的绳索，还刀入鞘，扶着素姬就往堂外走。旁边有几十个全副武装的军兵负责看守俘虏，为首的是个校尉。校尉见状，急忙上前欲干预，被萧嶷喝退，不敢再说什么，干咽了两口唾沫，退到了一旁。

萧嶷与素姬七绕八绕的来到府第的后门，见门外正停着一辆马车，便让素姬坐进车里，自己纵上了马车的驾驶座。他左手一抖马缰，右手抄起马鞭便挥了下去。拉车的高头大马仰天长嘶了一声，撒开四蹄，拉着车往前奔去，一直冲出了京口城。萧嶷紧咬着嘴唇，扬鞭催马。车上的素姬默不作声地坐在萧嶷身后。阵阵料峭的凉风吹过，她的身子微微发抖。

萧嶷回过头，关切地道："你冷吗？只要到了江边，坐上了船，就真正安全了，嗯？"素姬的头发披散着，只露出半边俊俏的脸庞，抬双眼凝视着他，眼里是无尽的感动。她紧紧握着萧嶷的手说："我还好，但你救了我，怎么向你的父亲交代呢？"

她刚说到这里，忽听背后不远处传来一阵急促的马蹄声，其中夹杂着人们不断的吆喝："快啊！驾，驾，驾！"

她身子一震，回头看了看，有些惊惶道："有追兵。"萧嶷也正望向身后，见有几十名骑兵打马如飞地冲来，为首者正是王天恩。

原来，萧道成听说二儿子劫走了素姬，不由得大怒，但王敬则与张敬儿都负了伤，便派王天恩前来追赶。王天恩领兵出城，沿着路上的车辙蹄迹一

第十九章 夜袭京口

直追，很快就看了前边的萧嶷。他一边催马，一边大着嗓子嚷嚷："二公子，等一等！"

萧嶷一皱眉头，知道离京口越远也好，也不理他。他坐在车上，心头狂跳，紧咬着牙关，不停地挥鞭催马。但马车终究不如战马跑得快。不一会儿，王天恩与众骑兵飞快地兜了上来，横在路上。

萧嶷的双手无力地松开了鞭子，马车停了下来。王天恩手里拎着根马鞭，策马来到近前，蹙起了眉毛，道："二公子，太尉他老人家知道你劫走了袁府里的女眷，大为恼怒，命我前来将人带回。请二公子体恤下情，别让卑职为难。"众骑兵散在四周，将马车团团围住。

墨色的浓云挤压着天空，沉沉的仿佛要坠下来。萧嶷瞅着王天恩，心里腾起一股郁怒的情绪，瞪大了眼睛，看了看周围的军兵，又想了想车里的素姬，"唰"的一声，抽出腰刀，从车上纵身而起，挥刀劈向王天恩。

王天恩没想到他有这一手，又是骑在马上，闪避不便，只得拔刀遮挡，手里的单刀与来刃接实，"铛"地一声，被震得虎口发麻，忙勒马后退，脸涨得通红的，道："二公子，你这是……？"

萧嶷一刀逼退王天恩，收刀而立，冷冷地道："你别不识相，快滚回去，若再敢跟来，我就杀了你。"说着，跳上车，继续挥鞭催马，硬向前冲去。王天恩和他的军兵不敢再拦，只得眼睁睁地看着萧嶷带着素姬绝尘而去。

萧嶷又驾车奔出数里，隐隐听得涛声入耳，再过一阵子，已能瞥见远处的长江。江面上笼罩着薄纱似的雾气。江水略显浑浊，奔流着，翻滚着，拍打着江岸，发出"轰隆隆"的声音，又激起层层叠叠的浪花。马车到了江边，萧嶷与素姬跳下车来，找到了一条系在江畔的渔船。

渔船长约两丈，底尖上阔，首尾高昂，能容五六人。船夫头上戴着一顶破草帽，露在帽檐外边的头发已经斑白了，披着件灰不灰、黄不黄的旧裰子，正准备去江中捕鱼。

萧嶷与船夫打过招呼，请他送素姬过江，又三言两语，与他说定了价钱。素姬苍白着脸，匆匆上了船，回首凝望着岸上的萧嶷。

这时，远处尘土飞扬，又有一阵急骤的马蹄声响起。萧嶷向来路看了看，转过头对素姬说："快逃吧！这次来的是我大哥，我不能和他动手。他也许不会当我的面杀你，但一定会捉你回去。你若再回京口，可就只有上法场这一条路了。素姬，走得远远的吧，再不要回江南了。"

萧嶷说出这最后一句话，不禁一阵黯然神伤，随后又从车里取出一个小包袱，递到素姬手里，说："这里面是一些银子，前途珍重！"素姬心中感动，嘴张了张，只说得一句："多谢，你也多保重。"

萧嶷深情地望了她一眼，手起一刀砍断了缆绳，对船夫喝道："快走。"船夫不敢怠慢，全力划船，驾着船闪电般地离开了江岸，向着江中划过，很快就消失在浩瀚的江面上。

第二十章　君临江南

南齐开国皇帝萧道成虽已年过五旬，但身材仍旧高大伟岸，与矮小瘦弱的刘准形成鲜明对比。他从刘准手里接过玉玺，指尖感触到玉质的温润，双眸中似有一丝光彩闪过。

南朝宋顺帝昇明三年（479年）四月，天空高远而澄清，建康城内刘宋王朝的皇宫内，太极殿顶的黄色琉璃瓦在阳光下发出耀目的光彩，殿外的汉白玉栏杆已有些斑驳。宋顺帝刘准披着龙袍，内衬洁净而明朗的白色锦服，独自在后殿徘徊，又推开一扇长窗，看着窗外的那座御花园。

花园四周古树参天，枝条交疏，绿叶圆润。树下遍种奇花异草。五颜六色的花卉经过精心培育，花团锦簇，绿草如茵的草地，令人流连忘返，也曾是刘准往日游赏之处。

但现在刘准却出不去了，自黄回、刘秉、袁粲等大臣死后，他被迫下诏封萧道成为齐王（谶语有言："金刀利刃齐刘之"。"金刀利刃"构成"劉"字，代指刘宋王朝，"齐刈之"喻义取代刘宋王朝的是齐王朝。为了应谶，萧道成先晋封齐王，以为是顺应天命），然后便被软禁在这里。大殿周围全是王天恩所领的军兵，现在这里密不透风，让他绝无逃走的可能。

刘准虽然年仅十五岁，但并不糊涂，当然知道自己的处境凶险，只是无力改变。连日来，一种挥之不去的恐惧，将他折磨得面黄肌瘦。刘准看了会儿窗外的春光，返回身来，无神地望了望屋顶，又扫视着殿内的四周。他知道，这座金碧辉煌的宫殿将很快不再属于他了。

刘准的眼神黯淡，没有半点的光亮，脸上明白无误地写着愁苦，正在胡乱地想着，忽听外面传来一阵杂乱的脚步声，心里竟是一跳，惶恐地望向紧闭的殿门，就听一阵锁链与钥匙相撞击的声音。

随后，两扇厚重的殿门打开，王敬则带着十几个军兵走了进来。

刘准立在窗前，战战兢兢地问王敬则："将军是要杀害朕吗？"

王敬则盔甲在身，也不再行三拜九叩的觐见之礼，冲着刘准道："陛下说的哪里话来？忘了今天是禅位的好日子了吗？"

刘准并没有忘记，今天要在太极殿举行禅让大典，自己将把皇权移交给萧道成。他对此早有思想准备，但心心念念的是退位后的命运，所以又追问了一句："然后呢？"

王敬则走到龙书案前，道："您退位后自当移居别宫，就跟当年武帝取代晋恭帝一样。"刘准清楚自己的曾祖刘裕夺位后又毒死晋恭帝的历史，听了王敬则的话，只有更加害怕，耳朵里嗡嗡直响，不由得脸色都变了。

王敬则手里拿着一个一尺多长的卷轴，自顾自地来到龙书案前，腰间的佩刀撞击着身上的甲叶子，铿锵有声，向着刘准招了招手。

刘准硬着头皮，一步步地蹭了过去，立在案子前。

王敬则将手里的卷轴打开，平铺在案子上。卷轴的黄绫上布满了密密麻麻的蝇头小楷，写的是："上古之时，尧帝禅位于虞舜，舜又禅位于禹。天命无常，惟归有德……。"刘准看了头两句就明白了，知道这是一道禅位诏书。

他心痛的简直要窒息，额头上渗出细细的汗珠，内心纵有千般不舍，却不敢说出任何不满的话，只得强忍着泪水，从案上取过沉甸甸的玉玺，盖在诏书上。

王敬则不再瞧他，从桌上拿起诏书卷好，昂首迈步前行。刘准手里捧着玉玺，被十几个军兵押着，像只待宰的羔羊，紧随在后，向着前面的太极殿走去，沿途可以看到许多精悍的羽林军。这些全是王天恩的部下，约有百余人，个个持戟持刀，戒备森严。

甬道的两边夹路植着些墨绿色的灌木丛，长得有半人多高。王敬则、刘

第二十章　君临江南

准等人穿过灌木丛,便进了太极殿。

太极殿依旧壮丽巍峨。殿前的广场上,除了直纛、旌旗、黄扇、金瓜组成的卤簿仪仗,还有几个焚烧过的柴堆。柴堆下的灰烬犹自冒着袅袅烟气。这说明萧道成刚刚率众燎祭过天地、五岳、四渎(通过焚烧薪柴、祭品来祭祀天地山川)。殿里一片雉尾金蝉、云凤锦绶,站满了文武群臣。这些人里既有公卿、列侯、武将,也有些少数民族的首领和代表。

阳光透进殿中,洒落一地的斑驳。萧道成头戴九龙冠,露在冠外的头发已经斑白,眼皮下藏着一双深邃明亮的眼睛,颌下五绺长髯梳的一丝不苟,嘴角带着一抹自信的微笑,身上那件明黄色长袍上绣着沧海龙腾的图案,立在丹陛之上。

王敬则率先进殿,双手将禅位诏书交与一个四十多岁的司礼官员。刘准脸色苍白,脚步有些虚浮,垂着头来到殿中,在司礼官的引导下,诚惶诚恐地走上丹陛,立在萧道成的旁边。

十二级丹陛的一侧摆着只铜香炉,里面烟气袅袅。司礼官站在丹陛的另一侧,打开手里的禅位诏书,开始诵读,洪亮的声音在大殿里回响。

刘准心乱如麻,低着头不敢看眼前的群臣,嘴唇微微动了几下,急促地呼吸着,把眼神落在香炉凹凸不平的铜纹饰上。

不一会儿,司礼官员读完,又朝刘准使了个眼色。刘准会意,上前两步,垂下眼睑,双手捧着玉玺递与对面的萧道成。

南齐开国皇帝萧道成虽已年过五旬,但身材仍旧高大伟岸,与矮小瘦弱的刘准形成鲜明对比。他从刘准手里接过玉玺,指尖感触到玉质的温润,双眸中似有一丝光彩闪过。

司礼官又从属员手里取过一道诏书,徐疾有致地读了起来。这是萧道成登基所颁布的第一道诏书。诏书里称:"(刘宋王朝)王纲不立,致使四海困穷,五纬错乱……"是说前朝天数已尽,要避位让贤了,然后以"天命不可以辞拒,神器不可以久旷"等理由,称扬代宋建齐的正当性,并宣布要"改正朔,易服色,殊徽号,大赦天下",最后还封刘准为汝阴公,命其前往丹阳,仍然优待礼遇。至此,整个禅让仪式完成。

萧道成微眯着眼睛，眼皮下仿佛藏着一双炭火似的光点，在一片洪钟大吕的乐声里坐在龙书案后的宝座上，将手中的玉玺摆在案上，开始心满意足地接受群臣的拜贺。

刘准已经出了太极殿，身后连个随行的太监都没有，被几个军兵监押着出了皇城。朱雀门外停着一辆四马驾辕的马车，车里坐着汝阴王妃谢氏。谢氏出身名门，比刘准大三岁，去年才嫁过来。车后是王天恩和他的二百名骑兵。刘准不待别人催促，便自觉地乘上一匹马，在王天恩等人的押解下，黯然出了京师，马不停蹄的赶赴丹阳。

车辚辚，马萧萧。刘准等人兼程走了几日，行在一条空旷的官道上。道路两旁大树参天，巨伞般的树冠直矗云霄，遮天蔽日。刘准正一行人等正往前行，忽听前方一阵动人肺腑的马嘶响彻长空，然后就感觉到一股不可名状的杀气。他浑身一阵战栗，心头陡然升起一股不祥的预感。

远远的有一骑迎面驰来，强劲的铁蹄踏地，发出"嗒嗒"的蹄声，带起烟尘滚滚。马上的骑士一身黑衣，只露着两只闪闪发光的眼睛，在掠过车队的刹那间，猝然出刀。此人挥刀直奔刘准，刘准尚未来得及反应，便被刺中咽喉。刘准应声落马，脖颈处鲜血喷溅。黑衣骑士一刀得手，并不回顾，纵马而去。

王天恩骑马随在后面不远处，似乎对此早有预料，见刘准中刀，并不感到意外，眼中竟流露一丝的赞赏，似是满意于刺客的身手。

这一突发情况在随行的二百名军兵中引起了一阵骚动，见王天恩并不下令追缉刺客，便又平静下来。

王天恩催马上前，低下头，一言不发地望着血泊里的刘准。刘准用双手掩住喉咙，十指已是染满了鲜血，痛苦地挣扎了几下，气息微弱地道："愿后身世世，勿复生帝王家！"然后便绝气而亡，一双眼睛却仍睁的大大的，竟是死不瞑目。

谢妃本是坐在车里，听到车子外面的动静，她掀开帘子，见刘准倒在血泊之中，惊得全身颤抖，连哭都哭不出来。王天恩瞅了一眼失魂落魄的谢妃，跳下马来，命人在道旁搭起一座帐篷，客客气气地请谢妃到帐中暂坐休

第二十章 君临江南

息，又让人去附近的乡镇订一口上好的棺材，准备将刘准的尸体装殓后，再继续赶路。

夜色笼罩了原野，一弯冷月下，阵阵夜风呼啸而过，几只夜枭从空中掠过，发出阵阵古怪的叫声，令人毛骨悚然。帐中，一张临时搬来的木桌上点着半截蜡烛。烛焰微颤，不时有烛泪滑落。

谢妃垂着头，头发有些微乱，独自坐在桌旁。她出身陈郡名门，本是个锦心绣口的美貌女子，如今正在凄惶之际，原来明亮的眼神是那样黯淡，脸色是那样的憔悴，嘴唇也是那么的苍白，仿佛一阵风吹就会把她那弱不禁风的身子给吹倒。她回忆着在重檐飞阁的皇城里，与刘准度过的短暂的温情岁月，眼里泛起了泪花，忽见帐帘撩起。王天恩披着大氅，从外面走进帐来。

王天恩立在谢妃面前，目光闪烁，语音却很柔和的说："禀娘娘，汝阴王的尸体已经装入棺材，明早我们就可以赶路了。只是……"说到这里，故意的停顿了一下，以期引起对方的注意，见谢妃正眼泪汪汪的看着自己，便轻咳了一声，道："只是汝阴王已死，娘娘到了丹阳之处，该当如何自处呢？"

谢妃闻听，打了个寒战，才想到自己这样的亡国妾妃，到了丹阳之后，相当于被打入冷宫，免不了受人冷眼，以后的余生将伴随着精神上的虐待和肉体上的折磨，最终摆脱不了抑郁而亡的命运。

王天恩看出她心中的不安，阴鸷的脸上露出了一丝笑容，虽听帐外有一阵急骤的马蹄声渐行渐近，但以为不过是过路的马队，并没有放在心上，继续道："谢娘娘明鉴，一入丹阳宫，可就再没有机会走出，只能在宫中幽禁至死。那种度日如年的煎熬，可是非常人能忍受的。"

谢妃听到这里，脸色更是煞白。

王天恩向前倾了倾身子，神神秘秘地道："不过嘛，以后丹阳宫由我看管，卑职岂能看着您受此折磨？"说着，突然走近，在谢妃手腕上捏了一把。

谢妃本来心乱如麻，听到这里，才明白王天恩的用意，玉颊升起两朵怨愤的红云，气忿地站起身，道："你……你趁人之危，何其卑鄙。"因为惊怒交加的原因，她的语音有些颤抖。

王天恩看了看她黑亮亮的秀发，撇着嘴，啧啧有声，道："卑鄙？你还敢说我？不见汝阴王吗？明天，皇上就会下诏，称汝阴王是暴病而亡。我也完全可以派人吊死你，再上报你自尽。"

谢妃知道他说的出就做的到，惊吓气愤得浑身发抖。

王天恩见她惊慌失措的样子，不禁大为得意，继续对谢妃道："美人儿，'在人矮檐下，不得不低头。'你虽是千金之体，如今却是落在我的手里，还是乖乖听话的好。"说到这里，陡然笑了起来，笑声低沉如狼嗥，然后又上前两步。

谢妃又怒又怕，望着王天恩越逼越近的那张狞恶的脸，只觉心头发毛，吓得话都说不出来，只得连忙后退，却已退到了帐边。

正在这时，忽听帐外有个低沉的声音说："王天恩，给我滚出来。"

王天恩听到这声音有些熟悉，不禁大吃一惊，当即出帐。外面的月光如银，无处不可照及，附近的树丛在月光下变成了一片黑色。太子萧赜披甲按剑，立在外面。旁边不远处是黑压压的一队骑兵，自然全是萧赜的部下。

王天恩心里一沉，忙上前躬身施礼。萧赜斜睨着他，突然抬手给了他一记耳光，一脸厌恶地说："父皇命我率兵弹压四方，想不到你竟在这里做龌龊之事。你回城复命吧，我自会另派别人护送汝阴王的灵柩及王妃到丹阳。"

王天恩无奈，很扫兴，只得依萧赜之言。

建康的清晨一片静谧，大街小巷寂然无声，很多人们犹自沉浸在梦乡。晨雾渐浓，四周的屋宅房舍如坠云山幻海。王天恩回京后进了皇城，来到太极殿外，见殿外甲士林立，还有些太监出出入入，知道萧道成早朝后仍在殿内料理着政事，便进殿参见。

萧道成虽是武人出身，却精晓文韬武略，有治国安邦之才，不失为一代明君。他登基之后，立即肃除了刘宋末年的诸多暴政，还鉴于宋末侈糜之风，力倡节俭，规定宫顶用金、铜建造的器具悉数换成铁器。他自己也不佩戴珍贵饰品，还将衣服上的玉佩等挂饰取下，命人将其打破，以身示范。

王天恩见了萧道成，先行叩拜，道："臣奉旨前往丹阳，不料半路遇到太

第二十章　君临江南

子。太子已派人护送丹阳王的灵柩及王妃前往，命臣且回京。"

萧道成身披龙袍，头戴冕冠，坐在龙书案后，已收到刘准的死讯，倒也不在乎谢妃的存亡，听了王天恩的话，并不以为意，只点了点头，便说："后宫的陈设还是华丽了些，如内殿施黄纱帐，宫人著紫皮履。这些器物全要去掉，连我的华盖也不必用金花瓜，只用铁回钉即可。"说到这里，咳嗽了两声，又抚案道："使我治天下十年，当使黄金与土等价。"

王天恩听了他的话，忙磕了个头道："陛下宽严清俭，经纶夷险，不废素业，即位后，不御精细之物，为富国强兵而首倡俭约，实是令臣打心眼里佩服。"说到这里，却把话头一转，道："只是太子奢侈，有累陛下清望。目前正在营修府第，其间多违制度。"话说的很快，像是久经思虑后才断然道出。

萧道成听了，脸色微变，两眉一挑，道："哦，有这等事？"

王天恩又磕了个头，说："不错！太子自以年长，且与陛下同创大业，朝事大小，率皆专断，被服什物，僭拟乘舆。内外之人虽然知晓，但畏惧太子，莫敢把这事告诉陛下。臣受陛下厚恩，岂能蔽陛下耳目？故冒死启闻。"

萧道成听了，有些将信将疑，便命其检校太子宫。

萧赜是萧道成的长子，为人很有才干，但是喜欢奢侈华丽，与父母分府而居后，曾命人大兴土木，将府中殿堂雕饰得精巧绮丽，并修造多处楼观塔宇，有过于皇城宫殿；被封为太子后，又征用禁兵，准备拓建府旁的玄圃。

王天恩对此心知肚明，这次便趁机向萧道成告了一状，又在东宫搜出了不少违禁的东西，将其详详细细的登记造册，像立了多大的功似的，去向萧道成禀报，盛称东宫建筑弥亘华远，庄丽极目。

萧道成闻听太子违制，不禁大怒，命人收押东宫监作主帅，又派使者去召萧赜来见。

萧赜派人把谢妃送到了丹阳，又从谢氏宗族里选了几个老成的子弟看管丹阳宫，确保这个可怜的女人能够平安地度过余生，正准备返回，忽然收到了朝廷的急诏。诏书上只是让他速速回建康，却没讲什么缘故。萧赜还不知王天恩在背后捣鬼，便迅速返京。

萧赜的船过了方山，在黄昏的轻雾中滑行，船后留下条发光的水痕。

萧赜推开船舱的舷窗，见天色已晚，便命人在河畔泊舟，准备就在舟中休息一夜，明天再赶路。正在这时，上游来了一艘官船，高扯帆篷，故而行驶迅捷，飞快地来到萧赜的船前停下。小船上一人蛾冠博带，双手扶着船舷立在甲板上，先仰着头看了看萧赜船上的旌旗，然后高声道："太子在船上吗？"

萧赜闻声走出舱外，见来人正是萧嶷，便道："二弟，你怎么来了？"说着，命人在两船间搭起跳板。

萧嶷现被封为豫章王，他与萧赜关系很好，听说兄长触怒了父皇，忙出了府，偷偷驾船前来迎候，这会儿见了萧赜，便一手拎着袍襟，沿着跳板，匆匆地登上船。

萧赜见二弟面色紧张，心里有些疑惑，便道："二弟，出什么事了？"萧嶷便原原本本的将王天恩进谗言的事说了一遍。

萧赜一听，大惊失色，命人拔缆起航，连夜回到了建康，在秦淮河边下了船，骑上快马，与萧嶷一前一后，回到了东宫。萧嶷又嘱咐了兄长几句，便辞去了。

这一夜，萧赜自是翻来覆去，难以成寐。第二天一早，萧道成派人宣敕诘责萧赜，称："太子在宫内，耽于遨游，玩弄羽仪，多所僭疑，又制办珍玩之物，用孔雀毛织为裘，光彩金翠，远远胜过雉头裘……；还在东田造小苑，驱使宫中将吏轮番筑造建筑……。"

萧赜跪在传诏使者面前，听这些全都属实，不禁忧惧，额头上冷汗涔涔，遂称疾不敢出。

太子为国之储君，一时获罪，令人议论纷纷，建康城里说什么的都有。

第二天，萧道成因为太子的事，怒气不息，处理完朝政后，也不回后宫，就在体元殿休息。

萧嶷听到消息，急得不得了，但自己因私放素姬的事，已经惹得父皇不高兴，这会儿不敢再替兄长说好话，无奈之下，只得找到宫中的一个小太监，让他速速给皇后传信。

皇后便是萧赜的生母刘智容，住在坤泰宫。坤泰宫在太极殿东侧，坐北面南，面阔连廊十余间，进深三间，宫顶铺设着黄琉璃瓦。两扇棂花门半敞

第二十章　君临江南

着，门内设木影壁。青石板铺成的地面一尘不染，四壁粉刷的雪白，还有几盏宫灯高悬在殿顶上。

刘智容虽已年近五旬，但保养得法，皮肤还是非常的白晰有光泽，上着一件云烟衫，下穿透迤拖地的黄色千水裙。她是一个善良又胆小的女人，正在宫中闲坐，忽听小太监悄悄来报，称太子得罪。刘智容如闻晴天霹雳，闪身站了起来，扶着桌子略一定神，便忙忙地出了宫，带着两个宫女，奔向体元殿，准备向萧道成求情。

她步履匆匆地来到体元殿外，见王天恩与几个太监正在殿外值守，便道："皇上在里面吗？"说着，便要进殿。

王天恩见她神情紧张，立刻就猜到她的来意，上前一步拦住，称："皇后娘娘！皇上正在生太子的气，愤恨形于声貌，又有口谕，不许旁人进殿。皇后还是回宫吧，过几天，等皇上的气儿消了，再来劝解不迟。"

刘智容为人老实，一辈子不曾与外人争竞，如今虽然贵为皇后，但从不肯疾言厉色的对待下人。她见王天恩拦在身前，登时便没了主意，犹豫了片刻，只得转身而返。王天恩轻易地骗过皇后，不禁暗自得意，盘算着明天就劝萧道成废太子。

阳光透过淡淡的云层，穿过树叶间的空隙，一缕缕洒满了皇城。刘智容抹着眼泪，从宁泽宫外经过。宁泽宫前有一座嶙峋假山，还有一道栈道直通山顶，上建有八角小亭，四周遍植青松绿柏。这座宫殿却是雷娇的住处。

刘智容与雷娇情同姐妹，如今有了伤心事，便欲找她倾诉，就穿过一道月亮门，走进宁泽宫的院子。几个身着宫装的年轻宫女见皇后到来，忙飘飘上前参见，又引着刘智容进殿。

雷娇被封为贵妃，地位仅次于刘智容，这时端坐镜前，正在梳妆。她的发髻上斜插着一把凤尾楠木簪，美目流盼，玉颊生春，穿着一身浅色罗裙，腰系一条水芙色纱带。雷娇也已年过四旬，体态虽丰满了些，但仍卓见风情，听外面传来一阵细碎地脚步声，转头见刘智容来到，忙起身相迎，还没说话，就见她神色有些不对。

刘智容因为担心儿子的缘故，脸色苍白，眼睛失去了往日的神彩，眼角还留有泪痕。

雷娇见其面带忧色，忙道："姐姐你这是怎么了？"

刘智容当下也不客套，示意雷娇屏退左右，便将萧赜获罪的事讲了一遍，说到伤心处，忍不住啼哭起来。

雷娇听了，很是意外，先劝刘智容止住哭声，然后道："姐姐别慌，我去看看。"说着，请刘智容在宫中暂坐，便带了两个宫女，从容坐上步辇，离宫前往体元殿。

雷娇来到殿外，不慌不忙地来到殿前，见王天恩迎上前来，劈头便道："本宫有要事要见皇上，你且在旁侍候着。"

王天恩还不曾领教过这位贵妃的厉害，还以为她像刘智容一样易于对付，便把方才那套说辞又对雷娇讲了一遍。不想雷娇完全不为所动，瞪起了眼睛，双眸里射出森冷的寒光，执意要进殿。

王天恩见雷贵妃神色凛然，心里打了个突，但还是拦在她面前，道："皇上的口谕，谁敢违背……"一句话没说完，雷娇叱道："你不过一个奴才，本宫的事也敢管，是不是本宫先要了你的命再去见皇上！"

王天恩听完，面如死灰，不敢作声，其他几个太监见状，吓得连连后退。

雷娇一扭头昂然从他们身边走过，径直闯入殿中。

体元殿只是一间小殿，里面设有胡床几案等。萧道成头上梳着发髻，身上穿着便装，蜷腿卧在胡床上，胸口微微地起伏。他想着两个儿子都不让自己省心，前有萧嶷私放素姬倒也罢了，如今萧赜公然违制却不是小事，然而一时又想不出妥当的处理办法，颇有些头疼。他方才已听到雷娇在殿外与王天恩的对答，现在也知道她进来，但仍然没有坐起身，反而还把眼睛闭上了。

雷娇上前两步，一撩缎裙，跪在胡床前叩了一个头，奏道："陛下新得天下，而太子被人诬陷，现在满城人情恐惧，流言纷纷，臣妾斗胆请陛下前往东宫慰藉太子，以释流言而安天下。"

萧道成听了雷娇的话，微睁双目瞥了她一眼，却还是不答言。雷娇继续说道："陛下新得天下，太子又有大功，并无大过，怎能轻易相信别人的话呢，如此对陛下的江山社稷不利，太子是国家的根本，请陛下不要轻易听信流言。"听了雷娇这番言语，脸色缓和了许多。

雷娇站起身来，走到殿门处，向外大声宣旨，称："皇上有旨，令左右装束前往东宫。"随即，又敕太官设馔，呼左右索舆。外面的太监各司其职，按照雷娇的话去安排。

萧道成听凭雷娇在殿外这么折腾，仍是不理，也没有动身前往之意。

雷娇立在殿门处，见几个太监抬着御舆在殿外候着，更有几个太监捧着龙袍走进殿来，便从其手里接过龙袍，来到胡床前，道："陛下，臣妾得罪了。"说着，和一个小太监一起，将萧道成从胡床上搀起来，拿着龙袍便往他身上披。萧道成无奈，只得起身，穿好黄袍。雷娇又扶着他来到殿外。

王天恩见雷娇扶着萧道成出来，心里暗暗叫苦，却不敢上前拦阻。

雷娇扶着萧道成走下台阶，登舆。

太监抬舆起驾，抬着萧道成离了体元殿，雷娇也跟随一同前往，萧道成一行人出了西掖门，来到东宫之侧的玄圃。玄圃的东北便是玄武湖，占地三十余亩，由天籁清音馆、净精舍、明月轩、婉转廊等建筑组成，在东晋时期就是皇族相聚集的场所，其中花卉周环，柳荫四合，还有一大片润翠色的草坡。

雷娇扶着萧道成下了御舆，命人去召萧赜前来。这时，刘智容、萧嶷等人全已得到消息，连同萧道成的诸庶子纷纷赶来。玄圃外二里许，冠盖已停满了路边。萧道成见到妻儿们围绕在自己身旁，紧绷着的脸也松弛了许多，露出了笑容。今日恰好阳光灿烂，天地间弥漫着一股渺渺清气。玄圃里有几株合抱粗的杨柳，枝叶扶疏。清风拂过，枝叶摆动。树下浓荫成片，凉爽无比。不知名的鸟叫声从枝叶间传来，与树下草间的虫鸣声交相呼应，婉转动听，令人心神俱醉。

萧道成与妻儿移步观景，气氛很是融洽，又来到玄武畔坐上龙舟。玄武湖上烟波浩渺，湖面阔达百里。随着竹篙一下下扎入水中，龙舟在水面悄无声息地浮行着。船头上摆着一桌丰盛的酒席，萧道成居中而坐，周围环绕着刘智容、雷娇、萧赜和萧嶷等人。萧道成的其他几个庶子也纷纷就坐，不一会儿，酒宴摆上，雅乐奏起。萧道成至此，感受到浓浓的亲情，体验着天伦之乐，不由得心绪大好，看着萧赜、萧嶷兄弟，脸上露出了久违的笑容。

过了几日，萧道成将王天恩远贬到岭南，逐渐将朝中一些事务交与萧赜与萧嶷料理。

公元482年，56岁的萧道成驾崩，在位四年，葬于武进泰安陵。太子萧赜继位，是为齐武帝，年号"永明"，追尊萧道成为太祖。

齐武帝萧赜持续了其父萧道成的政策，开创了"永明之治"，十余年间（483—493年），"公民无鸡鸣犬吠之警，都邑之盛，士女富逸，歌声舞节，袨服华粧，桃花绿水之间，秋月春风之下，盖以百数。"

齐武帝萧赜在位十二年而逝，其太子及豫章王萧嶷已先于他作古，遗诏以皇太孙萧昭业继位，命堂弟、西昌侯萧鸾等重臣辅政。

隆昌元年（494年）七月，萧鸾公然弑君，而后拥立萧昭业之弟萧昭文为帝。三个月后，萧鸾又废杀萧昭文，自立为帝，是为齐明帝。

齐明帝萧鸾自知得位不正，先处决了王敬则、张敬儿等军中宿将，又大肆屠戮宗室。

齐太祖萧道成的子、孙前后被杀者达二十九人，遂绝嗣。

萧鸾在位五年而崩，一传于齐炀帝萧宝卷，再传于齐和帝萧宝融。

502年，南齐大将萧衍废弑齐和帝，尽杀萧鸾后裔，称帝建梁。

至此，南齐亡，享国仅23年，成为南朝时期最为短命的王朝。